孔子与我聊做人

「国学今用」系列

姜正成 编著

郑州大学出版社

图书在版编目（CIP）数据

孔子与我聊做人 / 姜正成 编著 . —郑州：郑州大学出版社，2016.8（2021.7重印）

（国学今用）

ISBN 978-7-5645-3079-2

Ⅰ . ①孔… Ⅱ . ①姜… Ⅲ . ①孔丘（前 551- 前 479）- 哲学思想 - 通俗读物 Ⅳ . ① B222.2-49

中国版本图书馆 CIP 数据核字（2016）第 126123 号

郑州大学出版社出版发行

郑州市大学路 40 号　　邮政编码：450052

出版人：张功员　　发行部电话：0371-66658405

全国新华书店经销

北京洲际印刷有限责任公司印制

开本：710 mm×1 000 mm　1/16

印张：15.75

字数：229 千字

版次：2016 年 8 月第 1 版　　印次：2021年7月第2次印刷

书号：ISBN 978-7-5645-3079-2　定价：49.80元

前言

孔子，名丘，字仲尼，汉族，东周时期鲁国陬邑（今中国山东曲阜市南辛镇）人，先祖为宋国（今河南商丘）贵族。春秋末期的思想家和教育家、政治家，儒家思想的创始人。孔子集华夏上古文化之大成，在世时已被誉为“天纵之圣”、“天之木铎”，是当时社会上最博学者之一，被后世统治者尊为孔圣人、至圣、至圣先师、万世师表，居“世界十大文化名人”之首。

孔子作为儒家思想的代表，被尊为“圣人”。孔子所秉承的儒家思想，其中心思想是孝、悌、忠、信、礼、义、仁、廉、耻；核心是“仁”和“礼”。“仁”就是以“爱人”之心推行仁政，使社会成员都享有生存和幸福的权利；“礼”就是用“正名”的方法建立社会的道德秩序，使社会成员对自身的社会地位都有稳定的道德认可和道德定位。社会成员普遍享有生存和幸福的权利，就没有造反作乱的必要；社会成员普遍认可社会的道德秩序，遵守符合自身具体情况的道德规范，造反作乱就没有道德依据。社会成员既没有造反作乱的必要，又没有造反作乱的意识，社会就可以长治久安。儒学是一种超越社会形态和阶级形态的社会统治方略和社会管理学说。

孔子的儒家思想对中国文化的影响很深，几千年来的封建社会，所传授的不外“四书”“五经”。传统的责任感思想、节制思想和忠孝思想，都是它和封建统治结合的结果，因此，儒家思想是连同我们当代在内的主流思想。

孔子所处的东周王朝春秋时代，西周社会以血缘氏族为基础的政治制度崩溃瓦解，而基于文化认同的“诸夏”民族共同体正在形成。这是中国人的文化自觉最初发生的年代，古典成为时尚，一些人开始思考天道、人生和世界秩序等方面的问题，原先由贵族所垄断的文化教育也正逐渐流入民间。孔子正是这时代精神的代表人物与集大成者，遂开战国诸子百家之先河。《易传》、《春秋》、《孝经》、《论语》是了解孔子思想的主要著作。

本书通过孔子的聊天为开端，突出了其思想的本质，聊天内容依据现代社会的热点问题展开，通过详细的阐述和精彩的分析，把做人之道展现了出来，书中有丰富的案例和得当的点评。本书体例新颖，分类合理，语言通俗易懂，是一本深入了解孔子及其儒家思想的佳作。本书将使读者获得更多的人生感悟，为读者指明一条属于自己的别样的成功之路。

目 录

第一章　孔子与我聊修身养性之道

中国自古讲求修身养性，并且将其列于在齐家治国之前，足见其重要性。生活中，处处充满诱惑，如果我们不能坚定自身，必将被流俗淹没，失去自我，甚至在无尽的欲望中消殆了自己的肉体与灵魂。修身养性为第一，不妄求，则心安，不妄做，则身安。

第二章　孔子与我聊品德提升之道

很多的生意经上都强调了人际关系的重要性，说白了就是做人、为人的品质道德。这些是人的软实力，你有良好的信誉与人品，事业上自然有贵人相助。多学习，做生活的有心人，多向有经验的人学习取经，平时少说多听，多总结，多思考，自然会水到渠成。

第七章　孔子与我聊心存仁义之道

“仁”是孔子思想的核心，“仁”就是以“爱人”之心推行仁政，孔子一生都在追求“仁爱”、“仁政”，天下归仁。真理不是巧言，仁义更非口说。如《菜根谭》中所讲：放得功名富贵之心下，便可脱凡；放得道德仁义之心下，才可入圣。

第八章　孔子与我聊孝亲睦友之道

中国文化中的孝道，讲求的是以孝修身，以孝齐家，以孝立业，以孝治国，以孝安天下。在现代社会，孝更是一个人安身立命的根本。我们应该秉承“百善孝为先”的思想原则，弘扬尊老爱老的美德，以孝行事，成就大业。

第九章　孔子与我聊交际礼仪之道

我国素有“礼仪之邦 ”的美称，讲礼仪是我们民族的优秀传统。礼仪作为中华民族文化的内核和基本内容，深刻地影响着现代中国人的生活和工作，有力地推动了中华民族社会文明的发展。虽然生活中的礼仪细节并非人人都能全部学到，但只要我们把礼仪的原则铭记于心，贯穿于行，那么礼仪这种文化现象就能在社会生活中发挥它应有的功能。

第六章　孔子与我聊谦虚做人之道

谦虚的人能永不满足，正视自我，从而善于学习别人身上的长处来弥补自己的不足；骄傲的人，往往会因为取得一点的成绩而沾沾自喜，忘乎所以。须知无论是求取学问，还是做人处世，不懂得谦虚，夸夸其谈，自命不凡，只能暴露出无知，也最会令人生厌。而只有以谦虚为本，才是不断进取人生的助推器。

第七章　孔子与我聊中庸处世之道

当今社会，纷繁复杂，要想在社会关系中游刃有余，就不得不深悟中庸之道。不仅如此，社会的和谐也离不开中庸思想。圆满的人生境界，要像击剑选手一样，有进有退。怎样进攻？何时退让？其中可大有学问，我们必须提升自我的智能，才能真正体会“中庸”的奥妙所在和无穷妙用。

第八章 孔子与我聊忠恕做人之道

不要憎恨你的对手成为你的绊脚石，因为倘若没有对手，你也就没有拼搏的勇气，倘若没有对手，你可能就会失去自我，失去前进的目标。笑泯恩仇，向对手学习，学会感激对手，想必你的人生会别有洞天！一颗宽容的心，会让你收获的不仅仅是一份快乐，还会是敬意，甚至是人生的一次重大转折。

第九章 孔子与我聊和睦家庭之道

家庭是社会的一个缩影，只有勤俭治家，形成良好的家风，才能把家治理好，继而参与国事，最终兼济天下。家治好了，国家自然安定，天下也就太平了。家和万事兴，“家和”是你获得财富和幸福的基础，是社会稳定的基石，是人生旅途中温馨的驿站。

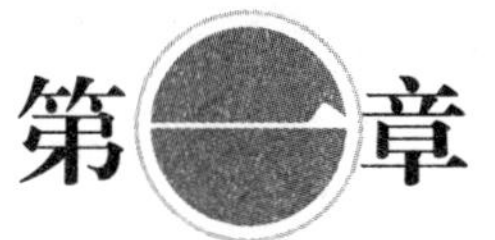

孔子与我聊修身养性之道

中国自古讲求修身养性，并且将其列于在齐家治国之前，足见其重要性。生活中，处处充满诱惑，如果我们不能坚定自身，必将被流俗淹没，失去自我，甚至在无尽的欲望中消殆了自己的肉体与灵魂。修身养性为第一，不妄求，则心安，不妄做，则身安。

卸下捆绑于心的精神枷锁

【聊天实录】

我：《菜根谭》里有一句格言："万事皆缘，随遇而安。"我们生活在人世间，必须学会接受现实，虽然现实有时候很残酷。只有学会随缘一世，才能活得自在。孔老先生，您对这种活法持什么态度呢？

孔子：我在《论语·述而》中提到一句：叶公问孔子于子路，子路不对。子曰：女奚不曰，其为人也，废寝忘食，乐以忘忧，不知老之将至云尔。

我：这句话该怎么理解才正确呢？

孔子：叶公向子路问我是一个什么样的人，子路没有回答。我说："你为什么不这样回答：他这个人，发奋用功时会忘了吃饭，快乐起来会忘记忧愁，连自己将要衰老都不知道，如此罢了。"

我：您是非常令人敬佩的旷达之人，您"随遇而安"的可贵精神和风范很值得我们效仿，我们应该学会自我调节，学会适应环境，学会随遇而安，化解一切不幸和痛苦。

孔子：穷且益坚，不坠青云之志。随遇而安是人生拼搏的另一种境界，不是消极的承受，也绝非放弃应有的追求。水看似柔弱，面对高山阻挡、巨石拦路、溪边鲜花小草柔情的挽留，终不改归海的初衷。只有随遇而安，才能卸下捆绑于心的精神枷锁，才能轻装上阵。随遇而安是无为而有为，是无欲而有欲，是成熟的一种标志，是成功者的一种素养。

【人生解读】万事皆缘，随遇而安

宋神宗熙宁七年秋天，苏东坡由杭州通判调职任命密州知州。我国自古就

有“上有天堂，下有苏杭”的说法，北宋时期杭州早已是繁华富足、交通便利的好地方。密州属于古鲁地，交通、居处、环境都不如杭州。

苏东坡说他刚到密州的时候，每年的收成都不好，到处都是盗贼，能吃的东西十分少，他和家人还常常用枸杞、菊花等野菜当作粮食，人们都以为苏东坡先生过得肯定不快活。

谁知道苏东坡在这里过了一年后，不仅脸上长胖了，就连过去的白头发也变黑了。这奥妙在哪里呢？苏东坡自己说，我很喜欢这里淳厚的风俗，而且这里的官员百姓也都愿意接受我的管理。于是我就有闲情自己整理花园，清扫庭院，修整破漏的房屋；在我家园子的北面，有一个旧亭台，稍加修补后，我常常在那里登高望远，放任自己的思绪，做无穷的遐想。往南面望去，是马耳山和常山，隐隐约约，若近若远，大概是有隐居的君子吧！向东看是卢山，这里是秦真子时隐士卢敖得道成仙的地方。往西望是穆陵关，隐隐约约像城郭一样，师尚父、齐桓公这些古人仿佛至今还在。向北可俯瞰潍水河，想起淮阴侯韩信过去在这里的辉煌业绩，又想到他的悲惨命运，不免有些慨然叹息。这个亭台不但高而且安静，夏天凉爽，冬天暖和，一年四季，早早晚晚，我常常来这个地方。自己摘园子里的蔬菜瓜果，捕池塘里的鱼儿，酿高粱酒，煮糙米饭吃，真的是乐在其中。

苏东坡对人生的旷达态度在历史上是出了名的，现当代有位著名的作家评论他说：“苏东坡是一个无可救药的乐天派。”虽然苏东坡一生坎坷居多，但他从没有放弃自己的政治理想，多次被贬谪，他都坦然面对，并留下了许多脍炙人口的诗词。

唐高宗时，大臣卢承庆专门负责对官员进行政绩考核，被考核人中有一名粮草督运官，一次在运粮途中突遇暴风，粮食全被吹光了，卢承庆便给这个运粮官以“监运损粮考中下”的鉴定。谁知这位运粮官神态怡然，一副无所谓的样子，脚步轻盈地出了官府。卢承庆见此，认为这位运粮官有雅量，马上将他召回，随后将评语改为“非力所能及考中”。可是，这位运粮官仍然不喜不愧，也不感恩致谢。

这位运粮官真正能做到“随遇而安”，所以，做人要拥有一颗平常心。孔子的这句“废寝忘食，乐以忘忧，不知老之将至”，就包含着很深刻的人生哲理——随遇而安。“到哪个山头唱哪支歌。”全身心地适应、融入不同的环境，以自己最好的状态，来取得最好的成绩，而不受外部的影响。在学习的时候，发奋用功，能忘了吃饭，自然会取得好的成绩；在享受快乐的时候，能全心全意，不受外部的干扰，自然会忘记忧愁和时间，这就是“随遇而安”的境界。

世事难料，人生变幻。也许你苦心经营的事业会被突如其来的一场灾难毁于一旦；也许你正精心安排着你的前程，精心设计着你未来美好的蓝图，一场大病却彻底重写你的人生；也许你本来就体质虚弱，你想实现壮志雄心，却是力不从心；也许你激情满怀，理性不足，盲目投资，结果不仅惨败，不经意间还花去你十年青春……在这个关键时刻，你更需要有“随遇而安”的健康、坚强的心态。

现代人常常情绪紧张、焦虑、恐惧，导致心理上的极度不安，进而带来极大的危害。因此，为人当随遇而安，随遇而安则能健康、幸福。随遇而安就是不管遇到什么事，都能够安定下来，并重新学习研究，取得新的成绩。一般说来，不做亏心事的人，心地光明磊落的人，不受无功之禄、不贪无功之赏的人，实事求是不图虚名的人，谦虚谨慎虚怀若谷的人，是最能做到“随遇而安”的。

什么样的人做不到“随遇而安”？大体有两类。一类是因为严于律己而“随遇不能安”，总觉得自己工作做得少，得到的荣誉多，因而能化“随遇不能安”为动力，把工作做得更好，以求心安。另一类人，面对来去匆匆的生命，却不屑于用心经营，这个看不惯，那个不满意，盲目攀比，比物不比德、比上不比下，就只能比发牢骚比抱怨、比烦恼。这种人很难真正心安，始终处于紧张状态，身心疲惫，活得很累。

在这个呼唤英雄的时代，人们总是在无休无止地攀比，在徒劳的垂死挣扎，在摒弃逆来顺受的懦性的同时，也失去了随遇而安的平静。在这个以成败

论英雄的社会，我们真的需要一点随遇而安的心态。谁说跟命运抗争就一定会赢呢，或许命运本身就是对的！或许，这样的心境反而能让我们有一种“柳暗花明又一村”的惊喜！所以，我们也该随遇而安、顺其自然。这样，我们不但不会因穷困而潦倒，而且还可以做出一番事业。

安闲度日，清静修身

老子主张“为无为，则无不治”。世人常把“无为”挂在嘴边，实际上是做不到的。但一个人处在忙碌之时，置身功名富贵之中，的确需要静下心来修省一番，闲下身来安逸一下。这时如果能达到所谓“六根清净，四大皆空”的境界，就会把人间的荣辱得失、是非利害视同乌有，这有利于帮助自我调节，防止陷入功名富贵的迷潭，难以自拔。

《庄子·田子方》中有段肩吾与孙叔敖的对话，就像循循善诱的师训，润人心田。

肩吾向孙叔敖问道：“你三次出任令尹却不显出荣耀，三次被罢官也没有露出忧愁的神色，起初我对你确实不敢相信，如今看见你容颜是那么欢畅自适，你的心里究竟是怎样的呢？”

孙叔敖说：“我哪里有什么过人之处啊！我认为官职爵禄到来不必去推却，它们离去也不可以去阻止。我认为得与失都不是出自我自身，因而没有忧愁的神色罢了，我哪里有什么过人之处啊！况且我不知道这官爵是落在他人身上呢，还是落在我身上呢？落在他人身上吗？那就与我无关；落在我的身上吗？那就与他人无关。我正心安理得悠闲自在，我正踌躇满志四处张望，哪里有闲暇去顾及人的尊贵与卑贱啊。”

身闲，却闲得心中郁闷，闲得心有计较，闲得心痒难耐，此等闲处是身闲心躁，算不得真悠闲。真正的悠闲，是“身在闲处，心在静中”，是“云淡风轻近午天，傍花随柳过前川”的那种恬然安闲，人此闲处，自能了断荣辱得失的牵挂，自能阻挡是非利害的冲击。

净空法师启示：“厚己争利是世间人的自私自利，争名夺利。我们在修道时候，最重要的是不争。”人生就像一场戏，尽管剧中曾经风光、繁华过，一旦落幕，一切归于寂静。

世间万事都有法，万法都是清凉自在的，只有人为了身外之事，在终日奔波，忙乱烦躁。人心本自安闲，偏要追逐身外的名利声色，正是自己扰乱了自己！

人总容易沉迷于名利得失之中，天天都伤心费神，耗精耗气，这样神气就枯竭了，劳心劳力，片刻不得安闲，没有了滋养的身体，怎么能不枯朽呢?

世上追求名利得失的人很多，追求清平安闲的也大有人在。我们要学会安闲地度日，世间所有的纷杂和钩心斗角、名利是非都与我无关。放眼于广阔无垠的天地自然和历史长河之中，从一时一事的是非、得失、荣辱中超脱出来，淡泊名利，随遇而安。

佛陀说：“不为法缠，不为空缠，身心两自在。”不管别人怎么想，又会怎么做，我们只要让自己保持一分恬淡豁达之心就足够了。

人生智慧

◇全身心地适应、融入不同的环境，以自己最好的状态，来取得最好的成绩，而不受外部的影响。

◇为无为，则无不治

◇不为法缠，不为空缠，身心两自在。

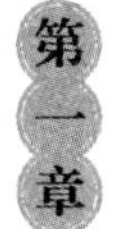

君子用理性战胜诱惑

【聊天实录】

我：孔老先生，您一生中备受冷遇，历经劫难，但却活到73岁。在古代，人类受医药诸方面的限制，无法战胜疾病，再加上物质条件落后，有“人生七十古来稀”之说。那么，您是怎样在逆境中得享古稀之龄的呢？

孔子：做人要注意心理上的健康。我曾在《论语·季氏》提到：君子有三戒：少之时，血气未定，戒之在色；及其壮也，血气方刚，戒之在斗；及其老也，血气既衰，戒之在得。

我：一直听人说“君子三戒”，这应该是做人修身养性一个经典的告诫，孔老先生，您这句话该如何解释呢？

孔子：这句话的意思就是：君子有三件事应该警诫自己：年轻时，血气未定，应在迷恋女色方面警戒自己；壮年时，血气正旺，应在争强好斗方面警戒自己；年老时，血气既衰，应在贪求名利方面警戒自己。

我：也就是说，君子有三戒——少年戒色、中年戒斗、老年戒贪。

孔子：是的，就是用理性的缰绳去约束情感和欲望的野马，达到中和调适，这样才能顺利闯过人生的这几个关口。

【人生解读】 闯过人生的三个关隘

少年时期要打好人生的基础。这一时期是人生成长的黄金时期，中心任务是掌握知识，培养良好的习惯，为将来的打拼奠定基础。

在孔子看来，少年时期正是长身体的时候，一切刚刚开始，离成熟还需要一段时间，绝不能陷入卿卿我我的感情旋涡中。外表虽然已经像大人，但肢体骨骼还未真正长成，血气轻浮，不够牢固。此时，正要注意加强营养、巩固身体。然而，这个时候的青年由于自制能力较差，意气用事，做事全凭冲动，容易受到外在的诱惑而伤害自己。

据调查显示，50.1%的男性罪犯和71.9%女性罪犯首次性犯罪的年龄均在15~19岁之间。

青年戒色，不仅仅是说“不要因为禁不住色诱而犯罪”，也有“节欲”的含义。现在的青少年生理成熟远远早于心理成熟，很多人都有难以把握的事情，令他们无法理智地思考和控制。古时“医圣”孙思邈就曾经说过：少时纵欲虽获得一时快意，但因为精髓竭绝，终会成短命鬼。

据史料记载，明朝皇帝朱载因少时纵情施欲，36岁就死了。清代皇帝同治，年纪轻轻之时就对众多宫室贵嫔感到不满足，竟微服私下与妓女行乐，也过早去世了。男女之间如果过分贪欲，很多人只到三四十岁，身体就毁掉了。有许多中老年人的病，就因为少年时的不知自控，没有“戒之在色”而种下病因。所以，少时纵欲有悖于养生法则，无疑是应该戒绝的。

孔子认为，人到中年要戒斗，就是不要逞强好胜、好勇斗狠，千万别“不蒸馒头争口气”。人到中年，身强体健，精力充沛，总想着大有作为，大干一场，及早建立一番功业，对事情反应往往过激，以致出现大喜大悲现象。但是，孔子告诫中年人，身体好固然可以想着去建功立业，但不要一味地好勇斗狠，这话很有深意。人在身体健壮的时候，通常对自己都很有信心，不顺的事情不愿低头，往往容易与人争执，甚至因小失大，更有甚者送了性命。

著名作家柳青曾经说过：“人生的道路虽然漫长，但紧要处常常只有几步，特别是当人年轻的时候。”年轻不谙世事，往往一步走错，悔恨终身。

东汉时期的著名文学家、书法家崔瑗（公元77—142），作为一个有志青年，勤于思考，钻研书法，获得了父老乡亲的称赞。但崔瑗性格十分刚烈，一次，他的哥哥崔璋被人杀了，崔瑗为给哥哥报仇，又亲手杀了凶手。按汉朝的法律，杀人是要偿命的，所以崔瑗只好更名改姓，亡命天涯，吃了很多

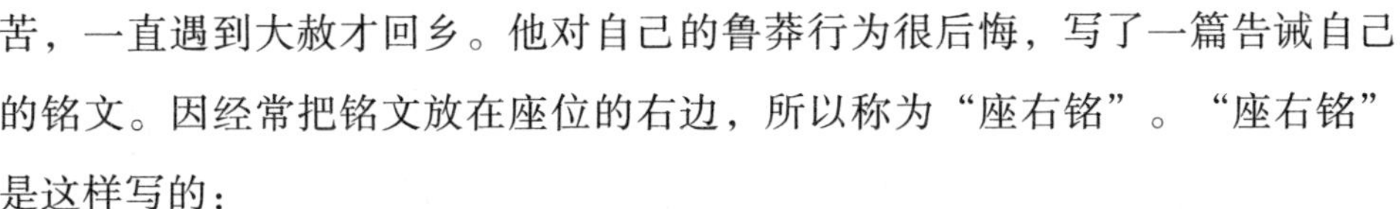

苦，一直遇到大赦才回乡。他对自己的鲁莽行为很后悔，写了一篇告诫自己的铭文。因经常把铭文放在座位的右边，所以称为“座右铭”。“座右铭”是这样写的：

无道人之短，无说己之长。施人慎勿念，受施慎勿忘。世誉不足慕，唯仁为纪纲。隐心而后动，谤议庸何伤。无使名过实，守愚圣所臧。在涅贵不淄，暧暧内含光。柔弱生之徒，老氏诫刚强。行行鄙夫志，悠悠故难量。慎言节饮食，知足胜不祥。行之苟有恒，久久自芬芳。

崔瑗的座右铭不仅是警示了自己，也是警示了后人。

人进入老年时期，开始气血两亏，身体不济，死亡的临近使他们对生命充满依恋。在这种内心恐慌的促使下，往往会拼命地试图抓住所能拥有的一切。对生命的贪恋造成了行为上的南辕北辙——精力和体力都被这种贪恋消耗掉，更快地走向死亡的不归路，所以，孔子强调老人要戒贪。许多大半生都很成功的老人晚节不保，原因就在于此。

晚清的李宝嘉写了一本小说《官场现形记》，其中描写一个做官的人做上了瘾，临死时躺在家里床上，已经进入弥留状态，这时，他的心里只有一个意念：还做官，还要过官瘾。于是，两个副官站在房门口，拿出旧名册，一个副官念道：“某某大员驾到。”另一个副官念道：“老爷欠安，挡驾！”

现实生活中，的确有许多像《官场现形记》中描写的这一类官迷，他们离了官位，就活不下去了。在位的时候，下属前呼后拥，百般奉迎，自己威风凛凛，生龙活虎。退休下来以后，“人走茶凉”，门前冷落车马稀，大家也不再把他高看一等，在家就闲得发愁、发烦、发慌，甚至因此憋出了病、憋没了命。

还有些人，已经很有钱了，却还是拼了老命去赚更多的钱。别人想不通，问他为什么这么“要钱不要命”。他回答：“正因为年纪大了，才拼命赚钱。如果再不赚，就没多少机会了，我要给儿孙留够1000万。”

有许多人年轻的时候勤奋敬业，踏实肯干，在工作上做出了很大贡献，有的在领导岗位上任职多年，一身正气，两袖清风，临近退休却在权与钱上栽了跟头，这是十分令人痛惜的。在他们的潜意识里，还有着“权力即是金钱”的心理，认为“有权不用，过期作废”；在退休之前抱着侥幸心理捞一把，以为只要屁股擦干净，退休后就基本上不会出事。殊不知这样做，到头来毁了自己也毁了家庭，真是害人害己。

如何根除59岁现象呢？孔子的话可以作为警钟，时时长鸣，那就是“戒之在得”，戒除自己的贪念，保持一份平常心和平和的心态。

孔子讲的“三戒”如同人生三个关隘，闯过去便是踏平坎坷成大道，闯不过去便是拿到了一张不合格的人生答卷，轻则半生虚度，重则一生荒废。无论人处于什么阶段，这“三戒”的内容都应当牢记心中。

夜深人静，独坐观心

静夜，独坐，禅定。人声、鸟声，如浮荡的茶沫悠悠沉向了心的杯底。古人常讲真性与妄心，真性就如空中皎洁的明月，妄心就如同遮掩明月的乌云，圣人之心经常平静如水，凡夫之心容易轻起妄念。

人不该有太多的奢望，天上不会掉馅饼，地上也不会长钞票。实实在在地做事，实实在在地做人，实实在在地对待每一个时日，我们才会拥有一份实实在在的成功。

一个人生活在大千世界，终日忙忙碌碌，来不及对生命的意义进行仔细思考，难免会产生非分的念头，以致丧失了纯真的本性，只有当精心回首时才会真正感悟到人生的真谛，也才会感觉到保持心灵宁静的那种幸福。

日本作家川端康成自获诺贝尔文学奖之后，受盛名之累，常被官方、民间，包括电视广告商人等拉着去做这做那。文人难免天真，不擅应酬，又心慈面薄，不会推托；做事也过于认真，不懂敷衍；于是陷入忙乱的俗事重围，不知如何解脱，最后用自杀了此一生。据报道，川端临终前，曾为筹措笔会经费

而心力交瘁，情绪十分低落，可能是促使他厌世自杀的原因之一，这当不是妄测之词。

固然，对一位作家来说，能获得诺贝尔奖，这口井已经算是凿得够深了。但如果他不被卷入烦倦不堪的琐事，而依然能宁静度日，以他丰富晶莹的智慧，或许会有更具哲理的创作留传于世。

《瓦尔登湖》的作者梭罗，为了写一本书，而去森林中隐居两年。自己种豆和玉米为食，摆脱了一切剥夺他时间的琐事俗务，专心致志去体验林间湖上的景色和他心灵所产生的共鸣。他从中发现许多道理，终于完成了这本名著。

一个人的精力有限、时间有限，在有生之年，把握住自己真正的志趣与才能所在，专一地做下去，才可能有所成就。

不但要有魄力，而且要有判断力，摆脱其他外务的干扰和诱惑，不为一切名利权位等虚荣而中途改道，这样，才能促成一个人事业的辉煌。

每个人都有失望和不满的时候，不是你的希望没有实现，就是他的欲望没有满足。每当这时，我们不是怨天尤人，便是破罐子破摔，却很少坐下来，仔细地想一想，我们为什么一定要有不满和失望？活着，我们不要奢求太多。

我们来到这世上时，本来就是赤条条的，一无所有，是上苍赋予了我们生命、亲友以及思想和财物等，上苍待我们何厚？使我们拥有了这么多，又占有了这么多。可是我们却从来也没有满足过，依然在祈求着上苍为我们降下更多的甘霖。

然而，生活不可能也不会按照我们的需求来充足地供应我们，于是，我们便失望了，我们便不满了。

世界对于每一个活生生的人来说，都是公平无二的。有耕耘才有收获，有奋斗才有成功，有付出才有得到。如果我们想花一分的代价去换回十分的成果，那是永远也不可能的，所以，我们永远都不应该祈求这世界平白无故地就给我们太多。

生命在于奋斗，人生在于积累。不要祈求，只有一点点就已经足够了。每天一点点，每月一点点，每年一点点，几年下来，我们就已经得到了很多很多，那么一辈子下来，我们不就已经变成了一个拥有整个世界的大富翁？

不要祈求太多，不然生命就会显得过于沉重，自己就会感到人生因缺少遗憾而懒于去追求；不要祈求太多，不然人生就会显得过于臃肿，我们就会感到自己所拥有的一切都是负累，因无法带得动而终生不能轻松。

这世间，美好的东西实在数不过来，我们总是希望得到的更多，让尽可能多的东西为自己所拥有。但人生如白驹过隙，在感叹拥有和失去之间，生命已经不经意地流走了。拥有时，倍加珍惜；失去了，就权当是接受生命真知的考验。

不论修身养性，还是成就事业，都需要坚强的意志和高洁的心志，如果私心杂念过重，名利思想过浓，不仅事业无成，甚至还会身败名裂。“宁静以致远，淡泊以明志”，这是一句意义深长的座右铭。历史上有多少趋炎附势、贪图一时荣华富贵而作威作福的人，转眼间都家破人亡，株连全族，惨不忍睹。只有不求名利的人，过着自己朴实无华的生活，与人为善，与人无争，才会悠闲快乐终生。

人生智慧

◇少年戒色、中年戒斗、老年戒贪。

◇无道人之短，无说己之长。

◇施人慎勿念，受施慎勿忘。

治心窄，求心宽

【聊天实录】

我：杭州灵隐寺弥勒佛座前有一副妙联：大肚能容，容天下难容之事；开口常笑，笑天下可笑之人。一个人需要有坦荡荡的态度，才能坦然看待人生。面对不公正的待遇，要能够宽容地处理。一个人的胸怀能容得下多少人，就能够赢得多少人。自古有成天下之志者必有容天下之量，而后能成天下之功。宏大的器量，宽阔的胸襟，对一个人的事业成败至关重要。我觉得心胸对做人来说非常重要，孔老先生，您觉得呢？

孔子：是的，做人需要有心胸，我在《论语·述而》提到：君子坦荡荡，小人长戚戚。这就是对此的总结。

孔子画像

我：这句话应该可以这样理解吧：君子心胸宽广，小人经常忧愁。

孔子说：是的，“君子心胸宽广坦荡，小人经常心绪不宁。”君子光明磊落，不忧不惧，所以心胸宽广坦荡；小人患得患失，忙于算计，又每每庸人自扰，疑心他人算计自己，所以经常陷于忧惧之中，心绪不宁。一个人，量有多大，事业就有多大；一个人，心能容下多少，成就就有多少，对于心胸开阔的人来说，山河大地，有情人生，一切都是可供享用的资源。同时，他更能装天下难装之事，容天下难容之人，成就毕生伟业。

【人生解读】 **君子坦荡荡，小人常戚戚**

孔子认为，作为君子，应当有宽广的胸怀，可以容忍别人，容纳各种事件，不计个人利害得失。心胸狭窄，与人为难、与己为难，时常忧愁，局促不安，就不可能成为君子。君子做事光明磊落，小人做事见不得人。

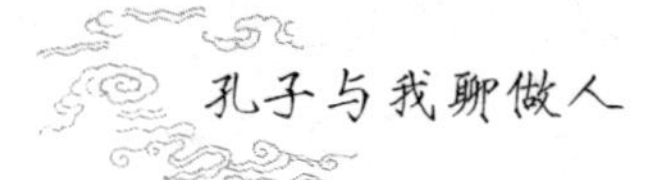

爱默生说："宽容是一种雅量、文明、胸怀，更是一种人生的境界。宽容了别人就等于宽容了自己，宽容的同时也创造了生命的美丽。"宽容是制止报复的良方，善于宽容的人不会被世上不平之事所摆弄。如果我们心中充满了怨恨，那么就会没有愉悦的心情，而且更会损害健康，于是伤害最大的还是自己。我们要养成君子的心态，坦然看待问题。

美国第十六任总统林肯，从二十九岁就开始竞选州长和总统，前后共十一次，失败了九次。在竞选总统过程中，有一次选举结束后，他的秘书进来准备告诉他结果，此时，林肯笑着说："我想肯定是林肯那小子输了……"

慧能大师诗云："本来无一物，何处染尘埃。"超脱物外、超越自我，以平常心观不平常事，则事事平常。过于计较，过于思虑，人们就会被杂念所困，就是失去自我，成为杂念之奴。我们不要去想得到了又如何，失去又如何，反而可能做得更好。得失心不放下，想要不痛苦都不可能。人生有太多的欲望，不懂得放下只能与忧愁相伴，在人生的道路上迷失方向；人生有太多的诱惑，不懂得放下只能在诱惑的旋涡中丧生。

现在我们处在一个浮躁的社会。人们会为了蝇头小利耿耿于怀，会为了一些冲突和矛盾彻夜难眠。忧生于得失，惧生于得失；没有得失心，亦无所忧惧。"君子坦荡荡。小人长戚戚"，随着时间的推移和阅历的增加，人们会对这个简单的道理有着越来越多的体验。这体验是简单的、迟缓的、时隐时现、若有若无的，然而又是挥之不去、与日俱增的。

我们知道，中国历朝历代都有许许多多关于君子的格言，可是世间的君子却不见增多，反倒愈发罕见起来。这究竟是为什么？做君子究竟能够给人带来什么样的好处呢？用当前势利的眼光看，什么好处也没有！如果我们一定要找出某种好处的话，那便只是一种心灵上的慰藉而已，这大概也便是孔子当年的体验吧。

君子胸襟开阔、心地纯洁，因而坦坦荡荡；小人蝇营狗苟、患得患失，因而悲悲戚戚。老百姓们有句俗话，叫作"自己没做亏心事，不怕半夜鬼叫门"。因此，做个君子也许什么好处也没有，但却求个踏实。相反，在现实生

活中，小人得志的现象是常有的。靠溜须拍马而当官、靠坑蒙拐骗而发财的大有人在。倘若以外在的得失相比较，做君子还真不合算呢！可是，那些当了官、发了财的小人们难道就真的幸福吗？倒也未必。今天要“打假”，那些制造假冒伪劣的人能不心虚吗？明天要“反贪”，那些专搞贪污腐化的人能不害怕吗？那些人未必能睡个踏实觉。

平心而论，我们大多数人既不是严格意义上的君子，也不是彻头彻尾的小人，而常常是介于这两者之间的。正因如此，我们才既有“坦荡荡”的襟怀，又有“常戚戚”的体验，并经过日久天长而真正悟出究竟哪种状态更本真、更幸福、更有意义。

一个人应该光明磊落地对待自己，找到自己潜藏的人格。立身处世，事事都须谨慎；心思动念，更要磊落光明。一念、一言的偏差正是偏之毫厘，谬以千里。做人，就是不断地完善自己的人格。只有那种虽然身处逆境却乐观的人，才具有获得成功的潜质。

只有忘我，才会有我

莎拉·伯恩哈特从艺五十年来，一直是美国四大州剧院里独一无二的皇后，她是全世界观众最喜爱的一位女演员。后来，在她71岁那年，她破产了，而这时她的医生——巴黎的波兹教授又告诉她必须把腿锯掉。

那是在一次旅行的途中，在横渡大西洋时碰到了暴风雨，她摔倒在了甲板上，腿伤得很重，况且还染上了静脉炎，医生诊断她的腿一定要锯掉。这位医生开始有点怕把这个消息告诉她，他以为，这个可怕的消息肯定会把莎拉摧垮，可是他错了，莎拉听到这个消息后，只是看了他一阵子，然后很平静地说：“如果非这样不可的话，那就只好这样做了。”

当她被推进手术室的时候，她的儿子站在一边伤心地哭。她朝他挥了挥手，高兴地说：“不要走开，我马上就回来。”

在去手术室的路上，她还在背她演出时的一句很经典的台词。有人问她这么做是不是为了给自己提提神，她说："不，这是要让医生和护士们高兴，毕竟他们承受的压力可能更大。"

当她恢复健康之后，莎拉·伯恩哈特还继续环游世界，使她的观众又为她疯迷了七年。当我们没有办法来反抗那些不可避免的事实的时候，我们就应该省下精力，创造出一个更加丰富的生活。没有人能有足够的情感和精力，既抗拒着不可避免的事，又能利用这些情感和精力去创造新的生活。你只能两者选择其一，你可以弯下身子来面对生活中那些不可避免的暴风雨，你也可以抗拒它们的摧残。

其实，生命中的所有事情，全是靠我们的勇气，全靠我们对自己有信仰，全靠我们对自己有一个乐观的心态。唯有这样，才能成功。

每个人都应该养成一种不回忆过去悲痛事件的习惯，要融人有兴趣的环境中，去寻求几种能使自己发笑和受到鼓舞的活动。有些人在家庭中寻找乐趣，和他们的孩子嬉戏；而另外一些人则在戏院中、在谈话中或在阅读富有感染力的书籍中寻求欢乐。

心怀坦荡的人，善于理解别人的难处，发掘别人的长处，多想别人的好处，心胸开阔的人比心胸狭窄的人更容易成功。三国时的周瑜，在著名的赤壁之战中，率三军打败曹操83万人马，才能出众，但就是气量狭小，容不得高于自己的诸葛亮。他给诸葛亮3天时间，让他营造10万支箭，企图加害诸葛亮，结果诸葛亮用"草船借箭"渡过难关。周瑜几次与诸葛亮较量失败，积气伤身，口吐鲜血，最终仰天长叹："既生瑜，何生亮！"吴国鲁肃评论："公瑾量窄，自取死耳。"而蒙受"胯下之辱"的韩信，后来受到刘邦重用，被任命为大将军，帮助刘邦击败项羽。有一天，韩信从家乡路过，派人找来让韩信钻他胯下的那个人，那人以为韩信要杀他报仇，拼命求饶。韩信却笑着对他说："你不用害怕，多年来，我一直把胯下之辱铭记在心，告诫自己不停奋进，才实现自己抱负。为了感谢你，我现在任命你为楚国中尉（中尉的职责是专管扰乱社会秩序的人，维持社会治安）。"周瑜和韩信，一个心胸狭窄，要报复恩

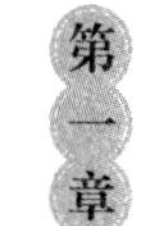

人，自己气死，成为历史一大笑话；一个心胸开阔，感谢仇人，委以重任，成为历史一大佳话。

人生在世，都要有能力自治其心，也就是治心窄，求心宽。一个心胸狭窄的人，不可能干出大事，也不可能创造出优异成绩。只有忘我，才会有我。姜太公对周文王说："大度盖天下，然后能包容天下；信用盖天下，然后能约束天下；仁德盖天下，然后能收服天下；恩泽盖天下，然后能保天下；权势盖天下，然后能不失天下。"君子坦荡荡，光明磊落的人，会从容悠闲，心地平和地对待一切事物和一切人。宁静致远，坦荡明心，必定会在生命的航行中乘风破浪，在五彩缤纷的生活中八面来风游刃有余。

人生智慧

◇宽容是制止报复的良方，善于宽容的人不会被世上不平之事所摆弄。

◇立身处世，事事都须谨慎；心思动念，更要磊落光明。一念、一言的偏差正是偏之毫厘，谬以千里。

◇人生在世，都要有能力自治其心，也就是治心窄，求心宽。

忠言逆耳利于行

【聊天实录】

我：俗话说：良药苦口利于病，忠言逆耳利于行。每个人都爱听好听的话。好听的话的确能够使人精神愉悦，同时又长面子，可是有些好听的话就如漂亮的罂粟花，美丽却不失毒性。一个人如果能听从难以入耳的忠言，就能修身养性，提高自己的品德；相反，如果一直听悦耳的话，被甜言蜜语包围，就如同中了鸩毒一般，看不到自己的缺点，则此生再也无望了。孔老先生，倾听是有技巧的，我们在听人说话中应该注意什么呢？

孔子：我在《论语·子罕》中曾提到：法语之言，能无从乎？改之为贵！巽与之言，能无说乎？绎之为贵！说而不绎，从而不改，吾末如之何也已矣！

我：这句话应该怎么解释呢？

孔子：这句话的意思就是：符合礼法的正言规劝，谁能不听从呢？但只有按它来改正自己的错误才是可贵的。恭顺赞许的话，谁能听了不高兴呢？但只有认真推究它的真伪是非，才是可贵的。只是高兴而不去分析，只是表示听从而不改正错误，对这样的人，我拿他实在是没有办法了。

我：您作为一位严师，总是告诫您的弟子们一定要听取别人的批评，并且还要确实能够改正；对于那些恭维的话，要学会冷静地去分析，这才是可贵的。以人为鉴可以知正误，犯了错误时，如果有人及时提醒，使自己认识到错误，加以改正，就可以尽力挽回损失。尤其要注意的是，当别人指出自己的错误时，即使自己没有这样的错误，也不能怨恨于人，要以宽广的胸怀去面对，谦虚谨慎地进行反思，无则加勉。

孔子：是的，只有这样，才能不断地完善自身。反之，如果以狭隘的思想去理解，认为对方是在故意找自己的麻烦，而不去反思自己是否真的有过错，那么就可能与事实背道而驰，与成功失之交臂。

【人生解读】

忠言逆耳多倾听

有一次，管仲向齐桓公进谏："宴安鸩毒，不可杯也。"原来齐桓公爱姬甚多，常在后宫饮酒作乐，管仲见了很担心，就把酒色比作鸩毒，劝诫齐桓公勿近醇酒妇人。齐桓公毛病很多，只因有管仲辅佐，他对管仲也委以重任，管仲常以忠言相劝，才使齐国成为春秋五霸之一。到管仲去世后，事情就发生了变化。

公元前645年，管仲病危，齐桓公前去看望他，问他："仲父病成这个样子，有什么话要和寡人说吗？"管仲劝他离易牙、竖刁、常之巫这些人远点。

管仲死后，齐桓公开始时还记着管仲的劝告，将这些人赶出了宫，可是他非常不习惯没有这些小人在身边的日子，于是不久之后又将他们接回来了。齐桓公将管仲的劝告置之脑后，亲近和重用易牙、竖刁、启方等人，这些人把持了齐国的大权，齐国政治日渐腐败。齐桓公却没感觉有任何不妥，说："仲父的话是言过其实了。"齐桓公生病的时候，这几个人一同叛乱。他们在桓公寝室四周筑起一道围墙，禁止任何人入内。这时，桓公哭得鼻涕横流，感慨道："唉！还是圣人的眼光比我们远大呀！若是死者地下有知，我还有什么脸面去见仲父呢？"说罢，自己扬起衣袖捂住脸部，气绝身亡，死在寿宫。由于齐桓公的儿子们为争夺君位而相互残杀，没人有心思去管死去的齐桓公。齐桓公的尸体在床上停放了六十七天，上面只盖一张席子，以致腐烂发臭，蛆虫爬出门外。直至无诡正式即位，才将齐桓公的尸体放人棺中，停柩待葬。

齐桓公的死可以说是他自己一手造成的，他的悲剧提醒人们，如果听不到批评意见，听不进逆耳的忠言，就认识不到错误，察觉不了灾祸，就无法提醒、警策自己，这是件很危险的事。整天被赞扬的话包围，赞美之词不绝于耳，就像喝含有"鸩毒"的美酒一样，听多了就会丧失警觉，削弱自己发奋上进的精神，沉湎在自我陶醉的深渊中，积羽沉舟，最终毁了自己。

《周易·小过》中有这样的话："弗过，防之，从或戕之，凶。"意思是说，在没有产生失误前要加以防范，过于放纵就会伤害自己，那就凶险了。因此，当我们觉得自己没有过错而受到别人的批评时，千万不要盲行和顶撞，要勇于接受批评，时刻引起警惕。

生活即艺术，是一种修炼，是一片净土，不是武术，不是战场，虔诚的攻艺者当专心不二地将自己的精力、心力都用到艺事上。批评是一束智慧，批评是一份爱心，批评是一片袒露的真诚，批评，始终是攻艺者的强身之本。

李世民非常喜欢魏征对他讲的“兼听则明，偏信则暗”这一句话，他常对大臣们说：“自古以来帝王怒起来就随便杀人，夏朝的关龙逢、商朝的比干，都因为敢谏而被杀，汉代的晁错也是无罪被杀。我总是以此为戒，提醒自己不要这样。为了江山社稷，请你们经常指出我的过错，我虚心接受并时常改正。诸位经常记着隋朝灭亡的教训，我时常想着关龙逢、晁错死得冤枉，那咱们君臣互相保全不很好吗？"

唐太宗正是因为有魏征的忠言，才能及时更正错误，使人民安居乐业，国泰民安。后来，魏征死了，他伤心地说：“人以铜为镜，可以正衣冠；以古为镜，可以见兴替；以人为镜，可以知得失。魏征没，朕亡一镜矣。”唐太宗能听大臣的劝谏，勇敢地认识和面对并改正自己的过错，从而纠正了不少过错，带来了贞观盛世。因此，作为一个朝代的统治者，能够懂得知错改错，这不单对他个人有好处，也是国家社稷之幸。

忠言逆耳多倾听，虽然批评意见有时“带刺”，令人难以接受，但它含有品评、判断、指出好坏的目的，带有激励、教导、鞭策的愿望，起着积极的作用。可人是有感情的，常常因情感、情绪的变化，对别人的批评有不同的反应。喜欢听溢美之词，厌恶批评之语，这是人性的弱点，也是人之常情，即使是大人物也在所难免。但是，如果一味地沉浸在恭维称赞声中，总有一天，自己会被淹没。忠言与谗言之间，顺耳与逆耳之间，每一次选择都意味着对缺点的正视与逃避。不可以轻易否定忠言，否则你将会错失一位真心的朋友。也不可以盲目地陶醉于花言巧语，否则你将会沉溺于自我，看不到外面的世界。我们需要不断地进步，就要听得进忠言，别人的批评教育在我们的人生路上就像一盏明灯，照亮着我们前进的道路。

人生智慧

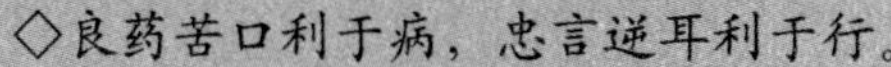

◇良药苦口利于病，忠言逆耳利于行。

◇兼听则明，偏信则暗

◇要勇于接受批评，时刻引起警惕。

◇别人的批评教育在我们的人生路上就像一盏明灯，照亮着我们前进的道路。

刚柔相济，控制欲望

【聊天实录】

我：在这个欲望充斥灵魂的年代，我们都有着不能言说的痛，没有欲望就没有希望，但是过多的欲望让灵魂肮脏，我们该怎么控制欲望呢？

孔子：我在《论语·公冶长篇》中曾提到：吾未见刚者。有人说：申枨。我说：枨也欲，焉得刚。

我：这句话应该怎么解释呢？

孔子：这句话的意思就是：“我没有见过刚强的人。”有人回答说：“申枨就是这样的人。”我说：“申枨贪欲太多，怎么可能刚强呢？”

我：您不普遍地反对人们的欲望，因为首先来讲，人的生存具有物质属性，所以，人们在日常生活中，希望吃得好一点，住得好一点；希望病痛少一点，快乐多一点，这些都是正常的欲望，都是人之常情。“人不为己，天诛地灭”，一个人有私利是在所难免的。有的时候，你的私利或许不会妨碍他人，但在大多数情况下，对私利的无尽追逐会有害于他人，遭怨也就难免了。人争取利益是可以理解的，但一定要以义为准则，不仅要满足自己适度的生存要求，还要顾及他人的存在。如果放纵自己，任由私欲膨胀，必然会脱离做人的基本原则，最终成为权力或金钱、美女的俘虏。

孔子：是的，人只要抛弃私心，就会光明磊落，就会处事公道，这就是无欲则刚。

【人生解读】 壁立千仞，无欲则刚

祁奚，字黄羊，春秋时期晋国大夫，历经晋国景、厉、悼、平四世，可谓四朝元老。

悼公继位后，立祁奚为中军尉。平公时，复起为公族大夫。祁奚在位约六十年，忠公体国，急公好义，誉满朝野，深受人们爱戴。

祁奚因年事已高，向晋悼公请求告老退休。晋悼公问祈奚：“你退休以后，谁接任你的职务较为合适呢？”

祁奚回答说：“解狐这个人可以。”晋悼公大惑不解，问道：“解狐不是跟你有仇吗？”祈奚说：“君问我谁适合担任中军尉，并非问谁是我的仇人。”

晋悼公正准备立解狐为中军尉，解狐却死了，晋悼公又征求祈奚的意见，祁奚回答说：“祁午可以任中军尉。”晋悼公见祈奚推荐祈午，于是问道：“祈午不是你的儿子吗？”祈奚回答说：“君问谁适合担任中军尉，并非问谁是我的儿子。”

祈奚在推荐继任者问题上，外举不避仇，内举不避亲，历来为人们所称道。

后来的事实证明，祈奚的举荐确实具有独到的眼光。祈午担任中军尉后，“好学而不戏，守业而不淫，柔惠小物而镇定大事，有质直而无流心”，“军无秕政”，的确是中军尉的合格人选。

祁奚以公而无私赢得了朝野内外的赞誉，他的言行也随之成为衡量是非曲直的标准。

《史记》上说："欲而不知止，失其所以欲；有而不知足，失其所以有。"寡欲，就能胸怀宽广，就能乐观旷达，就能心态平和。

孔子的这篇言说的对象主要是上层统治者。如果统治者行事只为一己私利，而不为百姓着想，那么天下苍生定会遭殃。所以，放于利而行，必招民怨，这是政治层面的解读。但是，儒家内圣外王之道不是割裂开的，而是相互融合的。修身而后能平天下，齐家之道和治国也是共通的。儒家不是单纯的政治哲学或者单纯的伦理学，对于个人来说也是有意义的。社会是一个大群体，人是处于人际关系中的动物，因此，"放于利"是行不通的。正如程子所说："欲利于己，必害于人，故多怨。"

人不可能一点欲望都没有，但不能有过分的欲望。没有贪欲，就可以做到"软硬不吃"，坚持自己做人的原则，至大至刚。而一旦有了贪欲，不是"吃人家的嘴软，拿人家的手短"，就是"英雄难过美人关"，哪里还算什么刚毅的男子汉呢？

人生而有欲，天经地义，但只能有正当之欲，且应加以节制。虎门销烟闻名中外的清朝封疆大吏林则徐，便深谙"无欲行自刚"的道理。他以"无欲则刚"为座右铭，为官40年，在权力、金钱、美色面前做到了洁身自好。他教育两个儿子"切勿仰仗乃父的势力"，实则也是本人处世的准则。他在《自定分析家产书》中说，"田地家产折价三百银有零"、"况目下均无现银可分"，其廉洁之状可见一斑。他终其一生，从未沾染拥姬纳妾之俗，在高官重臣之中恐怕也是少见的。

像林则徐这样的人，可说是"刚"。人类的一切烦恼都源于贪欲，因为贪欲是无限的，而能得到满足的贪欲是有限的，所以我们一生烦恼不断。他们之所以能做到"刚"，是因为他们心里没有那么多的贪欲，或者说能克制自己的贪欲。

做官与经商一样，都要克制自己的欲望。经商就怕一开始就在心中膨胀出一个很大的贪欲，这会使人变得浮躁，而不去脚踏实地赚钱。或者说因为贪欲，而不遵守自己经商的原则，总想着一口气吃成胖子。企业家是不能缺乏实干精神的，任何怠惰都可能导致经济上的损失。没有天生的百万富豪，要想开创一番大事业，就必须亲力亲为、戒贪戒躁，从最基本的做起，经受最艰苦环境的考验。只有这样，你才能经垒土之末，成千尺高台。

“无欲则刚”，此言不虚。如果我们在某一方面有欲望，那这种欲望就有可能被别人所利用。如果贪色，有求之人就可能诱之以色；如果贪财，别有用心之人就会诱之以财；你喜好什么，他就给你什么。当看到鱼儿因贪吃而上钩时，我们会笑鱼儿太痴。但假如不能抑制自己的欲望，我们同那些鱼儿也就没什么两样。

有的人，就是抓住了人性中的贪欲做文章，使得一些企业家贪小便宜吃大亏，上当、上钩，深陷泥潭而不能自拔。这样的企业家，已经失去了“刚”的勇气、“刚”的凭借，只能任由别人，以蝇头小利牵着鼻子走。

每个人为政、经商、求学、生活都有自己的原则。只有克制自己无限膨胀的贪欲，才能做到坚守原则，才能做到“刚”，才能得到最好的结果，最终才能成就事业。我们所应拥有的“刚”，是在大是大非上坚持真理、坚持原则的“刚”，而不是不分青红皂白、不管具体对象，都一概犟脾气，一概固执己见，一概认死理。

自私自利，是人的本性；避害趋利，是人的本能。这是无可厚非的。自私自利，避害趋利，并不危害社会，危害他人，甚或还有利于社会的进步和发展。为吃穿而奔波，为富贵而奋斗，为地位而努力，为改变命运而拼搏，只要手段正当，没有危害他人，何乐而不为?

追逐个人利益也是人类得以生存的主要基础之一，孔子并不反对这个观点，他认为正当的利益是应该的，即使从事卑贱的工作获得利益也无可厚非，但不能唯利是图。孔子也敏锐地看出，如果每个人都以自己的一己私利为基点来行事，就会产生灾难性的恶果。因为自私自利，世界上出现了什么“宁要我负天下人，不要天下人负我”之类的极端自私思想，这让我们不得不感叹人性

的可怕。这种人缺乏的是宽容，是智慧。生活中，与人相处，原则问题当然应该刚硬坚持，寸步不让。但非原则问题，大可不必“一根筋”、犟到底，也不能“得理不饶人”。否则，除了把人际关系搞僵，让本可换个方式解决的问题走入死胡同外，又有什么好处呢？知道什么情况下应该“刚”，什么情况下则需要“柔”，需要灵活。性格刚强的人，要注意避免刚愎自用，骄傲粗暴，固执己见。只有刚柔相济，才能真正获得人生的成功。

人生智慧

◇没有贪欲，就可以做到“软硬不吃”，坚持自己做人的原则，至大至刚。

◇只有克制自己无限膨胀的贪欲，才能做到坚守原则，才能做到“刚”，才能得到最好的结果，最终才能成就事业。

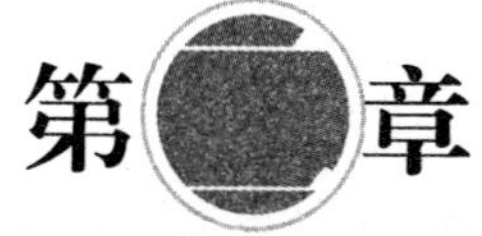

第二章

孔子与我聊品德提升之道

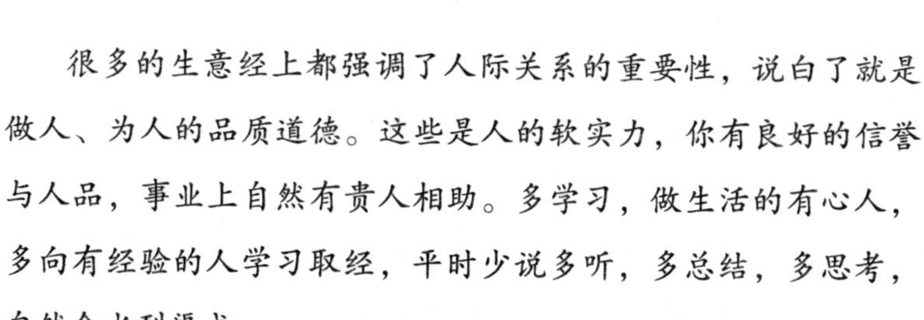

很多的生意经上都强调了人际关系的重要性，说白了就是做人、为人的品质道德。这些是人的软实力，你有良好的信誉与人品，事业上自然有贵人相助。多学习，做生活的有心人，多向有经验的人学习取经，平时少说多听，多总结，多思考，自然会水到渠成。

开拓创新，与时俱进

【聊天实录】

我：怎么样做才是善人呢？

孔子：不践迹，亦不入于室。

我：这是关于哪方面的呢？

孔子：这句话的意思是：不踩着别人的脚印走，也不随便走进别人的室内。

我：哦，也就是创新？

孔子：是的，创新并不只是某些行业的专利，也不是超常智慧的人才具有创新的能力。创新只是在寻找一种新的改进办法，这种办法也许并不起眼，但它一旦真的被实施之后，就能产生巨大的效应。只要创新，你就能成功。

【人生解读】 不踩着别人的脚印走

距今约1800多年前（117年）的东汉时期，一台利用水力推动自动运转的大型天文仪器——“水运浑象”在东汉的京都洛阳制造成功了。仅仅相隔了20年（138年），安置在京都洛阳的又一台仪器——“候风地动仪”准确地报告了西方千里之外发生的地震，这标志着人类开始了用仪器记录研究地震的新纪元，这两台著名仪器的发明者就是张衡——我国东汉时期伟大的科学家、文学家。张衡对中国古代的天文学、地震学和机械力学做出了杰出的贡献，传说他还制造过指南车、记里鼓车等，因其机械制造水平很高，被尊称为“木圣”。

张衡是我国东汉时期杰出的科学家、文学家，他发明创造的浑天仪，候风仪，地动仪，指南车，凝聚了他毕生的心血与智慧，为中国和世界的科技发展做出了巨大贡献，张衡在文学艺术史上也占有很重要的地位，他是汉赋四大家之一，他的《二京赋》、《归四赋》等都产生过很大的影响。他的《四愁诗》、《同声歌》，是中国诗歌史上五言、七言诗创始时期的重要诗篇，他还是东汉四大画家之一。

张衡画像

张衡出生在一个破落的官僚家庭，祖父张堪是地方官吏，张衡幼年时候，家境已经衰落，有时还要靠亲友的接济。“自古英才多贫贱，从来纨绔少伟男”，正是这种贫困的生活对他的成长起到了很好的作用。当时的南阳是经济和文化都很发达的地区，有“南都”之称。张衡在这样的环境熏陶下，加上他自幼刻苦好学，在青少年时代就已经为后来从事文学和科学事业打下了良好的基础。

由于家中的经卷典籍慢慢地不能满足张衡的求知欲望了，于是从16岁开始，他便离乡游学，广结学者名流。他曾到汉朝故都长安一带，游览了当地的名胜古迹，考察了周围的山川形势、物产风俗、世态人情。后来他又到了当时的首都洛阳，就读于最高学府——大学，并成为学识比较渊博的学者。当时，地方上曾经推举他做“孝廉”，公府也多次招聘他去做官，但都被他拒绝了。

张衡自幼就对文学有特殊的爱好和研究，他的文学作品很多，风格也各不相同。有的形式短小，重在抒情，如《归田赋》；有的气势磅礴，广写景物，如《二京赋》；有的特色突出，独树一格，如《四愁诗》、《同声歌》等。和帝永元十二年（100年），23岁的张衡应邀回乡出任南阳太守鲍德的主簿，掌管文书工作，并在办理政务之余，潜心于文学创作。他以游学长安和洛阳的见闻作为素材，先后花了10年工夫，于安帝永初元年（107年）写成著名的文学著作《东京赋》和《西京赋》，总称为《二京赋》。文中，张衡以很大的篇幅无情揭露讽刺了当时京师中帝王贵族“取乐今日，遑恤我后，既定且宁，焉知倾”的腐败寄生生活，受到人民的欢迎而传诵于世。

在张衡34岁的时候，他的研究兴趣逐渐转到哲学和自然科学方面。他很喜爱扬雄（公元前53—公元18）的哲学著作《太玄经》。《太玄经》的内容涉及天文、历法、数学等方面，引起了他很大的兴趣，《太玄经》里的一些朴素的唯物主义观点也给了张衡以很大的启发。

安帝永初四年（110年），张衡应征进京，先后任郎中、太史令、公车司马令等低、中级官职，其中担任太史令时间最长，前后达14年之久。太史令是主持观测天象、编订历法、候望气象、调理钟律（计量和音律）等事务的官员，他在任职期间，对天文历算进行了精湛的研究，做出了重大的贡献。

汉朝时，关于天体运动和宇宙结构的学说已经出现了三种：盖天说、浑天说和宣夜说。盖天说创立最早，它认为天在上，地在下，天像一个半圆形的罩子，大地是平的，或者像一个倒扣着的盘子。浑天说主张天是浑圆的，日月星辰会转入地下。至于大地，早期的浑天说认为大地是平的，东汉三国时期的陆绩（187—219）等进一步提出了大地是球形的概念，使浑天学说臻于完备。宣夜说却认为天没有一定的形状，而是无边无际的充满气体的空间，日、月、五星（金、木、水、火、土五大行星）等都漂浮在气体中。

张衡根据自己对天体运行规律的认识和实际观察，认真研究了这三种学说，认为浑天说比较符合观测的实际。他继承和发展了前人的浑天理论，在西汉耿寿昌发明的浑天仪的基础上创制了一个能够精确表现浑天思想的“浑天仪”。他精通天文、历算，具有很强的革新思想，先后写出了《灵宪》、《灵宪图》、《浑天仪图注》等天文学著作，成为东汉中期浑天学说的代表人物之一。难能可贵的是，张衡早在《灵宪》中就已指出月亮本身并不发光，月光是反射太阳的光，这在当时是了不起的科学发现。

张衡之所以能够在科学上做出杰出成就，成为伟大的科学家，和他坚持唯物观点、反对唯心主义和迷信思想有密不可分的联系。张衡一生为我国的科学文化事业做出了卓越的贡献，是我国古代伟大的科学家之一。他谦虚谨慎、勤学不倦，在所从事的事业中表现出了勇于进取、开拓创新、精益求精的精神和风格，非常值得我们学习。

一个富有创新精神的人，才能打破陈规陋习，破除种种条条框框的束缚；才能不唯书，不唯上，坚持从实际出发，创造性地开展各项工作；才能想别人所未想、所不敢想的事，做他人所未做、不敢做的事；才能彻底抛开一切阻碍发展的旧东西，积极创造促进社会和人生进步的新事物，这就需要一种不怕困难的勇气和敢为人先的精神。但仅凭敢于创新还远远不够，还要善于创新，这就要充分发挥集体和个人的聪明才智，运用科学的方法，利用各种有利因素进行创新；就要善于借鉴、利用前人积累的成果，创立新知，使之转化为新的生产力、经济财富和社会财富。只有这样，每天照常升起的太阳对于我们来说才有新意，每天反复进行的呼吸才不是重复，一天天向前推移的人生脚步才不会始终印证前人的足迹。

“不踩着别人的脚印走”就是开拓创新，“不随便走进别人的室内”就是不钻进别人早都经营得饱和了的领域。开拓创新可以说是我们这个时代的精神。具体说，在这个竞争激烈的市场经济中，人们在创业之初可走“模仿”这条高效便捷之路，但任何一个想把事业做大的人，如果不能将创新意识融入骨子里，并不断地进行创新实践，很难在竞争中立足，很难打开一片新天地。

人生智慧

◇一个富有创新精神的人，才能打破陈规陋习，破除种种条条框框的束缚；才能不唯书，不唯上，坚持从实际出发，创造性地开展各项工作；才能想别人所未想、所不敢想的事，做他人所未做、不敢做的事；才能彻底抛开一切阻碍发展的旧东西，积极创造促进社会和人生进步的新事物。

把自己的杯子倒空

【聊天实录】

我：求职路上，千辛万苦，我们最应该注意的是什么呢？

孔子：《论语·为政》有这样一段，子曰：由，诲女，知之乎？知之为知之，不知为不知，是知也。

我：这句话怎么去理解呢？

孔子：我说："子路，我教你的知识懂了吗？知道的就说知道，不知道就说不知道，这才算是聪明啊。"

我：也就是说，求知最忌讳的就是自欺欺人，不懂装懂。我们绝不要低估了不懂装懂对我们社会的危害，因为它完全有可能由一种个人素质问题而发展成为一种社会公害，遗患无穷。

孔子：是的，客观地正视不足，果敢地采取举措，就会最终填平欠缺。而对不足遮遮掩掩，试图文过饰非，则必将永远无法取得进步。再博学的人也会有不知道的东西，所以智者常以虚心好学的姿态呈现于人们面前。"知之为知之，不知为不知，是知也。"对于文化知识和其他社会知识，人们应当虚心学习、刻苦学习，尽可能多地加以掌握。但人的知识再丰富，总有不懂的问题，那么，就应当有实事求是的态度，只有这样，才能学到更多的知识。

【人生解读】

不知道

闻名世界的物理学家、诺贝尔物理学奖得主美籍华人丁肇中在接受中央电视台《东方之子》采访时，曾对很多问题都明确表示"不知道"。而他在为南航师生做学术报告时，面对同学的提问同样是"三问三不知"："您觉得人类

在太空能找到暗物质和反物质吗？”“不知道。”“您觉得您从事的科学实验有什么经济价值吗？”“不知道。”“您能不能谈谈物理学未来20年的发展方向？”“不知道。”典型的三问三不知！这着实让在场的所有同学感到吃惊，但沉默过后就赢得全场热烈的掌声。有时候，一些人在说“不知道”时，往往被其他人看作是孤陋寡闻或无知的表现，但丁教授的“不知道”却体现出一种做人的谦逊和科学治学的严谨态度，不禁令人肃然起敬。

其实，丁肇中教授可以不说“不知道”，比如就可以用一些现代社会中专业性很强的术语随便糊弄过去，或者胡乱说一些根本不沾边际的话搪塞一下，甚至他还可以委婉地对学生说：“这些问题对于你们来说太深奥，一两句话还解释不清楚。”但是，这位诺贝尔奖得主却选择了最老实、最坦诚的回答方式，而且表情相当诚恳，没有矫揉造作，没有故弄玄虚，也绝对没有“卖关子”。丁教授说不知道，不但没有损害他的科学家形象，而且还凸显了他严谨的科学态度，让人折服。

“知之为知之，不知为不知，是知也。”学问愈深，未知愈重；越是学识渊博，越要虚怀若谷。他们有的作为专家、学者，对不知道的东西，不仅诚恳地承认“不知道”，而且还敢于说“不知道”。美国现代物理学家费曼认为，科学家总是与疑难和不确定性的问题打交道的。当一个科学家不知道一个问题的答案时，他就是不知道；当有了确切的猜测时，他的答案也是具有不确定性的；即使对自己的答案成竹在胸，他也会对质疑留有余地。

对大科学家来说，必须承认自己的无知，使自己的结论留有被质疑的余地，是当今科学发展所必须做到的。只有秉持这样的科学态度，才能不断地“格物致知”，获得新认识，达到最高境界。常言道“一事不知，学者之耻”，其真正意义是在于勉励学者们不断求索，不断进取。

事实就是，完善自我

一个烈日炎炎的夏日，骄阳当空，大地一片燥热，一辆马车正在通往齐国的路上慢慢行驶。车上，孔子正向弟子们传授学问，他说：“三人行，必有我师焉。”意思是说，三人同行，那其中就会有人可以当你的老师。孔子教育弟子：对待学习一定要诚实，遇到自己不会回答的问题，要老老实实地承认自己的不足，绝不能不懂装懂，自欺欺人。

正讲着，车窗外传来哗啦啦的响声，孔子便说：“天气说变就变。听，山那边下起了雷阵雨，快停车！”有位弟子下了车，仔细听了听，说：“这是山那边海浪拍打岩石的声音，我是南方人，从小生活在海边，熟悉这种声音。”

孔子一听是海，非常好奇，因为他从来没见过海，于是就带着弟子，爬上山顶，想看看海究竟是什么样子。孔子望着无边无际的大海，感叹地说：“海真辽阔呀！做人就应该像大海一样，有辽阔的胸怀，敢于承认自己的缺点。”

正当孔子和弟子们欣赏着大海的景色时，觉得口渴了，正巧看见一位小渔民正担着一桶水在山腰上走，孔子便走上前去：“小弟弟，可否讨口水喝？”小渔民就拿起葫芦瓢在桶里舀了一瓢清水，递给孔子。孔子喝过水后，说：“这海水真好喝啊！甘甜清凉。”小渔民听后，忍不住笑了：“海水又咸又苦，怎么能喝呢？还甘甜呢？嘿嘿，你们可真是书呆子，这点常识都不懂。”

一位弟子听小渔民这样批评老师，非常生气：“你这个黄毛小子，真不知天高地厚，竟然如此无礼，你知道这位是谁吗？他可是大名鼎鼎的孔夫子。”

“孔夫子？孔夫子怎么啦？孔夫子不见得样样都懂，刚才想用海水解渴就错了，海水是苦的，根本不能喝，我递给他的可是清水。再说，他会种地吗？他会盖房吗？他会打鱼吗？”

孔子听了，觉得很惭愧，他低着头，沉思了一会儿，然后诚恳地对弟子们说：“以前，我对你们讲有些人一生下来就知道一些事情，这话是不对的，我们应该知错就改，千万不能不懂装懂啊！”

弟子们听了，都点点头，更加尊敬孔子了，这座山后来就被称为“孔望山”。

孔子不仅严格要求自己，对弟子们也是如此。

孔子有一位弟子，名叫子路，是个性格粗鲁直率的人。子路很聪明，自从拜孔子为师后，认真学习，渐渐地掌握了不少知识。

当时，各诸侯国之间混战不断，为了扩大各自的势力，他们都把招揽人才作为重要手段，许多诸侯贵族都认为子路是个不可多得的人才，便争相请他去做官，这样一来，子路就有些骄傲了。

孔子得知子路越来越骄傲了，学习也不如当初用心，变得很浮躁，便决定教育一下他。

这一天，子路穿着华丽的衣裳，身边还跟着几个仆从，高高兴兴地回来拜见老师。孔子看见子路趾高气扬的样子，心中不悦，便提出几个有关治国的问题，让子路回答。子路一听，呆呆地愣在那里，一个也回答不上来。前一段时间，他一直忙于交际应酬，忽略了功课，而且，来之前也没做任何准备，这可怎么回答？如果老老实实说不知道，那在同学面前，不是太丢面子了吗？而且，传出去后，那些诸侯贵族会怎么看，还认为自己是人才吗？

想到此，子路便假装胸有成竹的样子，把以前学到的那点相关知识全都倒了出来，东拼西凑，连蒙带混地应付了一大篇。

孔子听了，十分生气，训斥道："子路，你自己认为回答得怎样？"

子路见老师生气了，便一声不吭地低着头。

孔子继续说："你知道自己最大的缺点是什么吗？那就是不懂装懂！"说完，孔子一一列举了子路话中的错误，说得子路满脸通红，羞愧得说不出话来。

孔子缓了口气，又接着说："做人一定要诚实，对待学问也要诚实，不能弄虚作假。知道的就说知道，不知道的就说不知道，这没什么丢面子的。如果你能这样老老实实地对待学习，将来一定会成为真正有智慧的人！"

子路听了老师的教诲后，决心留在老师身边，继续潜心学习，以弥补以前荒废的学业。

人任何时候都要虚怀若谷，戒骄戒满，再博学的人也会有许多不知道的东西，所以时时处处都要以学习的姿态出现于人们面前，而不能到处不懂装懂，硬充"大明白"，否则自己就再无进步的可能了。唐代有位禅师很有智慧，他的一杯茶的故事常常为人们所津津乐道。有一天，一位大学士特地来向他问禅，可一见面就对禅师大发宏论，滔滔不绝。禅师以茶水招待他，禅师将茶水注入这个访客的杯中，杯满之后还继续注入。这位大学士眼睁睁地看着茶水不停地溢出杯外，洒得满案皆是，便忍不住说道："已经漫出来了，不要倒了。"这时禅师意味深长地说："你的心就像这只杯子一样，里面装满了你自己的看法和主张，你不先把你自己的杯子倒空，叫我如何对你说禅？"

禅师教导的"把自己的杯子倒空"，不仅是佛学的禅理，更是人生的至理名言。心太满，什么东西都进不来；心不满，才能有足够装填的空间。过度自骄自满的人，他的"心"已经满满的，已无法装其他东西。在这个瞬息万变的社会，随时需要知识、咨询和不断吸取养分，所以"心"一定要"空"，也就是古人所说的虚怀若谷。让胸怀像山谷那样空间深广，这样就能吸收无尽的知识资源，容纳各种有益的意见，从而使自己丰富起来。

人生智慧

◇一事不知，学者之耻。

◇人任何时候都要虚怀若谷，戒骄戒满，再博学的人也会有许多不知道的东西，所以时时处处都要以学习的姿态出现于人们面前，而不能到处不懂装懂，硬充"大明白"，否则自己就再无进步的可能了。

德才兼备谓圣人

【聊天实录】

我：《资治通鉴》里提到："德才兼备谓圣人，德胜才谓君子，才胜德谓小人。"所谓"德不高则行不远"，只有品德高尚的人，才能获

得真正的威功；只有德才兼备之人，才能与之一起患难与共，荣辱共担。才能资质属于才的方面，骄傲吝啬则属于德的方面。才高八斗而德行不好，圣人连看也不看他一眼，只有德才兼备才是完美的人才。孔老先生，您觉得我分析的正确吗？

孔子：是的，就如：诗三百，一言以蔽之，曰：思无邪。

我："诗三百，一言以蔽之，曰：思无邪。"这句怎么理解呢？

孔子：《诗经》三百篇，可以用一句话来概括它，就是思想纯正。

我：您是教导我们，德育是整个教育的基础，所以抓教育首先要抓德育；您还告诉我们，德育本身也有基础，要抓德育就要狠抓这个基础。所谓"君子务本，本立而道生"。"务本"就是要"抓根本"，也就是抓基础。这里的"本"即做人的根本，务本就是要学会做人，学会做一个有高尚道德、高尚人格的人。

【人生解读】 德行比才能更重要

著名书画家董其昌，因字写得丑陋，科考屡次落榜，后专攻书画，终有名气。可他贪慕权势，强敛钱财，成为松江一霸，并纵容其子强抢民女，祸害百姓。董其昌及其家人"封钉民房，捉锁男妇，无日无之"的令人发指的罪行，早已激起了民众特别是士林的愤怒："敛怨军民，已非一日，欲食肉寝皮，亦非一人，至剥裩毒淫一事，上干天怒，恶极于无可加矣。"海刚峰曾经预言过的"民今后得反之也"，果然变成了轰动江南的事实，朝野为之震动。这是万历四十四年（1616年）春天的事情，一场群众自发的抄家运动，有人把这个过程记录了下来，是为《民抄董宦事实》。事件爆发前，有人贴出了词锋犀利、无比愤怒的檄文，张榜公告，读来令人血脉喷张：

……人心谁无公愤。凡我同类，勿作旁观，当念悲狐，毋嫌投鼠，奉行天讨，以快人心。当问其字非颠米，画非痴黄，文章非司马宗门，翰非欧阳班辈，何得侥小人之幸，以滥门名。并数其险如卢杞，富如元载，淫奢如董卓，举动豪横如盗跖流风，又乌得窃君子之声以文巨恶。呜呼！无罪而杀士，已应进诸四夷，戍首而伏诛，尚须枭其三孽。……若再容留，绝非世界。公移一到，众鼓齐鸣，期于十日之中，定举四凶之讨。谨檄。

做人不仅是孔子提倡的德育目标，也是当代国际教育的目标，“国际21世纪教育委员会”在其所提出的“教育四大支柱”中明确把“学会共同生活”作为教育的基础。而学会共同生活就是要学会设身处地去理解他人，要与周围人群友好相处，并从小培养为实现共同目标而团结合作的精神，这实际上就是要教会学生如何做人。

显然，这里涉及的是伦理道德教育的问题，目的是要建立良好的人际关系。强调要把“学会共同生活”作为教育的基础，就是强调要把教会如何做人的道德教育作为整个教育的基础，所以，一切德育工作都要围绕“教会学生做人”这一目标来展开。这也是社会的一大难题，曾在网上广泛流传的并引起强烈反响的事件：2002年清华大学电机系刘海洋，因为想验证笨狗熊一说，竟然用加有烧碱的浓硫酸泼了五只熊猫，事件后被判刑。一个受过高等教育的大学生，竟然做出这样的事，不能不说是德行败坏。这样的人对社会会有什么益处，还谈什么仁爱呢？他的做法和孔子简直是背道而驰。

新加坡前总理李光耀在全面总结儒家学说的基础上指出，儒家思想的核心是“忠、孝、仁、爱、礼、义、廉、耻”，并以此八种德行作为新加坡政府的“治国之纲”和新加坡每一位公民都必须具有的道德品质，李光耀的这一英明之举已在新加坡取得极大成功。

孔子还说：“骥不称其力，称其德也。”意思是对于千里马，不称赞它的力气，要称赞它的品质。换句话说，就是尚德不尚力，重视品质超过重视才能，这是儒家的人才思想，也是我们今天选拔干部和人才的一个原则。

所以，人的品质比能力更重要，这是我们在考察干部、选拔人才时不能不遵循的原则。当然，也不能因此而走向另一个极端，忽略人的能力，不尊重知识，不重视才干。

所谓“品不良则心不正”，是我们做人做事的标准，更是识人之道。比较全面地说，应该是德才兼备最好，二者不能兼备时，德重于才。我们的确可以看到这样的现象，一个人如果品质不好、能力差也就算了，危害还不会太大。恰恰是一个能力非常强、智商非常高的人，如果品质败坏、野心很大，那他所造成的危害就会非常大，有时候会达到致命的程度，断送一个单位、一个企业，甚至于造成更大威胁。反过来说，一个人品质很好，能力虽然差一点儿，但只要他虚心好学，不断提高自己，也就会逐渐有所进步，把事情做得更好一些。

人生智慧

◇人的品质比能力更重要。

◇品不良则心不正。

◇一个人品质很好，能力虽然差一点儿，但只要他虚心好学，不断提高自己，也就会逐渐有所进步，把事情做得更好一些。

找对方法，办对事

【聊天实录】

我：孔老先生，您一生凄凄惶惶奔走列国，为的就是推行自己仁的主张，所谓“一日克己复礼，天下归仁焉”。而最有力量帮助自己推行仁的，是掌权的人和有地位的人。您是怎么得到他们的帮助的呢？

孔子：《论语·卫灵公》有一段记录：子贡问为仁。子曰：工欲善其事，必先利其器。居是邦也，事其大夫之贤者，友其士之仁者。这就是我的观点。

我：怎么理解这句话呢？

孔子：子贡问怎样实行仁德，我说："做工的人想把活儿做好，必须首先使他的工具锋利。住在这个国家，就要侍奉大夫中的那些贤者，与士人中的仁者交朋友。"

我：您认为，"工欲善其事，必先利其器。"工人若想做好他的工作，一定要先改善他的工具。为了更好地推进自己仁的事业，需要寻找"利器"相助。借用一句老话，就是寻求"贵人"的相助。

孔子：是的，我们在做一件事情之前，一定要考虑好什么才是完成这件事情最好的方法和手段，找到并利用好这些方法和手段，肯定会使你事半功倍。

【人生解读】 工欲善其事，必先利其器

有一年，齐国的执政大夫田常，因为国内不服他的人很多，决定攻伐鲁国以树立威信。孔子听到后，对学生们说："鲁国是我们的父母之邦，祖先的坟墓都在那里，你们为什么不去解除它的危难？"

勇敢的子路首先要求去抵抗齐国的军队，孔子不许；子张也提出要去，孔子不同意；子贡请行，孔子同意了。

子贡请教此行该注意什么，孔子说："仁！"

"请问，在异国他乡，怎样达到仁的要求呢？"

"工欲善其事，必先利其器。"孔子先打了比方，说工人要做好他的工作，一定要先有锐利的工具。接着又说，"住在那个国家，恭敬地对待贤德当权者，和有道德的人交友。人的关系和谐了，等于工人有了好的工具，就能够按你的心意办事了。"

子贡按老师的教导，先到齐国去说服田常，告诉他攻鲁无利可图而攻吴则对齐国、对他本人大有好处，田常同意了。接着子贡又到吴国去劝说吴王，请他联合越国去对抗齐国。最后，子贡再到越国，叫越王只以兵器粮食支援吴国抗齐而不出军队……几个大国都卷入了一场混战，而鲁国却避免了被入侵的危险。

子贡

子贡凭着他的口才和对列国形势了如指掌，顺利完成任务，而齐、吴、越国实际上都成了他完成任务的棋子。

“工欲善其事，必先利其器”这句名言，我们常常引用，就是出自《论语》的这个地方。

孔子的这句话充分显示了关系的重要性，他说，要到某一国家去，达到某一个目的，先要和这个国家的上流社会、政府首长都搞好关系，同时把社会关系搞好，然后才可以有所作为，达到仁的境界。事实上任何人、任何时代，都是如此。但最重要的一点，这里是为仁，目的是做到仁，在救国民救国家。

现在不少人喜欢看谋略学，研究鬼谷子等的学说。对于谋略，应该学，但要谨慎使用。因为用谋略有如玩刀，玩得不好，一定伤害自己，只有高度道德的人、高度智慧的人，才会善于利用。有位伟人曾说：“不择手段，完成最高道德。”但一般人往往只用了这句话的上半截，讲究“不择手段”，忘记了下面的“完成最高道德”。从上面的故事可以看出，子贡就为了完成最高道德，而结交那些达官显贵，并在各大国之间游说，从而保全了自己的祖国——鲁国。

我们在做一件事情之前，一定要考虑好什么才是完成这件事情最好的方法和手段，找到并利用好这些方法和手段，肯定会使你事半功倍。

欲成大事，须有贵人相助

唐代大诗人李白年轻时，虽然极富才学，但名气不足，于是，他向韩朝宗即韩荆州投书，自我推荐，希望得到韩荆州的鼎力相助。李白在这篇著名的《与韩荆州书》中一开始就写道我听众人说："生不用封万户侯，但愿一识韩荆州。"后来，他果然得到了韩荆州的赏识，从此名声大振。

白居易在首都长安的时候，诗文虽好，但没有出路，没有人保荐，连考试都没有办法参加。后来，白居易去看一位老前辈顾况，将自己的作品给他看。这位老前辈接见了白居易，先不看品，问他：你住在长安啊？长安居大不易！他对白居易讲这话，包含有教训的意思。但看到白居易的"离离原上草，一岁一枯荣，野火烧不尽，春风吹又生"这首诗，非常欣赏，认为这个年轻人有资格住在长安，于是，为白居易向保荐使他有机会参加考试。

俗话说，一个好汉三个帮。要想成大事，就必须有贵人相助。古代如此，当今更是如此。

现代社会，无论是在商界、政界，还是演艺界，由于有"贵人"相助而成功的事例不胜枚举。例如电影明星巩俐、章子怡一举成名，事业有成，固然有自己的努力和天赋，但与张艺谋这位世界级大导演的相助也是分不开的。

应该承认，一个人能不能得到"贵人"相助，有很多偶然因素。但有一点是可以肯定的，就是能不能得遇"贵人"，与你自身的为人处世有很大的关系。

孔子每到一国，都能了解到那个国家的政治情况。有人问子贡，孔子是怎么了解到的？子贡回答，孔子是靠"温、良、恭、俭、让"了解到的。就是说，由于孔子温和、善良、恭敬、节俭、谦让，所以常能得到别人的主动帮助。孔子周游列国，得到许多"贵人"相助，这也是与孔子具有的这些美德的美德密不可分的。

"工欲善其事，必先利其器。"你要获得成功和幸福吗？那么，先磨砺你的品德吧。人这一生中，有许多与"贵人"相遇的机会，但如果我们不具备温

良恭俭让的品质，就会与“贵人”失之交臂。反之，生活不会亏待你，我们就非常有可能得到“贵人”相助，而且是意想不到的主动的、慷慨的相助。

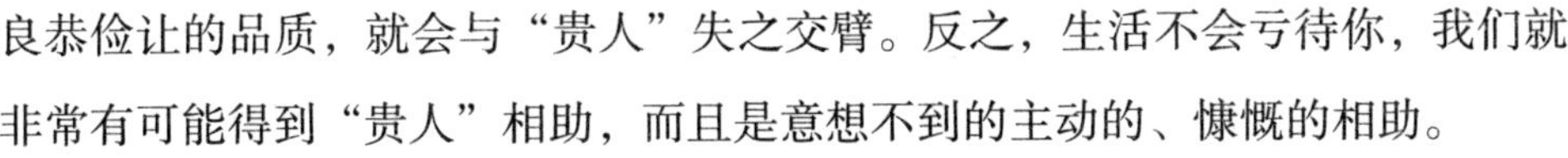

人生智慧

◇工欲善其事，必先利其器。

◇要想成大事，就必须有贵人相助。

◇能不能得遇“贵人”，与你自身的为人处世有很大的关系。

人生可以设计，成功需要规划

【聊天实录】

我：每个人都是自己人生最好的设计者和建造者，也就是说，人生需要规划。规划就是针对自己的优点和不足，选择适合自己的成功之路。孔老先生，你对人生规划有何高见呢？

孔子：人生规划，对每一个人的成长和发展都至关重要。从国家领袖到平民百姓，从百岁老人到青年少年，都离不开人生规划，有无人生规划对于一个人一生事业的发展和生活质量的提高都极为重要。现实生活中，成功者一般都有很好的人生规划。每个人都应该抓紧时间，早早建立自己的人生规划并付诸实践，免得“老大徒伤悲”。

我：那您的规划可否让我参考一下呢？

孔子：吾十有五而志于学，三十而立，四十而不惑，五十而知天命，六十而耳顺，七十而从心所欲，不逾矩。

我：这句话我常常听到，是什么意思呢？

孔子：我十五岁时立志于研究学问，三十岁时懂得依据礼仪立足于社会，四十岁时对于社会上的各种人事都已经没有困惑了，五十岁时就已经掌握了各种知识并领悟到人生的意义，六十岁时对于外界的任何言论都能顺心而听并了解其用意了，七十岁时就可以随心所欲地做任何事情而不会逾越规矩了。

我：您用简单的几句话勾勒了自己的一生，从中也大体显示了一个成功者在人生的各个阶段达到的目标：少年时代发奋学习，三十左右成家立业，四十岁前后应该有坚定的信念，五十岁上下要明白世上的人情世故和必然趋势，六十岁时要对各种意见都能正确的理解和对待，七十岁时对社会的规则运用自如，精神焕发地进入自由王国。

孔子：每个人都有自己的追求，都希望自己的人生更精彩。很多人认为，机遇非常重要，个人努力是起不了决定作用的。其实，人生可以设计，成功需要规划。有的人活得很盲目，从来没有一个长远的规划，这种弱点使他们被永远地拒绝在成功的大门外。一个人只有先有计划和目标，才有前进的方向，才有成功的希望，才能感受到成功的喜悦。

【人生解读】 匡正人生，成就事业

吉姆·克拉克，作为一个有目标的叛逆者，完成了一项从未有过的奇迹，创办三家公司，而且市场价值均在10亿美元以上。

少年时代，父母的离异，在他心理上产生了不小的影响。因为某些原因，他高中就没有顺利毕业。想到这些，克拉克常常感到很羞愧。仅仅16岁的克拉克离开了校园，他说："我想参军，我想去见见世面。"17岁时，克拉克真的如愿以偿了。20岁他进入社会，在一家公司当一名计算机程序员，他知道只有勤奋才可以维持家庭的正常。没有完成高中学业是他心中的遗憾，他抓住工作的间隙，不断努力获得了三个学位，其中包括计算机学科的博士学位。克拉克一生的理想就是要证明自己，一次一次证明。他证明自己对计算机图形的新设

想会有很好的发展，很快在SGI得到验证，这是他第一次创业，接着网景的成功进一步证明SGI并不是侥幸成功。

就这样，他一步一步地规划着自己的人生。

此前，他于1982年成立了SGI。与许多技术出身的企业家不同，克拉克并没有因此放下技术工作，直到SGI发展壮大，他也亲临技术第一线。同事们说，是克拉克最先促成了单机工作站的诞生，而不像其他终端必须依赖大型机。后来，他又努力促使机器价格下降，以免被廉价的PC所吞噬。

无疑，早年艰辛的生活培养了克拉克极富想象力却又脚踏实地的商业本能，而他成功的另一个因素是：他善于发现问题，注重从错误中吸取经验教训。

硅谷是全球创业的圣地"麦加"，而硅谷的创业之神却是非克拉克莫属。有人如此评价道："吉姆·克拉克在短短的15年之内，创造了三个超过10亿美金价值的公司，当然每次都有不同的特点。第一个公司的时候，他是一个科学家，但是最后却被人排挤了出来；然后做第二个公司网景，他做一个管理者，等他感觉自己到达一种境界，能非常从容地把握这个公司的时候；他开始做第三个，他开始做一个观念艺术家。"

他从来就没有想过自己日后会成为亿万富翁，会被世界人们熟知并誉为卓有远见的商业泰斗。克拉克说："靠人资助或许从一开始就错了。所谓资助人从定义上说是早期的种子基金投资者，但是，如果他们占有你公司20%到30%的股份，那么你将为此付出惨重的代价。"

人生智慧

◇匡正人生，就是让你不断地提升自己的修养、道德以及知识等多方面，成功的人生离不开规划及在正确规划指导下的持续奋斗。人生如大海航行，人生规划就是人生的基本航线。有了航线，我们就不会偏离目标，更不会迷失方向，就能更加顺利和快速地驶向成功的彼岸。每个人都是自己命运的设计师，越早规划，越早成功。谁成为生活的迟到者，生活就会惩罚谁。

品德高尚的人，才会受到拥戴

【聊天实录】

我：孔老先生，怎么样才能获得别人的拥护呢？

孔子：如果你真是一个有德之人的话，真为道德而活的话，就绝对不会孤苦伶仃，一定有与你同行的人，有你的朋友，有很多拥护你的人。也就是说：德不孤，必有邻。

我：也就是说：有道德的人是不会孤独无助的，必有志同道合的人和他亲近，就像有了芳邻一样。

孔子：是的，我们必须承认，有德之人在奉行德义之时是出于良心和义务的需要，是他们的思想和人格修炼到一定境界的自然产物，而不是工于心计，刻意为之。但我们也不得不承认，若从经济和商业的立场来看，讲道德也是一种很有长远眼光的投资，能使你得到更大的回报。

【人生解读】

有德之人自会聚足人气

1993年11月16日，广西北海金城实业有限公司总裁德籍华人哈里驾车与公司三名职员经过八宝村时，有人拦车，说有个孩子被歹徒绑架，要求帮助。这时，有一名职员提醒哈里，这种事最好不要管。哈里却说，这种事不能不管。于是，他调转车头，追上去扭住了两个歹徒，救了孩子，并将歹徒扭送公安部门。事情传开后，记者竞相采访。哈里说："一个人如果没有人情味儿，即使钱赚得再多，活着也没意思。"而且哈里还当即表示要拿出20万元作为社会治安基金，专门用来奖励见义勇为者。哈里的事迹在新闻媒介的宣传下广泛传播开来，一个关心社会问题、见义勇为的企业家的美好形象，很快在社会公众中建立起来，其企业也随之增光添彩，大大提高了知名度。

哈里解救遭绑架的孩子，是一种见义勇为的行为，却对其企业产生了良好的公关效应，这与那种精心策划的广告、义演等活动，其境界不知要高出多少倍。

不得不说，德性是具有磁性的，久而久之，有德之人的周围就会聚足人气，而且芳名远播，形成一种无形而又无价的品牌，这是成功的最大助力。

孔子论为政之道，很讲究为政者的自我表率作用，强调树立榜样典范、以身作则以取信于民。孔子的这一认识源于他对人生的基本看法，孔子论人重在仁德的修养。在孔子看来，人之为人，在于自觉承担社会和家庭责任，动之以真情，晓之以理义，并以诚挚的信念和仁爱之心来沟通自己与外面世界的关系，使之达到和谐、自由的理想境界。为人如果没有仁爱之心和诚信之情，如果不能和他人取得相互理解和信任，进而和谐共处的话，那么，必然会陷入闭塞不通、孤家寡人的孤立境地，很难成就什么事业，更无法实现人生的存在价值。在此基础上，孔子讲为仁由己，即修养仁德需要从自身做起，要以身作则，反思自己当下的生活，体察人生之使命，努力实现自己的理想人格。

所谓政者，正也，以仁义之道教化万方之义。这个仁义之道是需要由自身体现出来的，否则，便是空洞的说教，更是百行小一的虚伪。孔子讲仁义都是在身体力行中论述而拒绝空泛的理论探讨，原因就在于此。因此，鲁哀公问孔子如何才能取信于民的时候，孔子很干脆地告诉他，只要他做君王的做事公正无私，任用贤能，老百姓自然信服。反之，如果他一味任用小人，徇私枉法，老百姓自然不会服气。孔子也曾经说过：“只要自己行为端正了，对于治理政事还有什么困难？假如自己行为不能端正，又怎能使别人端正呢？”

德者是最高明的投资商

南北朝时期，北齐人袁聿修为官清廉，颇有政绩。他当了十年尚书郎，从未接受过别人的馈赠，被人们称为“清郎”。有一年，袁聿修奉命去各地巡视，经过兖州时，他的一位朋友在那里当刺史，硬要送一些白绸子给他留作纪念，袁聿修说什么也不接受。为了说服老朋友，他特地写了一封辞情恳切的辞谢信，信中说："今天我路过这里，非比寻常。这次我是奉命出来巡视民情、考察官吏的，你虽是我的好朋友，但礼物却无论如何不能收。这正像一个人路过瓜田和李树下一样，倘若在瓜田提鞋，在李树下整冠，就有偷瓜摘李的嫌疑，希望你能理解我的心情。"袁聿修的朋友读了信，深为感动，便不再坚持给他纪念品了。

袁聿修的这类举动逐渐传扬开了，朝野为之赞誉，深受百姓爱戴，也受过朝廷嘉奖。袁聿修不过拒收了一些算不了什么的小礼物，但他却赢得了举国上下的人心和很好的名声。以拒收的那些小财物作为投资，这做的可是一笔无本生意，而获得的回报却无比的巨大。我们不得不说，德者是最大的智者，也是最高明的投资商。

现实中，很多人只要求别人，却看不见自己的缺点，对人对事习惯采取双重标准。说一套，做一套；台上一套，台下一套。在这种情况下，又怎么能够实现诚信、取信于人呢？古语讲"上梁不正下梁歪"，说的也是这个意思。

柳传志管理联想集团时，立下一个规定，凡开会迟到者都要罚站。第一个罚站的人是柳传志的一个老领导，他罚站的时候，站了一身汗。后来，柳传志跟他说："今天晚上我到你们家去，给你站一分钟。"柳传志自己也被罚过3次，罚站的时候是挺严肃，而且是很尴尬的一件事情，因为这并不是随便站着就可以敷衍了事的。在20个人开会的时候，迟到的人进来以后会议要停一下，静默看他站一分钟，有点像默哀，真是挺难受的一件事情，虽然不好做，但也就这么硬做下来了。

在我国的一些企业中，虽然也有不少的企业规章制度，但这些制度似乎只是对付普通员工的，对管理者，尤其是中、高层次的管理者，这些规章制度对他们约束力就少。少数管理者似乎只有监督下级执行规章制度的责任，而没有自己执行规章制度的义务。同时，即使在执行规章制度的过程中，也往往对"疏离者"严，而对亲近者宽，人情干扰了这些管理者的执法。由此，在这些

企业中就出现了一批享有法外特权的管理者。这样的管理很难使规章制度落到实处、起到作用，影响了企业的生存和发展。

人的核心竞争力是什么？我们认为，道德、健康和知识这三项既是人的核心竞争力，也是人“可持续发展”的必备条件，而道德又位居人的核心竞争力之首。道德，是一个人的行为准则，它决定人生的方向，方向一错，全盘皆误。而一个人如把自己的人生方向把握准了，那么他就等于把人生的道路走对了，而路走对了，不成功都难。我们之所以倡导要做有德之人，其实也有功利方面的考虑，所谓“德者，得也”，“德”就是有所收获或者行有所得。古人说“外得于人，内得于己”，这又引申出因有所得而感激别人或被别人感激。古代所说的“有德之人”，是指能依据自己的本性，使自己有所收获，进而使别人有所收获的人，我们就要做这样的人。

所以，领导要以身作则。当我们要求别人如何如何时，是不是应该先审视一下自己是否符合标准呢？只有以身作则，才能给予正确地引导，增强说服力。“道之以德，齐之以礼”的“礼治”路线，强调道德教化的作用，正如艾森豪威尔所说：“士兵们都想见见指挥作战的人，他们对轻视或不关心他们的指挥官表示反感。士兵们总是相互传播指挥官走访他们的情形，即使是短暂的走访，也看作是对他们的关心。”所以，作为领导者，应该放下架子，走到基层中去，走到群众中去。时刻谨记品德高尚的人，才会有人拥戴。

人生智慧

◇道之以德，齐之以礼。

◇品德高尚的人，才会有人拥戴。

◇所谓政者，正也，以仁义之道教化万方之义。

登上崖顶后，扔一根绳子下去

【聊天实录】

我：孔老先生，您对社会上出现的为富不仁的现象怎么看呢？

孔子：《论语·卫灵公》曾提到：臧文仲其窃位者与！知柳下惠之贤而不与立也。就是对此种现象的建议。

我：这是什么意思呢？

孔子："臧文仲是一个身居官位而不称职的人吧！他明知道柳下惠是个贤人，却不举荐他一起做官。"

我：也就是说，一个人要提高道德修养水平，首先在于踏踏实实地做好事，不要过多地考虑自己付出的代价，这等于积累了功德，也必将得到好的结果。

孔子：是的，先登上崖顶的人，不要只顾自己极目四望看万壑风光，而应该向崖底扔下一根绳子。如果你这样做了，那些在下面苦苦攀爬的后进者向你仰望时，会像看一尊山神。

【人生解读】 **为富要仁、为贵要义**

柳下惠是春秋中期鲁国大夫，他是自古以来人们很熟悉的人物——"坐怀不乱"的典故就由他而来。见色不动心，还只是他私德的一个方面，他真正的优点是侠义，是一个济困扶危的人。孔子这句话是在责骂鲁国大夫臧文仲，说他是个不称职的人，在高官大位上，不晓得提拔青年，也不晓得提拔贤人，明知道柳下惠是个贤人，而没有起用他。孔子认为，做人不能像臧文仲那样，只顾自己荣达，而在帮助后来才俊只是举手之劳的情况下，也不肯拉人家一把，真可谓既无仁义之心，也无公道之理。

清代中叶，曾国藩文职任过吏部侍郎，武事更负盛名。咸丰年间，曾国藩奉圣命督办团练，编成湘军，后又率湘军与太平军转战于武汉及沿江各地，最终攻克南京，被授武英殿大学士。晚年则历任直隶总督、两江总督等要职，死后还带走一个“太傅”的官衔，并荣膺“文正公”的谥号。

曾国藩起初之所以能有发展的机会，离不开其恩师军机大臣穆彰阿煞费苦心的栽培和提携。曾国藩在道光末年中进士，是军机大臣穆彰阿的得意高足，被授以“检讨”官职。一天，穆彰阿对他说：“明日上朝，我决定正式向皇帝推荐你，你要有个准备，把四书五经多加背诵，皇上或许要试你的才学。”曾国藩听了受宠若惊，躬身作揖说：“多谢恩师栽培，晚生自当珍惜这个机遇，绝不负恩师厚望。”第二天，穆彰阿上朝向咸丰皇帝保奏了自己的这个得意门生，请求皇上重用。咸丰皇帝听了，问道：“你说这个门生才堪重用，不知他有什么超人才能？”这一问倒把穆彰阿问住了，惶急中他脱口而出：“曾国藩的超人才能嘛，是善于留神，过目不忘。”咸丰皇帝听了也没有说什么，穆彰阿便告退了。

穆彰阿回到府中，心里十分懊丧，怪自己刚才只说了那么两句不痛不痒的话，没把曾国藩的才能张扬一番，白白地错过了大好机会。谁知成丰皇帝在相国走后，却一直琢磨着他那两句话，心想，此人真要是有那样的超人之处，是应该予以重用的，于是咸丰决定先试试曾国藩的才华。

两天后，咸丰皇帝命太监传旨给穆彰阿，让曾国藩初一卯时在中和殿候见。穆彰阿大喜过望，忙叫来曾国藩，把这事告诉了他，并千叮咛万嘱咐，要他好好准备，以应付皇上的测试。曾国藩信誓旦旦，表示绝不辜负恩师厚望。

初一这日天未亮，曾国藩即沐浴更衣，穿戴整齐，去了皇宫，随太监来到中和殿。太监命他等着候见，便关上殿门走了。曾国藩环顾大殿，见殿内金碧辉煌，气氛肃穆。他不敢坐，挺直身子站着，竖起两只耳朵谛听门外动静。可是，等了很久很久，仍未见太监前来，他心里惶恐起来，不知道是凶是吉。后来，他站得腰也酸了，便在大殿上左走右踱，这才见到大殿四壁挂着大清历代先皇的圣训，由于心神不定，他也无心细看。后来，太监终于来了，对他说：

“皇上今日没空，命你明日再来。”曾国藩怏怏不乐地走出皇宫，才发觉太阳当空，已是晌午时分了。他急忙到军机大臣府，把情况禀告了恩师。穆彰阿听了，沉思良久，突然问：“你说大殿四壁挂着历代先皇的圣训，你记住了多少？”曾国藩摇摇头说：“当时我心慌意乱，只留意殿外动静，哪有心思去细看字幅。”穆彰阿喊道：“糟了，这定是咸丰皇帝为试你善于留神，过目不忘的才能而刻意安排的。皇上必定会马上再召你，这怎么办呢？”听恩师一说，曾国藩发怵了，跪倒在地，连呼“恩师救我”，穆彰阿命他起来，说：“让我想想办法。”这时候，一个家丁进来禀报说：“皇宫总管太监王公公前来求见。”穆彰阿满脸不高兴地说：“就说我今日谁也不见，请他改日再来。”家丁回身刚要走，穆彰阿突然把他叫住：“回来，有请王公公在正厅相见。”回过头来对曾国藩说：“天助我们也，救星来了，你且回避。”穆彰阿在正厅热情接待了皇宫总管太监王公公，请他坐上座，这使王公公受宠若惊。主宾坐定后，王公公不好意思地说：“小的前来，为的是日前求大人为我外甥谋个知县差使的事，可有眉目？”穆彰阿说：“区区小事，何劳王公公前来，我已为你办好了，不日即可到任。”老太监感激不尽，说：“大人如有要小的效劳的事，尽管吩咐。”穆彰阿说：“对了，我要撰写一份大清历代先皇功绩录，烦你将中和殿上所挂历代先皇的圣训，今日抄好送来，晚上我撰写时要用，你能办得吗？”总管太监笑道：“这点小事，哪有办不得的。”果然，王公公在天黑前，再次登门，送来了中和殿上所挂的大清历代先皇圣训的抄录。

穆彰阿叫来曾国藩，命他今晚必须把圣训全部背熟，并告诫说：“你的前途，全在此一举了！”曾国藩接过抄录后，回去彻夜诵读，背得滚瓜烂熟。

果然，第二天一早，圣旨到，传曾国藩面见圣上。这天，咸丰皇帝在保和殿召见了曾国藩，咸丰皇帝问道：“昨天在中和殿上，你一定看见了所挂的大清历代先皇的圣训，你可曾留意先皇的圣训都说了些什么？”曾国藩跪奏，将圣训背诵如流。咸丰皇帝又惊又喜，心想：“果真是个善于留神、过目不忘的奇才也，此人理当重用。”几日后，圣旨下来，将曾国藩擢升为吏部侍郎。

从此，曾国藩青云直上，飞黄腾达，终于成为朝廷中举足轻重的风云人

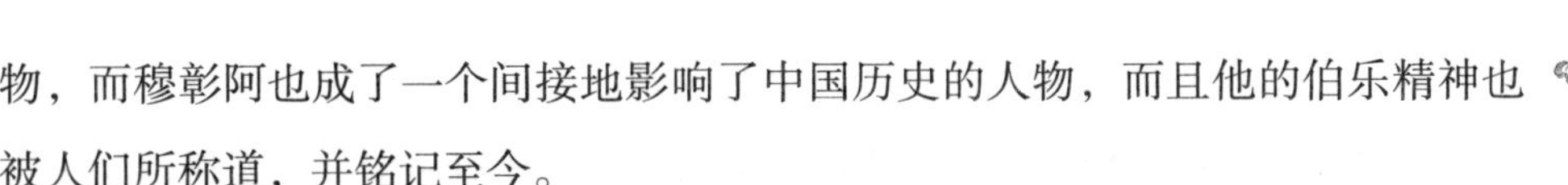

物，而穆彰阿也成了一个间接地影响了中国历史的人物，而且他的伯乐精神也被人们所称道，并铭记至今。

自古以来，人们对为富不仁、为贵不义者都大加贬斥，所以其独享独荣的日子并不会太好过。而如果在自己发达时，肯于热心地帮助别人，使别人也能得到发展的机会，那情况就会大大不同了——这样的人所享受的就不仅仅是那点有限的一己之荣华，而会有一种巨大的人缘和气场护持着他，使他活在更加广大的祥瑞和荣光之中。

给别人一条路，自己也会多一条路

中国有个成语叫作“结草衔环”，这个典故不仅向我们讲述了成就这美德的两个感人至深的故事，还告诉我们“善有善报”是一亘古不变的天理。

“结草”的典故见于《左传·宣公十五年》。公元前594年的秋七月，齐桓公出兵伐晋，晋军和秦兵在晋地辅氏（今陕西大荔县）交战。晋将魏颗与秦将杜回相遇，二人厮杀在一起。正在难分难解之际，魏颗突然见一老人用草编的绳子套住杜回，使这位堂堂的秦国大力士站立不稳，摔倒在地，当场被魏颗所俘，使得魏颗在这次战役中大败秦师。

晋军获胜收兵后，当天夜里，魏颗在梦中见到那位白天为他结绳绊倒杜回的老人。老人说，我就是你把她嫁走而没有让她为你父亲陪葬的那女子的父亲，我今天这样做是为了报答你的大恩大德！

原来，晋国大夫魏武子有位无儿子的爱妾。魏武子刚生病的时候嘱咐儿子魏颗说：“我死之后，你一定要把她嫁出去。”不久魏武子病重，又对魏颗说：“我死之后，一定要让她为我殉葬。”等到魏武子死后，魏颗没有把那爱妾杀死陪葬，而是把她嫁给了别人。魏颗说：“人在病重的时候，神志是昏乱不清的，我嫁此女，是依据父亲神志清醒时的吩咐。”

“衔环”这一带传奇色彩的典故则见于《后汉书·杨震传》中的注引《续

齐谐记》。杨震父亲杨宝九岁时，在华阴山北，见一黄雀被老鹰所伤，坠落在树下，为蝼蚁所困。杨宝怜之，就将它带回家，放在巾箱中，给它喂饲黄花。百日之后的一天，黄雀羽毛丰满，就飞走了。当夜，有一黄衣童子向杨宝拜谢说："我是西王母的使者，君仁爱救拯，实感成济。"并以白环四枚赠予杨宝，说："它可保佑君的子孙位列三公，为政清廉，处世行事像这玉环一样洁白无瑕。"

果如黄衣童子所言，杨宝的儿子杨震、孙子杨秉、曾孙杨赐、玄孙杨彪四代都官至太尉，而且都刚正不阿，为政清廉，他们的美德为后人所传诵。

给别人指了一条路，自己就会多一条路。尽管有人在做善事时，只是按照良心、道义和爱意在行动，并没有想要也没有想到会有回报，但一个人把善事做出之后是不可能不在世间产生任何反响的。世间发生的事经常让人不可思议，但有一个规律性的东西还是可以把握的，那就是无论何时何地，只要你秉持一份善意和爱心去处事为人，就不会有错儿的。

人生智慧

◇给别人指了一条路，自己就会多一条路。

◇世间发生的事经常让人不可思议，但有一个规律性的东西还是可以把握的，那就是无论何时何地，只要你秉持一份善意和爱心去处事为人，就不会有错儿的。

第二章 孔子与我聊心存仁义之道

“仁”是孔子思想的核心，“仁”就是以“爱人”之心推行仁政，孔子一生都在追求“仁爱”、“仁政”，天下归仁。真理不是巧言，仁义更非口说。如《菜根谭》中所讲：放得功名富贵之心下，便可脱凡；放得道德仁义之心下，才可入圣。

道义需凌驾于利益之上

【聊天实录】

我：仁义之道，通俗点应该怎么讲呢？

孔子：君子喻于义，小人喻于利。

我：这句话的意思应该是：君子明白大义，小人只知道小利。

孔子：利要服从义，要重义轻利。所以，他把追求个人利益的人视为小人。道德高尚的人重义而轻利，见利忘义的人重利而忘义。前者受人尊敬，后者惹人生怨。

我：圣人对于仁义道德，就像小人对于货财金玉一样。小人对于货财金玉没有一时能感到满足的，圣人对仁义道德也是没有一时能感到满足的，所以文王、周公、孔子都是大圣人。文王视民如子，从早到晚忙得都没吃饭的空闲；周公想兼有三王的长处而实施四件事，夜以继日忙到天亮。圣人对于仁义道德的贪到了如此地步！如果用贪财物金玉的心而去行仁义道德，那么昏昧的可以变得聪慧，狂妄的可以变得明哲。

孔子：是的，“见利思义，见危授命，久而不忘乎平生之言，亦可以为成人矣。”这里的“成人”是指道德完善的人。在孔子看来，心目中有高尚道德的人是有仁爱之心的人，也就是能“泛爱众”、“博施于民而能济众”，即对大众博爱、能为人办事情、为人民大众谋福利的人。一个道德完善的人，最起码的要求就是“见利思义”、“见得思义”。品行高尚的人，在个人利益面前，首先要考虑这种利益是否符合全社会公众的道德准则。

【人生解读】

赚大钱，须有大德

李嘉诚拥有的第一幢工业大厦、地产大业的基石，让他赢得“塑胶花大

王”盛誉的老根据地是北角的长江大厦。20世纪70年代后期，香江才女林燕妮为她的广告公司租场地，跑到长江大厦看楼，发现长江仍在生产塑胶花。此时，塑胶花早过了黄金时代，根本无钱可赚。当时长江地产业已创出自己的名号，盈利已十分可观，就算塑胶花有微薄小利，对长江实业的利润实在是九牛一毛。为什么仍在维持小额的塑胶花生产，林燕妮甚感惊奇。李嘉诚说是为了给以前的老员工留下一些生计，为了让他们衣食丰足。

有人看到李嘉诚如此善待员工，不由得感叹道：“终于明白老员工对你感恩戴德的原因了。”李嘉诚认为：一家企业就像一个家庭，他们是企业的功臣，理应得到这样的待遇。现在他们老了，作为晚辈，就该负起照顾他们的义务。别人夸奖李嘉诚精神难能可贵，不少老板等员工老了一脚踢开，他却没有。这批员工过去靠他的厂养活，现在厂没有了，他仍把员工包下来。李嘉诚急忙否定别人的称赞，解释说：“老板养活员工，是旧式老板的观点，应该是员工养活老板，养活公司。”相比较而言，日本的企业，在新员工报到的第一天，通常要做“埋骨公司”的宣誓。李嘉诚却从不勉求员工做终身效力的保证，他总是通过一些小事，让员工认为值得效力终身。他自豪地说，他的公司不是没有跳槽的人，但是公司行政人员流失率极低，可说是微乎其微。

如何做事、赚钱两不误，还能博得大家的好感呢？其实很简单，做生意要想赚大钱，必须有大德。他们可以为了诚信、道义，放弃自己的利益。在商战中，利益高于一切，商人不会从事没有收获的事业，毕竟企业不是慈善机构。所以工厂没有效益，关闭也无可厚非，而李嘉诚却继续生产，坚持“员工养活企业，企业应该回报他们”的朴素观点，他是把冷漠商场化无情为有情，把“义”作为经商的道德基础。

孔子指出“君子义以为上”，这里的“上”是崇尚、尊贵的意思，“上义”也就是重义。如果先讲利而后讲义，或者重利而轻义，人们的贪欲就永远也不能满足。

君子平时廉洁自持，克勤克俭，廉以持躬，各循分而自守，接物以公私分明．品德高洁，无愧于心。如果有不义之财物，也不贪不取，不失中道，以义

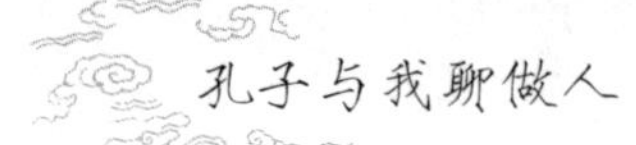

为廉。小人做不到这些，他们的行为与贪有关，玷污了德行。

利益之上还有仁义

子罕是春秋时宋国的宰相，任司城，掌管土地、水利和工程建设。他一向廉洁奉公，勤政爱民，为官清正无私，深受当地老百姓的爱戴。

公元前557年（宋平公十九年）秋天的一天，子罕办完公事回到内衙休息，一个衣着朴素的中年人登门拜访，子罕热情地接待了他。中年人从怀中掏出一块半青半白的璞玉，恭恭敬敬地放在子罕面前的桌子上，然后说道："大人为官清正，德被苍生，老百姓得到很多的好处和实惠。小人前两天在山上采石，发现了这块璞玉，特献给大人，以表示敬慕之诚。"

子罕：见与师齐 减师半德

子罕婉言谢道："我不需要它，你得之不易，还是拿回你家去吧！"说完，把璞玉推到中年人面前。中年人以为子罕不懂得璞玉的价值，特别郑重地解释说："大人，你不要看这块璞玉外貌不扬，其实它真是一块宝贝。我曾经拿着它给玉匠看过，玉匠认为这是一块价值千金的宝玉，所以我才敢献给你，请相国一定收下。"

子罕正色地说："你把玉石当作宝物，我一向把不贪当作宝物，如果你把宝玉给我，岂不是我们两人都失去了自己的珍宝。相反，我不收你的宝玉，我们两人也都保留了自己的珍宝。"

中年献宝人见他坚决不收，听了子罕这段话以后也非常感动，禁不住着急起来，对子罕行下跪叩首之礼，坦率说明自己献玉的原因："我是一个普

通的百姓，突然得到这样贵重得宝玉，并非特意向您行贿，只是现在家中有事要赶回家乡，怕身带宝玉路上不安全遭强盗杀害，所以才想把它献给您，一则表示敬意，二则可免杀身之祸，请大人恕罪务必笑纳。”说完，又把璞玉推到子罕面前。

子罕明白了中年人的苦衷后，便安排他先住在驿馆，然后命人将宝玉送往冶玉作坊，让玉匠把这块璞玉雕琢打磨成器，果然是色质晶莹、价值千金的宝玉，子罕命人把这块宝玉拿到街上卖了一大笔钱，然后命人把中年人找来。

子罕指着桌子上的一大堆金子对中年人说：“你的宝玉我已经找人卖了，这些金子就是你的宝玉的价值，你可以拿回去安家立业，我派两个人路上为你护送。我还写有一封信你带给你们当地的父母官，要他们加强缉盗，保证百姓的安宁，你回去就再不会有什么危险了。”

中年人见子罕不但不要宝玉，还替自己考虑得这么周到，感动得热泪盈眶，连连叩头致谢，然后满怀感激之情，出门而去。

何以为宝？人们对此看法各异，许多人以金银珠玉为宝，也有人以气节情操为宝。孔子常言：君子爱财，取之有道。珠宝确实是好东西，以手中的权力去贪图不义之财，就是仁人君子所不齿的了。

孔子赞赏“义然后取，人不厌其取”这一行为准则，他说：“富而可求也。虽执鞭之士，吾亦为之。如不可求，从吾所好。……不义而富且贵，于我如浮云。”这些活，说的就是“义然后取”或“取之有义”的行为准则。

追逐财富，期盼发家，这是人之常情。在一个成熟的商业社会里，个人对创造积累财富的努力，也是有益于社会发展进步的。利益是个好东西，谁不喜欢利益呢？“天下熙熙，皆为利来；天下攘攘，皆为利往。”求财可以，但要始终遵循一个原则，面对财富的诱惑，不能动摇，不能利欲熏心。

黑格尔说过：“凡一切人间的事物，财富、荣誉、权力，甚至快乐、痛苦……皆有其确定的尺度，超过这个尺度就会招致毁灭。”我们很多人都明白这样一个道理。可见，追求金钱也好，追求荣誉也好，追求权力也好，它们都不是最后的目标，它们不一定能给我们带来幸福和快乐。表面上看起来，钱有了，权有了，荣誉有了，快乐也就到手了。其实不然，金钱、荣誉、权力的追求要得法，不能无视别人的需要，否则就会报应到自己身上，金钱、荣誉、权力反倒成了烦恼的源泉。

唐太宗李世民用水和舟来深刻阐述民与君的关系，他说："水能载舟，亦能覆舟。"其实李嘉诚的做法与他很相像，不同的是用在企业管理中。李嘉诚说，一支同心同德的军队，身体力行的军队，有凝聚力的军队，才是无坚不摧的军队，才能够出奇制胜。一个光杆司令打不了天下，孤掌难鸣，就像舟和水的关系一样。而且他也是这样做的，他说如果要员工全心全意地工作，就要将心比心，让员工得到他们应该得到的，保证他们的利益。

在现实生活中，正有一些庸俗的人被金钱所奴役。他们用毁坏良心的手段去赚钱，又用毁坏健康的办法去花钱，结果，金钱把他们从灵魂到肉体彻底毁灭掉了。现代社会中的一个病态是：大家在追求利润和财富的过程中，忘却了生命的意义，也就糟蹋了自己的一生。

我们都需要利益，但我们更需要道义。中国人历来对欲望采取了十分谨慎的态度，儒家讲修身，主张适度欲望，将其引向道德仁义。修身养性，是为了更好也控制自己的欲望。生命要不断完善，就要不断地修养，并在渐渐地探索、磨砺并走向真实。

人生智慧

◇做生意要想赚大钱，必须有大德。

◇我们都需要利益，但我们更需要道义。

◇水能载舟，亦能覆舟。

临大难而不惧

【聊天实录】

我：见义勇为是一种美德，您对这种现象怎么看呢？

孔子："见义不为，无勇也。"这是说君子应该见义勇为。见义不为，则无君子之勇。此外，《论语·公冶长》篇也提到："子谓子产：其行己也恭，其事上也敬，其养民也惠，其使民也义。"这里的"恭敬惠义"，其实也都是义。义者，宜也，此即君子之行、君子之勇。

我：那么，怎样才是勇于行呢？

孔子：这是关于勇的度量问题。勇于行包括言和行两个方面，这就要求"言必信，行必果"，从而要求"讷于言，敏于行"，"君子……能于事而慎于言"，"君子欲讷于言而敏于行"。这是因为，"古者言之不出，耻躬之不逮也。"所以，君子慎于言，勇于行。反之，就是"巧言令色，鲜矣仁。"君子不仅要慎言，而且要慎行；"多闻阙疑，慎言其余，则寡尤；多见阙殆，慎行其余，则寡悔。"慎言慎行是君子之勇，妄言妄行是小人之勇。

我：苏东坡认为大勇、小勇之别，在于一个"忍"字，所以，他在《留侯论》的开篇就写道："古之所谓豪杰之士者，必有过人之节、人情有所不能忍者。匹夫见辱，拔剑而起，挺身而斗，此不足为勇也。天下有大勇者，猝然临之而不惊，无故加之而不怒……"也就是说，小人之勇与君子之勇，在度量上是不可同日而语的。

孔子：仁者不忧，知者不惑，勇者不惧。勇敢是人类最美好的品德之一。但"勇"不是一味地轻生好斗，而是与道德修养密切相关的。我承认子路比自己勇敢，但也教导他有勇更要有义。只为争饮食而斗是无廉耻的猪狗之勇，为争货财而斗是唯利是图的贾盗之勇，无谓的械斗是小人之勇，只有为道义而斗争才是君子之勇。我认为，没有是非观念的“勇”是不可取的。见利忘义，或“见义不为”，都谈不上真正的“勇”。

我：荀子将“勇”分为上、中、下三种境界，怀仁爱之心，忧国忧民，无私无畏，是“大勇”；好礼而轻财，亲贤士远小人，是“中勇”；不顾是非，贪财斗狠，是“小勇”。综观古今，凡是为国家、民族利益，为正义事业敢于奋斗、勇于牺牲者，都是值得崇敬的“大勇”之人。

孔子：我们都知道，畏惧死亡是人之常情，但我却认为还有比死更为重要的事情，那就是”义”。所以，古代的很多知识分子，有时候为了维护“义”、成就‘‘义”，他们能够做到视死如归，也就是孟子所说的“舍生取义”。

【人生解读】 勇敢地承担自己的责任

1981年出生于四川南充的唐溶，双胞胎姐姐在出生五天后就夭折了，而她却坚强地活了下来。身高只有65厘米，有先天性脆骨病的唐溶一摔跤就骨折，以至于她的右手、左脚都严重变形了。她一直是三岁以前的身高（用她自己的话说，是童身未改），后来就没长过。命运的不幸并没有让唐溶止步不前，虽然一天学校也没进过，但她通过自己的努力，自学了多门课程，其中包括电脑。她说：“在别人眼里，我是个很可怜的女孩子，但我从来不这么认为。命运固然不幸，但生活要靠自己去创造。天生我才，必有可用之处。”她始终把最美最好的一面展现给周围的人，把阳光与快乐奉献给他人。她认为，只要能这样，就算天下所有的不幸都是她唐溶的，那她也是幸福的，因为不幸的她给整个世界带来了更多的阳光与快乐。

人的一生，并不可能是一帆风顺的，因为在生活中难免会遇到一些困难和挫折。那么我们该如何面对这些困难和挫折呢？是一往无前，迎难而上，还是

悲观失望，知难而退呢？很多人会拍着自己的胸脯说："我属于前者。"因为没有谁愿意承认自己是一个经受不住任何挫折的人。但到了关键时刻，就有人不由自主地临阵退缩了，当初的豪言壮语怕早已抛到了九霄云外。

不向生活示弱，就是要勇敢地承担自己的责任。谁不渴望我们的世界美好、社会和谐？谁不赞美那些见义勇为的人？但很多时候，我们仅仅在渴望，仅仅在赞美，却忘记了自己所应承担的责任与义务。面对生活中诸多不良现象，我们很多时候以"弱"示之，选择了观望，选择了退让，选择了逃避。于是面对不尽如人意的生活，我们常常抱怨慨叹，殊不知，在很多时候，我们也恰恰是别人抱怨的对象。《论语》中说："见义不为，无勇也。"是的，为了生活更加美好，我们更需要表现出勇敢，承担起自己的责任与义务。

不向生活示弱，就是面对挫折不幸永不放弃。生命如白驹之过隙，又如荷叶上的一滴露珠，在这短暂的生命中，难免会遇到许多挫折与不幸。对此，我们仍然需要以百倍的热情与努力来展现生命的高贵与尊严，而不可示弱。失聪的贝多芬，发出了"我要扼住命运的咽喉"的呐喊；集聋哑盲于一身的海伦·凯勒依然没有失去对生活的热情，成就了伟业；遭受宫刑的司马迁顽强地完成了被誉为"史家之绝唱，无韵之离骚"的巨著。诸如此类，不胜枚举。面对不幸甚至厄运，他们都选择了顽强，选择了热情与更为艰辛的努力，也正是这种不示弱的精神，使他们彪炳千古。

见义不为非君子

南宋末年，首都临安被元军攻入，丞相文天祥组织武装力量坚决抵抗，失败被俘后，元朝劝他投降，他写了一首诗，其中有两句是："人生自古谁无死，留取丹心照汗青。"人总是要死的，就看怎样死法，是屈辱而死呢，还是为民族利益而死？他选取了后者．要把这片忠心记录在历史上。

文天祥被拘囚在北京一个阴湿的地牢里，受尽了折磨，元朝多次派人劝他，只要投降，便可以做大官，但他坚决拒绝，终在1282年被杀害了。他写的有名的《正气歌》，歌颂了古代有骨气的人的英雄气概，并且以自己的生命来抗拒压迫，号召人民继续起来反抗。

《诗经》有云："柔亦不茹，刚亦不吐；不侮矜寡，不畏强御。"大意是柔软的东西不轻易去吃，坚硬的东西也不轻易吐出来；不欺侮弱小的人，也不惧怕强权的威胁。这首诗是歌颂西周名将仲山甫，为送他出征而作的。这几句诗的意思是说他一定会不负王命，平定诸侯，安抚百姓，表达了人们对品德高尚、勇猛英武、不欺软怕硬、不凌弱惧强的品格的赞誉。

朱自清是我国现代著名的作家和学者，他在写作上成就最高的是散文，他的散文感情真挚，主要就是叙事性和抒情性的小品文，在中国这块广大的土地上，只要稍微读了一点书的人，就没有不知道他的。一方面，因为他写出了许多好作品，尤其是像《背影》、《春》、《儿女》、《荷塘月色》这样的名篇。另一方面，则是由于他伟大的民族气节，许多人都知道朱自清宁愿饿死也不领美国救济粮的真实故事。

1948年，当时的中国，百业萧条，物价飞涨，民不聊生。贫病交加的清华大学中文系主任朱自清，一家老少只是以稀粥糊口，食不饱腹。当局为缓和教授们的不满，给他们发了"面粉配给证"，凭证可购买美国援助的平价面粉。

那时，有爱国人士带头写了一份拒绝美国救济面粉的声明书《百十师长严正声明》，当他们准备让朱自清在上面签名时，还是犹豫了，因为他们知道当时朱自清家有9口人，全靠朱自清微薄的工资养活，非常困难，让他不要在上面签字，但朱自清还是毫不犹豫地在声明书上写下了"朱自清"3个字。

此前朱自清就已因胃病复发卧床不起多日，1948年8月上旬，朱自清先生病情恶化，入院治疗无效。8月12日，朱自清因药石罔效不治逝世，终年仅50岁。死之时，朱自清还叮嘱妻子，告诫其不能领取美国的救济面粉，体现了一个中国人伟大的民族气节与尊严。

他们都是在民族大义之前选择勇为的人，他们不顾个人，勇于反抗，为人民而战，都是可以称之为大勇之人。

孔子认为："仁者必有勇，勇者不必有仁。"意思是说，有仁德的人一定会很勇敢，但是勇敢的人不一定有仁德。这句话表达了"仁'与"勇"的关系。有仁爱之心的人一定会见义勇为、舍生取义，这才是真正的"勇敢"；而某些看起来勇敢的人，却不一定都是为"义"而勇，也许只是意气之勇，在他们的心中未必有仁爱之情。

"仁者不忧，知者不惑，勇者不惧"，是孔子认为君子应该具备的三种品质，也是一种完美的人生境界。有仁德的人能够宽厚爱人，所以无所忧虑；有智慧的人能够辨明是非，所以不会迷惑；有勇气的人能够临难不惊，所以无所畏惧。一个人具有这三者中的一种品质已属难得，三者兼备，更是不易。孔子坦言自己也没能做到，不过他的学生子贡却说这是"夫子自道"，意思是说这是孔子的自我描述。在孔子学生的心目中，孔子就是仁、智、勇的化身，如果连他都不具备这三种品质，那谁还能做到呢?

见义不为非君子，亦非仁勇之人，面对应该挺身而出的事情而不敢去做，是怯懦的表现，这句话表达了"义"与"勇"的关系。其实，见义不为不仅是怯懦的表现，而且是十分可耻的事情；相反，见义勇为则是十分光荣的事情。为了使社会风气变得更好，应该提倡见义勇为的精神。在中国传统中，仁义礼智信被认为是做人最基本的前提，历代不少仁人志士践行这样的原则，使自己、国家躲过危机。现代社会，人们更应该注重这些美德，仁义、勇敢、守信都应该是社会进步的标尺。

人生智慧

◇凡是为国家、民族利益，为正义事业敢于奋斗、勇于牺牲者，都是值得崇敬的"大勇"之人。

◇仁者必有勇，勇者不必有仁。

人生第一课就是做人

【聊天实录】

我：人们经常说“杀身成仁，舍生取义”。“杀身成仁”这句话来自哪里呢？

子曰：这句话出自《论语·卫灵公》，原话是“志士仁人，无求生以害仁，有杀身以成仁”。

我：这句话怎么理解呢？

孔子：至善之士、仁爱之人，不会为了求生而伤害仁义之道，反而为了维护仁义之道，牺牲性命也在所不惜。

我：历史上，有许多名臣名将、仁人志士都是为了维护这个仁道而不畏生死！就他们自身而言，虽然结局各有不同，却都完成了人生使命，成就了仁道，这是他们作为人的意义所在。

孔子：人生的意义就在于按照自己的方式去生活，去实现仁者的境界，即爱人、爱物，人性就在这个过程中体现出来。当一个人真正能够理解、尊重、诚爱他人，善待万物的时候，他就真正实现了一个人的人性，承担了他的人生使命，这是人之所以为人的意义、价值和责任。

我：您的信心和实践的勇气来自对自己事业合于仁道的信念，不能凭己之力实现，也要尽自己的一份光和热来照彻后世，启迪后人。实际上，您的精神也熏陶出了一代又一代的中华国魂。比如，“鞠躬尽瘁，死而后已”的诸葛亮，“留取丹心照汗青”的文天祥，“无欲则刚”的林则徐……这些历代名臣都有一颗为国家天下负责到底的心，故能如此坦然地对待荣辱和生死。

孔子：我反复强调人要有仁德、有人性，才好做人。就人而言，人的意义就在于人的活法——人生使命的完成，道德修养的成就，而不是他的寿命长短、饭量大，收入多少、服装新潮与否。为人即便是死，也要成就自己的人生使命，维护仁道，这就叫：杀身成仁，舍生取义。

【人生解读】 自古艰难唯一死

岳飞幼年丧父，由母亲养育成人，传说其母曾在他的背上刺“精忠报国”四个字，让他铭记国仇家恨。

1124年，21岁的岳飞从军，为宗泽部下，屡建战功，曾经以寡敌众，以800岳家军大破15060金兵，声名大噪。1126年，发生靖康之变，金兵攻破开封，北宋灭亡。1134年，岳飞首次伐金，收复襄阳、信阳等6郡。1136年岳飞率军再次北伐，占伊阳、洛阳，后因孤军作战而被迫撤回鄂州。岳飞在这次北伐中壮志未酬，写下千古名篇《满江红》。1140年春，金兀术南侵，岳飞出兵大破金兵，收复郑州、洛阳，兵临朱仙镇（今河南开封南20公里），直迫金国首府汴京。岳家军士气高昂，高喊“直捣黄龙”。主和派秦桧向宋高宗献计，连发12道金牌召回岳飞。岳飞退兵前，长叹：“十年之功，毁于一旦！所得州郡，一朝全休！社稷江山，难以中兴！乾坤世界，无由再复！”

结果，岳飞的北伐因为政治原因而失败。之后，岳飞父子被秦桧以谋反罪名予以逮捕审讯，由于找不到证据，最终秦桧以“莫须有”的罪名，于1142年除夕之夜，在杭州大理寺风波亭杀害了岳飞。

岳飞虽然被杀害了，但他精忠报国的业绩是不可磨灭的。正是他，表达了被压迫民族的要求，坚持崇高的民族气节，在处境危难的条件下，坚持了抗金的正义斗争，并指导爱护人民的抗金力量，联合抗金军民一道，保住了南宋半壁河山，使南中国人民免遭金统治者的蹂躏，从而保住了高度发展的中国封建经济和文化，并使之得以继续向前发展，不愧是千古流芳的民族英雄。

真正的志士仁人，为了“仁义之道”，会有“虽千万矣，我独往”的勇气和决心。他们所维护的，是天地之正气、人间之正道，他们才是真正无怨无悔的“英雄”。司马迁说：“人固有一死，或重于泰山，或轻于鸿毛。”人生中，生死问题总是无法逃避的“自古艰难唯一死”。一个人如果认识到这一步，那他也就获得了一种对于生活本身的超越性理解，也就算是真正想开了，变得从容而不是患得患失了。他会坦然面对生活中的种种遭遇，细细体会生活的乐趣。

超越生死行仁道

人要活着，生命的意义不在于活得怎么样，而在于怎样活着。学会做人，是人生的第一堂必修课。做人得仁，仁者爱人。人生在世，总要有所收获才会安然离世吧。唯有这样做，你的人生才是最值得回味的人生，永远如春日般美妙的人生。

与孔子的人生观不同的接舆、长沮、桀溺等避世的隐士，他们其实不是不关心国家天下大事，而是太过于关心，以致在时代已无可挽救时走开，把自己置于事外。他们以另外的方式希望国家太平，希望老百姓过好日子。做隐士的人多信奉道家，以“因应顺势”为自己立身处世的原则，对儒家的“学而优则仕”的精神，他们是不以为然的，以为这样无法真正对社会有所贡献。隐士以为天下滔滔，时代到了末路，你不可能兼济天下，只有来个独善其身，保存实力，以期世风改良而有为于天下。所以他们把孔子周游列国，在不可为之世推行仁道看作是不明智之举，因为这可能行仁政不成，反遭杀身之祸，既不能平天下，造福于黎民，反而空耗了社会精英，少了将来的忠臣，这样只身不能挡滔天洪流，倒不如待潮退浪落、风平浪静时再扬帆远行。隐士们对孔子或惋惜或讽劝，正是出于这个理由。

但是，孔子以为为人就须行仁，就得立于世间，为人类尽力，这是人之为人的责任，不可逃避。世事纷乱，纲常败坏，百姓涂炭。如果做隐士逃避时代，只显示出没有面对现实的勇气，无仁人之心，把自己混同于鸟兽。人是一个社会产物，不与社会接触，忘了社会秩序和形态，已不是真正的人了。况且，做个“避世之士”干净地抛弃这个时代，这是不可能的。我们只有肩负起恢复社会秩序的责任，以天下兴亡为己任，这才符合为人之义。孔子乐意忍受磨难和别人的误解，为明知不可为之事、把自己贡献给国家天下，心系天下苍生，行仁人之义。

人生智慧

◇人生的意义就在于按照自己的方式去生活，去实现仁者的竟界，即爱人、爱物。

◇学会做人，是人生的第一堂必修课。

◇人是一个社会产物，不与社会接触，忘了社会秩序和形态，已不是真正的人了。

君子爱财，取之有道

【聊天实录】

我：我想过幸福的生活，我该怎么去做呢？

孔子：《论语·且仁》曾记有：子曰：富与贵，是人之所欲也，不以其道得之，不处也；贫与贱，是人之所恶也，不以其道得之，不去也。

我：这是什么意思呢？

孔子说：富裕和显贵是人人都想要得到的，但用不正当的方法得到它，宁愿不去享受；贫穷与低贱是人人都厌恶的，但用不正当的方法去摆脱它，就摆脱不掉。

我：任何人都不会甘愿过贫穷困顿、流离失所的生活，都希望得到富贵安逸，这是人之常情，也是人之本能。

孔子：是的，既要坚守仁、义，也可以追求利、欲，但利、欲必须通过正当的手段和途径去获取，否则宁守清贫而不去享受富贵。反过来讲，靠非正当手段攫取财富，也不会有好下场，更谈不上享受了。

【人生解读】 求富要合乎其道

希望能过上安康幸福的生活，这是人们共同的美好愿望，但追求幸福需要靠正当途径争取。孔子说过："如果富贵合乎于道就可以去追求，虽然是给人执鞭的下等差事，我也愿意去做。如果富贵不合于道就不必去追求，那就还是按我的爱好去干事。"

孔子认为只要合乎于道，富贵就可以去追求；不合乎于道，富贵就不能去追求。从此处可以看到，孔子不反对做官，不反对发财，但必须符合于道，这里的"道"，用今天的话来讲，就是政策和法令，这是原则问题，孔子表明自己不会违背原则去追求富贵荣华。

从国家致富政策中走出的富翁张茵，就是通过诚实劳动创造财富的典型人物，她被胡润富豪榜评为2006年度中国女首富。她富裕起来以后，当选为国家政协委员，为更多的人致富向国家建言献策，发挥了自己应有的作用。

被称为中国巾帼英豪的张茵，出身于军人家庭，祖籍山东，生在东北，幼时家境清贫，是家里八个子女中的老大。她很晚才有机会进入大学深造，之后在深圳一家企业工作。

完成学业后，她在工厂做过工业会计，并在深圳信托下属的一个合资企业里做财务工作，之后在一家香港贸易公司做包装纸的业务。

安稳的工作并没有阻碍她创造的天性，1985年，张茵只身带了3万元到香港开始废纸回收贸易。

这次创业，"无意中"抓住了20世纪80年代中国造纸原料市场的空白。此后的6年中，她在广东东莞建立了自己的独资工厂——东莞中南纸业有限公司，主要生产生活用纸，产品遍及全国各地，并在国内广泛投资造纸。

在完成了初步的资本积累之后，1990年，张茵与丈夫刘名中做出决定，把事业迁往世界最大的原材料市场美国，在那里建立了美国中南公司，为其在中国的工厂购买并提供可回收废纸。

此后10年间，张茵成立的美国中南有限公司先后建起了7家打包厂和运输

企业，成为真正的“废纸回收大王”。

随着事业的发展，张茵看到了中国造纸市场的未来，1995年她在东莞投建了玖龙纸业，主要产品包括牛卡纸、高强瓦楞芯纸以及涂布灰底白板纸。

2006年3月3日，玖龙纸业在香港联交所挂牌，获得了577倍的超额认购，募集资金38亿港元，成为国内最大的包装纸行业企业，这一天，是张茵创业过程中的一个里程碑。

截至2008年5月，玖龙纸业已成为中国第一、亚洲第二、世界第八的造纸业巨头，市值近千亿；2007年销售收入98亿元，利润为20亿元。

2008年5月12日，四川汶川大地震发生后，张茵第一时间向国务院侨办表达了关切的心情，当即表示通过国务院侨办向灾区捐赠1000万元。

致富不忘乡亲，爱心回报社会，张茵以自己的实际行动演绎了一则动人的财富故事。

靠自己的诚实劳动占有了大量财富，而又不当守财奴，这也是许多善良人的梦想。如张茵一样先富起来的人们，在回馈社会的时候，不也同样享受着帮助别人的愉悦吗？

所以，孔子说，渴望富贵是普遍的大众心理，但需要通过合法的手段去创造。那些依靠坑蒙拐骗贪发家的人，他们虽然拥有了大笔财富，但他们不可能正大光明的去享受它。

不义之财终会散

原江西赣州市公路局局长李国蔚，虽然也“富”了，但却不敢说自己“富”了，这种富又有什么用呢？李国蔚在担任公路局局长任内，大肆收受贿赂，因受贿197万元和367万元财产来源不明被赣州市中级人民法院判处无期徒刑。在侦办此案过程中，办案人员查获：李国蔚家一个煤气罐底下的夹层里，居然藏有大量赃款。更让人惊奇的是，这个用于藏钱的煤气罐竟然还能正常使

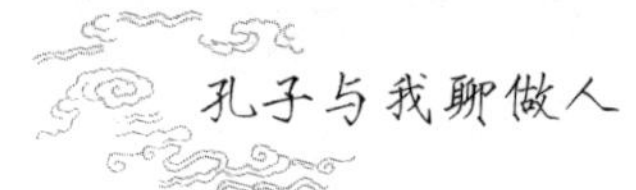

用，可见制作是何等的精妙！

原江苏省建设厅厅长徐其耀，在担任盐城市市长、江苏省建设委员会主任、省建设厅厅长期间，利用职务之便，先后46次收受或者索取他人的贿赂共计人民币390多万元、美元1.5万元，成为新中国成立以来江苏受贿级别最高、数额最大的贪官。为了窝藏赃款，他将家中的钱财分两处转移，一部分转移到他在北京的妻妹处，约40多万元。还有一部分转移到妻子在徐州的老家，约130余万元。案发后前往搜查的办案人员发现，这些钱有的经包装后藏在树洞内、灰堆内、粪缸里以及稻田里。还有数十万元的存折，为防潮湿和鼠啃，包了层层塑料纸，用两块小铁皮将塑料纸夹住，藏在屋顶的瓦下，真可谓是绞尽了脑汁，费尽了心机。

案发后，南京市中级人民法院一审以受贿罪判处徐其耀死刑，缓期两年执行，剥夺政治权利终身，没收全部个人财产人民币162万元，美元3.0517万元；对其犯罪所得人民币380.55万元，美元15万元，非法所得人民币90.2094万元，美元5.2万元，港币1万元，予以没收，上缴国库。

历史已经走过了“越穷越光荣”的虚幻时代，靠合法经营富甲天下的富翁，无疑会受到人们的尊敬。走上财富金字塔顶端的人群，他们的聪明才智也应该受到人们的敬仰。如比尔·盖茨在创造网络帝国的同时，也创造着财富帝国。他的个人财富是许多穷国财富的总和，他享受财富的方式是将财富捐给社会。2008年6月21日，比尔·盖茨宣布捐出自己的580亿美元的个人财产。像这样的富翁，怎么不令人爱戴呢。贫穷与低贱是人人都厌恶的，但不用正当的方法去摆脱它，是不会摆脱的。靠不正当手段得来的钱，不敢用，不敢花，最终会落得人财两空。

人生智慧

◇利、欲必须通过正当的手段和途径去获取，否则宁守清贫而不去享受富贵。

◇贫穷与低贱是人人都厌恶的，但不用正当的方法去摆脱它，是不会摆脱的。

◇靠不正当手段得来的钱，不敢用，不敢花，最后还落得人财两空。

仁者安仁，知者利仁

【聊天实录】

我：美好的品质不仅是一张人生的通行证，在很多时候，它所显示出来的力量，远比强硬的武力更有作用。孔老先生，您觉得品质的重要性如何？

孔子：不仁者不可以久处约，不可以长处乐，仁者安仁，知者利仁。

我：这句话该如何理解呢？

孔子：没有仁德的人不能长久的处在贫困中，也不能长久地处在安乐中。仁人是安于仁道的，有智慧的人则是知道仁对自己有利才去行仁的。

【人生解读】

勇者需存仁

唐代宗广德二年（764年），朔方节度使仆固怀恩反叛，他勾结回纥、吐蕃等民族的军队共二十多万人，气势汹汹地杀入大震关（今甘肃清水东）。途中仆固怀恩暴死，回纥和吐蕃的军队继续东进，一度攻入京都长安。唐代宗命长子李适为元帅驻守关内，命老将郭子仪为副帅，率兵赶往咸阳抵御敌人。

在平定安史之乱时，郭子仪曾与回纥人建立了友好的关系。他勇敢善战，身先士卒，回纥人十分敬佩，都称他为“郭公”。因此，郭子仪决定利用这种友好关系拆散回纥与吐蕃的联盟，把回纥拉到自己这边，共同对付吐蕃。于是，郭子仪派部将李光瓒去“拜访”回纥头领药葛罗。药葛罗得知郭子仪来了，十分惊异，因为在出兵前，仆固怀恩告诉他郭子仪已经死了，现在怎么突然来了呢？因此，他提出要见见郭子仪。

回到军营后，李光瓒将药葛罗的话转告给郭子仪，郭子仪立即决定亲自到回纥军营去跟药葛罗见面“叙旧”。郭子仪的儿子和众将领纷纷劝说他不能去冒险，并说：“即使去，最少也要带数百精兵做护卫，以防不测。”

郭子仪笑着说：“以我们现在的兵力，绝不是吐蕃和回纥的对手；如果能说服回纥退兵，或者能使其与我们结盟，那就能打败吐蕃。因此，为了国家冒这个险，我看值得！”说罢，他只带领几名骑兵向回纥军营进发，同时派人先去那里报信。

药葛罗及回纥将领听说郭子仪要来了，都大惊失色。药葛罗唯恐有诈，命令部队摆开阵势，他本人则弯弓搭箭立于阵前，时刻准备战斗。郭子仪远远望见，索性脱下盔甲，将枪、剑放在地上，独自骑马走上前去。药葛罗见来者果然是郭子仪，便立即召唤众将跪迎郭公。郭子仪见状，慌忙下马，将药葛罗及众将扶起，携手进入回纥军营。

最后，双方化干戈为玉帛。郭子仪凭着自己的大智大勇，未费一刀一枪，就将“劲敌”回纥化为朋友，又借助回纥人的力量打败了吐蕃，捍卫了大唐的疆域。

不战而屈人之兵为上

邓训是东汉人，太傅邓禹的儿子。史书上说他“少有大志，乐施下士”，所以，在他身边聚集了很多士人。那时，在今天的甘肃、青海一带，居住着很多的少数民族。为了让这些少数民族听名于朝廷，朝廷专门在这一带设置了护羌校尉，对当地的少数民族进行管理。后因护羌校尉张纡不懂得怎样安抚当地羌人，为震慑羌人，张纡诱杀了羌人首领迷吾，终激起他们的反抗。他们原来相互仇视的部落在反朝廷的目标下统一起来，一致对外。一时间，反抗朝廷的羌人竟达到四万多人，东汉的西北部地区形势日益严峻。

在这种情况下，东汉朝廷决定由邓训代替张纡做护羌校尉。

邓训刚上任，刚巧赶上羌人首领迷唐率兵前来进攻。迷唐是迷吾的儿子，他是为父报仇心切，所以率先前来。当时在边塞之内，还住着许多小月氏胡人，他们善于骑马，而且强健善战，与羌人打仗，常常能以少胜多。这些小月氏胡人有的时候也反对朝廷，有的时候又被朝廷所用。迷唐率一万多骑兵来到城外，不敢直接攻打邓训，所以准备先攻打小月氏，先将其制服后，再威胁他们一起攻打邓训。

邓训看透了迷唐的用意，便派人安抚小月氏胡人，不让他们与羌人交战。部下很多人都对此十分不解，有的人找到邓训，对他说：“现在羌人和胡人自相残杀，应该先让他们互相损耗，这对朝廷是有利的，等到他们消耗得差不多了，我们就坐收渔翁之利，这主是以夷伐夷的好机会啊。”邓训说：“不对，现在是因坴张纡失信于羌人，导致他们兴兵前来。朝廷只能屯兵聚众，以备羌人。为屯兵备战，我们不得不竭尽财力以支付运输费用。现在形势十分紧急，我们需要小月氏胡人的全力支持。以前，胡人之所以不全力为朝廷作战，就是因为朝廷对他们的恩泽不够深，信任不够厚。现在，小月氏胡人处于困境，我们应该借这机会对他们施以恩德，使他们为我所用。”

于是，邓训便命人打开城门，空出许多房子，将小月氏胡人的家眷全部接进城里，安排住处，并且派兵严加守卫。羌人在城外掠无所获，又见胡人已无

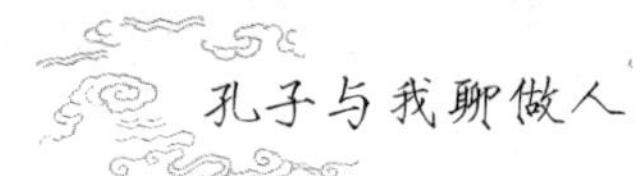

后顾之忧，便不敢与之开战，只得撤兵而去。于是，小月氏胡人对邓训感恩戴德，他们说："以前的朝廷官员只是把我们当成打仗的工具，根本不管我们的疾苦。现在邓大人对我们施恩并且讲信用，开城门接纳我们的家眷，让我们父子母女相安，我们怎能不为朝廷尽心尽力！"

后来，邓训以这支胡人的力量，使西北地区得到了平定。

邓训之所以能成功地安抚边关，关键在于他不仅通晓信任与恩德可以在任何地方感化人心、化解怨恨，而且还采取积极有效的怀柔政策，不战而屈人之兵。正如孙子兵法所言，战争的原则是，使敌人举国降服是上策，用武力击破敌国就次一等；使敌人全军降服是上策，击败敌军就次一等；使敌人全旅降服是上策，击破敌旅就次一等。所以，百战百胜，算不上是最高明的；不通过交战就降服全体敌人，才是最高明的。

人生智慧

◇没有仁德的人不能长久的处在贫困中，也不能长久地处在安乐中。

◇使敌人举国降服是上策，用武力击破敌国就次一等；使敌人全军降服是上策，击败敌军就次一等；使敌人全旅降服是上策，击破敌旅就次一等。

安贫乐道，富贵如浮云

【聊天实录】

我：怎么样得来的财富才算是合理的呢？

孔子：君子有九思：视思明，听思聪，色思温，貌思恭，言思忠，事思敬，疑思问，忿思难，见得思义。

我：这句话怎么解释呢？

孔子：君子有九种要思考的事：看的时候，要思考看清与否；听的时候，要思考是否听清楚；自己的脸色，要思考是否温和，容貌要思考是否谦恭；言谈的时候，要思考是否忠诚；办事的时候，要思考是否谨慎严肃；遇到疑问，要思考是否应该向别人询问；愤怒时，要思考是否有后患，获取财利时，要思考是否合乎义的准则。

我：这句话的精华应该是：见得思义，获取财利时，要思考是否合乎义的准则。

孔子：是的，人的自私本性决定了人的行为，大多数人的所作所为都是从自己的利益出发。但是一部分人因为权势或际遇而觉得自己可以没有任何顾忌地去追逐私利，从而走向骄横奢华，以致最后因为私心无度而引火烧身；但有一些不愧是君子的人，任何时候都能自律有度。他们不仅一生平安顺达，而且还能够创建功业，留下美名。

【人生解读】 谋道不谋食，忧道不忧贫

齐襄公二十八年，齐国的权臣庆封到吴国，集合他的家族居住下来，聚敛的财物比原来更加丰盈。当时的子服惠伯对叔孙穆子说：“上天大概是让淫邪的人发财，这回庆封是又富了。”穆子说：“善人发财叫作赏赐，淫邪的人发财叫作祸患，上天会让他遭殃。”昭公四年，庆封被楚国人杀害了。以前他的父亲庆克曾经诬陷鲍庄，当时庆封正在策划攻打子雅、子尾，事情被发现，姓崔的人叛变了，庆封的儿子舍庆封逃到吴国（这里说的子雅、子尾是齐国的公子）。同一年，齐国崔姓叛乱，子雅等公子们都失散了，等到庆氏灭亡后，齐王又拉回了这些公子们，于是他们就都各自回到了原来的领地。叛变的事件结

束后，齐王赏给晏子邶殿的60个乡邑，他没有接受。

子尾说："富有是人人都想得到的，可是你为什么偏偏不要呢？"晏子回答说："庆氏的城池多的能够满足他的欲望，可他还贪而不忍，所以灭亡了；我的城池不能以满足自己过分的欲望，不要邶殿并不是拒绝富有，而是害怕失去富贵。因为富贵就像布帛那样有边幅，应该有所控制，让它不至于落失人手。"这是说富人不能随意增加财富，否则将会自取灭亡。

对于贫寒清苦的生活，有些人以为很苦，而不少名士、隐士则有他们不一样的见解，从中也可以看到他们把忍受清贫的生活当成了一种修身养性、战胜人性中贪欲的一种方法，他们不以这样为苦，反以这样为快乐。

孔子关于"谋道不谋食"，"忧道不忧贫"的主张，并不是对人的空头说教，可以说这是他从自身的人生经验中总结出来的生活准则。放眼孔子的一生，应该说他是"谋道不谋食"、"忧道不忧贫"。他自己曾经说过："德之不修，学之不讲，闻义不能徙，不善不能改，是吾忧也。"就是这句话，足以概括孔子当时忧天下、忧国家、忧民族、忧文化的复杂心情。

孔子饱蘸着蕴涵丰富人生哲理的甘苦浓汁，不仅鞭策着自己，孜孜不倦地追求自己的人生理想，而且也启迪着后人为国为民贡献自己的才华。

见得思义亦为仁

千古名篇《岳阳楼记》，不仅深刻地表达了作者"不以物喜，不以己悲"的豁达的情怀和"先天下之忧而忧，后天下之乐而乐"的伟大政治抱负，同时也充分展现了作者崇高的人格和宽广的胸怀。

《岳阳楼记》的作者范仲淹，字希文，是唐朝宰相范履冰的后代。他的祖先原是西邻州人，后来迁往江南定居，就成了苏州吴县人。

范仲淹刚两岁的时候，父亲便去世了，母亲改嫁到甾州长山县朱家，他也就跟着姓朱，名叫朱说。范仲淹在少年时代就非常有志气，当他长大后，知道

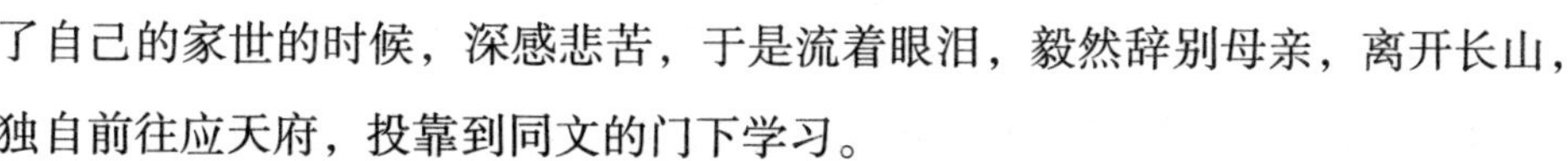

了自己的家世的时候，深感悲苦，于是流着眼泪，毅然辞别母亲，离开长山，独自前往应天府，投靠到同文的门下学习。

他昼夜不停地苦读，冬天疲乏至极的时候就用凉水洗脸，来驱除倦意。他的食物不充裕，所以不得不靠喝粥来度日。后来范仲淹通过科举考试成为进士，被任命为广德军的司理参军，这时他把母亲接来赡养侍奉。调任集庆军节度推官后，便恢复了原来的范姓，又调移楚州粮料院作监。每每参与政事，他就上书朝廷，提出了一系列建议：选择贤明的人任州郡长官，举荐有成绩的人当县令，排除社会上的游散懒惰势力，裁汰冗员并取缔过度奢侈，严密选举制度，培养将帅以加强边防等。

范仲淹熟读六经，尤其以《易经》为擅长。很多学习儒家经典的人，都来向他请教、问业，他捧着经书为人们讲解，从来不知疲倦。他还曾经用自己的收入购买饭食，供给前来求学的各地游士，以至于自己的孩子们衣履都不整齐，出门的时候不得不轮流更换一件较好的衣衫，而范仲淹对此竟处之泰然。每当谈论起天下大事来，他都慷慨激昂，当时在士大夫之间注意品格修养和讲究节操的风尚，正是在范仲淹的影响和倡导下开始形成的。

天圣七年，范仲淹因为上书谏请刘太后把朝政权力还给宋仁宗，被迫受命离京，到河中府去做通判，后来又被调到陈州做通判。自己虽然由京官沦为郡官，但还是关心朝政，劝说朝廷体恤民情、勤政爱民的热情不减。那时候，朝廷正从陕西征购木材，运往京师，建造太一宫和洪福院。范仲淹上奏说："不久以前，昭应宫、宁寿观接连毁在了火灾，上天的惩戒过去才不久，现在又大兴土木、破费民产，这可不是顺人心、合天意的事情，应该马上停止修建寺观，减少征购木材的数量，以及免除民间在这方面的欠债。"又说："受到宠幸的人，没有经过有关部门的任命手续，便纷纷由皇宫里直接降敕授官，这不是太平之象。"意见虽然没有被采纳实行，但宋仁宗却也不得不承认范仲淹心地忠诚。

范仲淹为人正直，刚正不阿，所以慢慢与宰相吕夷简不和，又因为他屡次上书，批评朝政，惹得皇帝不高兴而将他再次贬出京城，后来又调任陕西路永兴军的知军州事。对于个人的升迁去留或褒或贬，范仲淹从不计较。在新任上，他依然积极整顿军备，训练队伍，改变战略，厮杀疆场，并加以安抚，没有几年工夫就使西线边防稳定了下来。

范仲淹年幼的时候家中十分贫困，后来官做到龙图阁大学士，虽然富贵了起来，但没有宾客在场时，一餐仍然不吃两份肉菜，妻子儿子的衣食，也是只刚够吃用。然而，他喜欢将自己的钱财赠送给别人，还在家乡创置了“义庄”，用来赡养和救济那些无依无靠的本宗族的人。他待人处世十分亲热敦厚，并且乐于替人家办好事。当时的贤士，很多都是在他的指导和提拔下成长起来的。他处理政事，最讲究的是“忠厚”二字，所到之处，大多有惠民的德政。邻州和庆州的百姓，与那些归附宋朝的羌族人民，都画了他的肖像，给他立生祠来纪念他。到他逝世时，各地听到噩耗的人，都为之叹息。羌族首领数百人聚众举哀痛哭，戒了三天斋才渐渐散去。

范仲淹正是以这种倡导和践行“先天下之忧而忧，后天下之乐而乐”的精神，在封建的官场上树起了一座风尚之碑，也开拓性地注释了“谋道不谋食，忧道不忧贫”的真正含义。

在中国古代，不知有多少人，在大义面前放弃了大利，为了自己的人格尊严，为了自己的道德准则，为了一个理想的社会，宁肯过着贫穷的生活，也不改变自己孜孜以求的东西，视富贵如浮云，安贫乐道。这种精神，即使在今天看来，也是光辉崇高的，非常值得我们去继承、发扬和借鉴。

人生智慧

◇德之不修，学之不讲，闻义不能徙，不善不能改，是吾忧也。

◇视富贵如浮云，安贫乐道。

◇富人不能随意增加财富，否则将会自取灭亡。

第八章

孔子与我聊孝亲睦友之道

中国文化中的孝道，讲求的是以孝修身，以孝齐家，以孝立业，以孝治国，以孝安天下。在现代社会，孝更是一个人安身立命的根本。我们应该秉承“百善孝为先”的思想原则，弘扬尊老爱老的美德，以孝行事，成就大业。

孝是发自内心的情感

【聊天实录】

我：孔老先生，孝的根本应该是什么呢？

孔子：孝的根本在于取悦父母。

我：何以见得？

孔子：子游问孝。子曰：今之孝者，是谓能养。至于犬马，皆能有养。不敬，何以别乎？

我：哦，通俗点讲应该是什么样的？

孔子：作为为人之本，孝贯穿于人类生活，而理解与宽容则是尽孝的一贯精神。一个不能理解父母，只是固执己见的人，是难以真正对父母尽孝的。他和父母生活在两个相互隔绝的心灵世界中，这是很尴尬、很悲哀的一件事。要想真正理解父母，还在于善于接受父母的意见实现他们的心愿。至于这么做是否经济，已是次要的了，别忘了，孝的根本就在于取悦父母。我们在父母身心愉悦的过程中，自己也获得一种人生价值的实现和心灵的满足，孝的意义由此得以体现出来。

我：您与子游的这番对话，对许多现代家庭而言，具有相当的警醒作用。

孔子：我非常重视父母子女间的感情交流，并强调子女对父母的尊敬、爱戴和赡养。诚然，行孝的最基本的要求是子女对父母的物质奉养，但是并不应该停留在物质奉养上，仅有物质上的奉养是不够的，还得在感情上对父母表示真诚的尊敬和爱戴。不过，我对“孝”的最高阐述是要求子女在父母生前按照父母的意愿行事，在父母死后继承他们的遗志立身。

【人生解读】 孝敬父母不是用物质来衡量的

陈毅是中国人民解放军的创建者和领导者之一，是中华人民共和国元帅、党和国家的卓越领导人。他担任国家重要领导职务以后，一直挂念着留在四川老家的老母亲。但是，因为工作繁忙，他一直没能抽出时间去探望老人。1962年，陈毅元帅出国访问回来，路过家乡时，便抽空去探望身患重病的老母亲。

陈毅

当时，陈毅的母亲瘫痪在床，大小便不能自理，全靠他人照顾。陈毅刚进家门，就径直向母亲的卧室走去。母亲见到儿子来探望她，非常的高兴，刚要向儿子打招呼，忽然想起了换下来的尿裤还在床边，怕儿子看见，就示意身边的人把它藏到了床下。

陈毅见到久别的母亲，心里很激动，坐在床前拉住母亲的手，关切地问这问那，细心地询问病情。过了一会儿，他对母亲说："娘，我进来的时候，好像看见你们把什么东西藏到床底下了，是什么东西呀？"母亲支支吾吾地说："什么也没有，是你看花眼了。"陈毅说："你就别骗我了娘，我刚才都看到了。"陈毅说着，便在床下找。母亲看瞒不过去，只好说出实情。陈毅听了，忙说："娘，您久病卧床，我不能在您身边伺候，心里非常难过，这裤子应当由我去洗，何必藏着呢。"母亲听了很为难，旁边的人连忙把尿裤拿出，抢着去洗，陈毅急忙挡住说："娘，我小时候，您不知为我洗过多少次尿裤，今天我就是洗上10条尿裤，也报答不了您的养育之恩！"陈毅说完，就从他人的手里接过尿湿了的裤子和一些其他的脏衣服，放在洗衣盆里，一边洗衣服，一边和母亲叙谈起来。洗完之后，陈毅又拿出去晾上，看着儿子晾衣服的背景，陈毅的母亲欣慰地笑了，两眼也浸满了泪水。

无论陈毅工作有多么的繁忙，他时刻都没有忘记家中的老母亲。虽然陈毅元帅为母亲所做的只是一些平常得不能再平常的小事，但从这些平常的小事中可以看出他对母亲浓厚的爱，看出他对母亲的真情。他的一片孝心，值得天下所有儿女来学习效仿。

孝的根本在于取悦父母

唐代一个官员在审理一起盗窃案的时候，罪犯供认因自身能力有限，又年关将近，只好偷点东西，以表孝心。那位官员深受感动，就把这名罪犯放了。即使在现代社会中，由于就业困难而导致物质贫乏进而难以奉养老人的情况也是屡见不鲜的，由此可见，成人立业、尽心行孝并不容易。

那么，尽孝是否就只是向父母提供衣食吗？当然不是。当年孔子生活的春秋时期，社会上就曾经流行过这种观点。孔子对此很不满，他认为，如果尽孝只是向父母提供一些衣食，仅保证他们不挨饿受冻的话，那么，这种赡养与养牛养马、养猫养狗没有什么本质上的区别。

由此看出，孔子所说的尽孝并不仅仅是满足父母衣食等物质方面的需求，还要有一颗切实“恭敬”的心。孝顺父母，最基本的在于衣食，而最重要的则在于恭敬之心。

儿子回乡办完父亲的丧事，要母亲随他进城，母亲执意不肯离开清静的乡下，说过不惯都市的生活。儿子没有勉强母亲，说好以后每个月寄300元生活费。这个村子十分偏僻，邮递员一个月才来一两次。近年来，村子里外出打工的人多了，邮递员在村里出现的日子便是留守老人的节日。每次邮递员一进村就被一群大妈、大婶和老奶奶围住，争先恐后地问有没有自家的信件，然后又三五人聚在一起或传递自己的喜悦或分享他人的快乐。这天，邮递员交给母亲一张汇款单，母亲脸上洋溢着喜悦，说是儿子寄来的。这张3600元的高额汇款单在大妈大婶们手里传来传去，每个人都是一脸的羡慕。

过了几个月，儿子收到了母亲的来信，只短短几句，说他不该把一年的生活费一次寄回来，明年寄钱一定要按月寄，一月寄一次。很快，一年就过去了，儿子由于工作缠身，回老家看望母亲的想法不能实现，本想按照母亲的嘱咐每月寄一次生活费，又担心因为忙而忘了误事，便又到邮局一次性给母亲汇去3600元。

几天后，儿子收到一张3300元的汇款单，是母亲汇来的。儿子百思不得其解之际，收到了母亲的来信，母亲又一次在信中嘱咐说，要寄就按月给她寄，否则她一分也不要，反正自己的钱够花了。儿子对母亲的固执十分不理解，但还是按她的叮嘱做了。后来，他无意间遇到一个来城市打工的老乡，顺便问起了母亲的近况。老乡说，你母亲虽然一个人生活，但很快乐，尤其是邮递员进村的日子，你母亲像过节一样欢天喜地。收到你的汇款，她要高兴好几天哩。儿子听着听着已泪流满面，他此刻才明白，母亲坚持要他每个月给她寄一次钱，就是为了一年能享受12次快乐。母亲的心不在钱上，而是在儿子身上。

孝不仅仅在于提供父母衣食，更重要的是出自内心的“爱”和“敬”。空巢老人缺的不仅仅是钱，他们更希望得到女子的关心。

在当今天交通便捷的时代，“父母在，不远游”似乎已成了荒唐可笑的言论。然而，古人交通不便，音讯难通，不像今天从南疆到北国飞机可当天打来回，手机漫游全国，随时可以打一通回家。那时远游在外，少说也是一年半载，万一父母急病或紧迫有事，难以召回，往往误了大事，甚至还错过了给父母送终的时机。所以，“父母在，不远游”并不是无稽之谈，而是要求做子女的要时时不忘孝敬父母的义务，在安排自己的活动时要想一想父母在家的实际情况，加以合理的调整。

现代社会生活在一定程度上愈来愈崇尚金钱与物质，有些人甚至以为它们无所不能。殊不知，金钱和物质是换不来一个人的亲情与孝心的，孝不仅仅是形式，而是一种发自内心的真挚情感，是一种爱的心情.

很多人离开家乡去外面打天下，有的成功了，有的没成功，都无一例外地蹉跎了岁月。他们或因成功而忙碌没有时间看父母，或因一事无成而羞于见爹娘，这样就出现了一个奇怪而又残酷无比的普遍现象：他们一去无回，等终于有一天回到家中一看，才发现父母老了，病了，甚至已经永远地离开了他们。

其实，孔子强调“孝”的重要性，这是对父母的尊重，也是对我们人生起源的严肃思考，更是对自我的肯定。爱父母才能爱自己，在哲学家与科学家看来，每个人与自己的父母其实比想象的更接近。我们都应该感谢父母给了我们生命，对父母好不仅是一种回报，更是为了做好自己。因此，我们做子女的就应该多爱父母，多想父母，常回家看看父母！

人生智慧

◇子女在父母生前按照父母的意愿行事，在父母死后继承他们的遗志立身。

◇孝不仅仅在于提供父母衣食，更重要的是出自内心的“爱”和“敬”。

◇爱父母才能爱自己。

世界上没有不伟大的父母

【聊天实录】

我：生活中，我们常会和父母意见不一致，这是很正常的。每个人对同一个问题的理解都会出现差异，因为每个人的思维方式不同。于是，矛盾产生了，代沟也就产生了。那么，在这个时候、在这种情况下，怎么孝顺父母呢？

孔子：事父母几谏，见志不从，又敬不违，劳而不怨。

我：这句话怎么理解呢？

孔子说：侍奉父母，如果父母言行有什么不对的地方，要委婉地进行劝说。如果父母不肯听从的话，那也应当保持恭敬之心，不要违背父母的意愿，继续替他们操劳而不怨恨。

我：也就是说，当我们与父母意见不同时，可以陈述自己的见解，但不要固执己见。父母听你的劝告最好，不听也不必较真。父母说让你干什么你能干就去干，不能干也别直接推辞，免得伤了老人家的心。

【人生解读】 最诚挚的孝心

公元前663年，晋献公讨伐骊戎时，骊戎求和，以国君的女儿和亲，晋献公立她为骊姬。骊姬生了个儿子，名叫奚齐。子凭母贵，奚齐深受宠爱。骊姬想立奚齐为太子，她就向献公说太子申生的坏话。于是，晋献公就让申生到曲沃居住，让公子重耳到蒲城居住，让公子夷吾到屈居住。

僖公四年，骊姬想害死太子申生，就派人通知申生，说晋献公梦见了申生的母亲齐姜，要求申生立即祭祀她。申生于是在曲沃祭奠了齐姜，并把祭祀用的肉献给晋献公。当时恰逢晋献公在外打猎，骊姬就把肉放了起来。过了六天后，晋献公回来，骊姬在肉里下了毒，然后把肉献给献公。晋献公拿这些肉来祭地，地面马上高了起来。骊姬哭说，这定是太子想加害大王。

太子申生知道是骊姬陷害自己，于是逃跑到了新城。有人劝申生对晋献公辩解，申生却说，父亲非常宠爱骊姬，如果没有骊姬，就会吃不好、睡不好。自己如果辩解，骊姬就会获罪，到时候晋献公会很不快乐。申生终究没有辩解，自己吊死在新城。

申生以自己的性命来换得父亲的快乐，这也是一种至孝的表现，虽然他这么做有些迂腐，但却体现了最诚挚的孝心。

其实，家庭中的许多争吵以及由此带来的成员之间的冷漠，都是由缺乏相互间的理解、固执、自我所造成的，其最终结果必然是相互伤害。所以，孝顺父母一定要走进父母的内心世界，学会理解他们的想法。

人生百善孝为先

在我国源远流长的历史长河中，无数古圣先贤以仁德流芳百世。在上古时代，有三位非常著名的帝王：尧、舜、禹，他们均因德行至大而受四方举荐登上帝位，其中，舜因至孝感动天地，被尧帝选中为继承人，他的故事也被列为历代孝行故事之首。

尧年老时，想要退休，不再担任天下之王，便询问手下负责四方事务的官员："我年老了，无法再继续担负天下的责任，你们推选出一个人来接替我吧。"官员们异口同声推荐舜，尧说我也听说民间有这样一个人，你们再把他的主要事迹说一下吧，官员们便对尧说了舜的事。

舜的父亲是个盲人，性情古怪偏执。舜的母亲早死，后母既讨厌他，又怕他和自己的儿子象分家产，因此，舜的后母和弟弟象千方百计想害死舜。一次，两人把舜住的房子放火点燃，想烧死他，可是大火过后，舜却安然无恙地走了出来。他的后母和弟弟既感到不可思议又感到恐惧，便怂恿舜的父亲下手。舜的父亲在二人的百般劝说下也同意了，把儿子推入一口深井里，然后挖土埋上。

正当舜的后母和弟弟欢庆除去了眼中钉时，舜却又完好无损地出现在他们面前，原来那口井有一条隐蔽的通道通向地面。

舜的后母和弟弟害怕了，认为这是上天在保佑舜，不敢再起害他的念头，舜的父亲也羞愧难当，舜却像根本没有这些事一样，始终如一地对父亲尽孝道，对后母如对亲生母亲一样，对待弟弟也极尽疼爱。最终，舜的孝行感化了顽固的父亲、偏心狠毒的后母和狂傲暴躁的弟弟，从此他们像一家人一样相亲相爱。

尧听说舜的事后，虽然满意，但还是有些不放心，就把自己两个女儿嫁给舜，考察他在处理夫妻关系上的能力如何。三年后，舜证明自己在处理夫妻关系上，和处理父子、兄弟一样无可挑剔，尧这才放心地立舜为自己的接班人，把帝位禅让给舜。

就如晚清重臣曾国藩所说，孝顺和友爱做到了会立即得到回报，上面舜的故事就是个很好的例子，而曾国藩本人也非常重视孝悌。他从来不因为自己是家中长子长孙，并且为官最高、权势最重而骄傲自满，责骂他人。相反，他从不以辈分和身份压人，而是把自己看作家族中不可缺少的一员。他与父母亲族、兄弟姐妹相处和睦，处处以宽厚行事，以身作则，使得曾氏家族跳出了“富不过三代”的历史怪圈，成为百年而不衰之家族。根据调查，曾国藩及其四兄弟家族，绵延至今190余年间，共出有名望之人才240余人，每一代都有杰出的人物出现，而没有出过一个纨绔子弟，这在历史上是非常罕见的。

人生百善孝为先，唐朝诗人孟郊诗云：“谁言寸草心，报得三春晖。”要知道，世界上只有不伟大的子女，而没有不伟大的父母。我们应牢记父母的养育之恩和无私的爱，用我们的一生来回报他们。而且，对父母孝顺、懂得对父母忍让的人，才能得到他人的尊重。

人生智慧

◇父母说让你干什么你能干就去干，不能干也别直接推辞，免得伤了老人家的心。

◇人生百善孝为先。

◇孝顺父母一定要走进父母的内心世界，学会理解他们的想法。

三年无改可谓孝

【聊天实录】

我：公明仪问老师曾子，什么是孝道。曾子说，君子所称为孝的，应该能在父母的意愿没有表达之前就预先知道了，并且能按照父母的要求去做，使父母的意愿合乎正道。我仅仅是赡养了父母而已，我怎能算得上孝道呢？您觉得呢？

孔子：父在观其志，父没观其行，三年无改于父之道，可谓孝矣。

我：怎么理解您说的这句话呢？

孔子：父母在的时候，只要观察子女的志向就可以了；父母去世了之后，就要看子女的行为，能够长时间按照父母的意图做事，没有任何改变，那么他就可以称为孝子。

我：这就是说：孝有三个境界："大孝尊亲，其次弗辱，其下能养。"

孔子：是的，尽孝的上等就是要尊敬父母，次等不能让父母受辱，下等只能赡养父母。还有一条，父母去世后，要把他们的事业继承下去，这就是达孝。

我：如今的时代，世界日新月异，生活绚丽多彩。传统意义上的孝道面临严重挑战：一方面是家庭社会结构的变异，过去的一对夫妇养育众多孩子的现象已经几不可见，数世同堂的现象已失去存在的可能；另一方面，国人的观念也发生重大的变化，由于社会福利保健事业的改善，传统的"养儿防老，积谷防饥"古训在某种程度变得不是非常重要，那么孝道是否就因此失去存在的土壤？

孔子：有不少专家学者近年来大力提倡要维护和弘扬孝道，忧心忡忡，似乎孝道作为传统伦已经到了生死存亡的关头。其实不然，作为传统孝道，现世遭受冲击，恰恰是其内核中封建的、不合人性以及现代性的部分，在逐步被剔除。比如类似“割股疗亲”等反科学、反人性的教条，被现代人扔进垃圾桶；而其充满人性关怀、充满道德闪光的部分，却仍然得到了中外所有有识之士的推崇。

我：确实，孝道凸显的实际上是一个民生问题，一个社会的价值观的问题。孝永远不会过时，家庭与社会需要孝，时代呼唤孝道的重归。在扬弃了封建社会的糟粕之后，在物质极大改善的情况下，在引入现代社会民主的内涵之后，无论父与子、长辈与晚辈，或者是男性与女性，都将重构孝道真谛，树立社会和谐风尚。

【人生解读】 蔡文姬孝父传佳作

蔡文姬，名琰，字明姬、昭姬，因避司马昭的讳，改为文姬。尽管她一生坎坷，但文学才华深受人们的尊重和公认，传世之作《胡笳十八拍》和《悲愤诗》，在建安诗歌中一枝独秀。

蔡文姬出生于汉灵帝熹平六年（177年）的陈留郡圉县（今河南省杞县西南），著名的文学家蔡邕就是她的父亲。蔡邕不但学识渊博，而且对经史、音律、天文等方面也很精通，在文章、书法、篆刻、辞赋方面也更有造诣。受家学影响，蔡文姬十几岁时，就通晓诗书，精于音律。有一次，她在自己的闺房里，听父亲弹琴断了弦，就出来对父亲说，你是第二根弦断了！蔡邕以为她是瞎蒙的，故意把琴上第三根弦弄断，问蔡文姬哪根弦断了，女儿给予非常肯定的回答。蔡邕非常喜欢她，两个人一起弹琴唱歌、作诗绘画，乐享天伦。

平日里蔡文姬对父亲也非常孝敬，父亲写字时，她在旁边帮他磨墨；父亲生病在床，她为父亲煎汤熬药，精细料理，日夜服侍。后来蔡文姬嫁给了河南卫仲道为妻，丈夫病死了，婆婆也去世了。蔡文姬只好回到陈留，整理父亲作品。接着就发生了战乱，蔡文姬混迹在逃亡的难民之中，被一队匈奴兵掳走，献给了左贤王，被左贤王留作妃子。

在西域，蔡文姬忍辱生活了十二年，虽然左贤王很怜爱她，但她总是思念着故乡，怀念着父亲。216年，蔡文姬被曹操赎回，为了早日对父亲尽孝，蔡文姬离开了自己的一对儿女，回到了故乡，在父亲的墓前痛哭失声，弹奏《胡笳十八拍》。蔡文姬嫁给董祀后，默写出蔡邕的四百多卷书稿，使父亲的作品得以传世。

戚继光以父为榜样

明代嘉靖年间，东南沿海收到倭寇的袭击，百姓苦不堪言。嘉靖三十四年（1555年）戚继光被朝廷任命为佥浙江都司，组建了一支纪律严明英勇善战的戚家军，在六年当中九战九胜，威震敌胆。戚继光说，我率领将士获得胜利，全靠父亲的谆谆教诲。

戚继光的父亲名叫戚景通，是一位著名的将领。戚继光是父亲五十六岁的时候出生的，算得上是老来子。少年时，父亲就教导他："文官不贪财，武官不怕死。"在父亲的言传身教下，戚继光苦练武艺，学习兵法。戚继光成年之后，成为一名年轻有为的将领。当时，有人对戚继光的父亲说，你可以买田买地为后代着想了，但父亲拒绝了，父亲把戚继光叫到跟前说："你知道我为什么要把你取名为戚继光吗？就是让你继承戚家驰骋疆场的威名。"

戚继光认真诵读父亲写的对联"授产何若授业，片长薄枝免饥寒；遗金不如遗经，处世做人真学问"，他对父亲说，您教我学习兵法，还要做一个道德品质高尚的人，我绝对不会贪图享乐，寻求奢靡安逸生活的，我要组建一支军队，与倭寇决一死战！听了戚继光的话，父亲很高兴，就将自己写的兵书授给他。戚继光在抗倭战事中，一直以父亲为榜样，勉励自己，他所组建的戚家军成为抗击倭寇的中坚力量。他一边率军作战，一边作诗明志："封侯非我意，但愿海疆平"；"一年三百六十日，都在马上横戈行"，报效父亲，报效国家，戚继光成为集忠孝于一身的英雄。

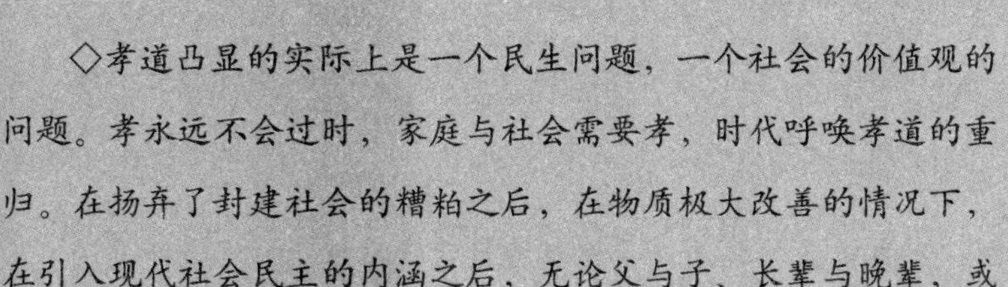

人生智慧

◇孝道凸显的实际上是一个民生问题，一个社会的价值观的问题。孝永远不会过时，家庭与社会需要孝，时代呼唤孝道的重归。在扬弃了封建社会的糟粕之后，在物质极大改善的情况下，在引入现代社会民主的内涵之后，无论父与子、长辈与晚辈，或者是男性与女性，都将重构孝道真谛，树立社会和谐风尚。

仁的根本是孝顺父母

【聊天实录】

我：作为父母，当他们决定养育一个孩子时，就已经下了做出重大牺牲的决心，无论孩子有什么先天疾病，或者是后天缺陷，都可以包容，因为孩子是他们的责任，是他们的血脉。但当孩子已经长大成人，已经到了应该自谋出路的年龄，是不是还应该再赖在家里，再由父母养活呢？

孔子：《论语·为政篇》有我与孟武伯的一段对话，你看一下：孟武伯问孝，子曰：父母唯其疾之忧。这句话的意思是：孟武伯请教孝道，我说：“做子女的，只需父母在自己有病时担忧，但在其他方面就不必让他们担忧操心了，这就是孝。”

我：可以看出，关心父母的病痛是讲求孝道之关键。

孔子：父母在世，不远离家乡；如果不得已要出远门，也必须有一定的地方，就是要求子女经常在父母面前尽些孝心。

我：这应该就是：父母在，不远游，游必有方。

孔子：是的，找工作，独立生活，计划开支，甚至交朋友，买房子成家，这都应该是成年子女完全自理的事情。如果还让老人家操心，替你张罗，替你出钱、出力的话，就太过分了。为人子女，应该心里明白，哪些事可以让父母为你操操心，哪些事应该独立解决，不能再给父母添麻烦了。

我：您和孟武伯之间关于孝道的对话我看懂了。子女生病了，父母免不了要担忧，但在其他方面就不要让他们操心了，能做到这一点，就是孝。但当今社会，往往有人做不到这一点，不仅不以此为耻，反而是无动于衷，漠然视之。正如巴尔扎克笔下的高老头的女儿们一样，只知榨取，不愿奉献。他们自私自利，总是把麻烦事向父母转嫁，把劳累向父母转移，一而再再而三把种种劳务加在他们的身上，似乎父母有永远用不完的气力，似乎父母在他们身上有永远尽不完的义务，是他们不必花钱的终生义工。

孔子：孝顺父母，顺从兄长，这其实才是仁的根本啊。

【人生解读】 孝是中国的传统美德

有一谜语打一类人群，谜面是“一直无业，二老啃光，三餐饱食，四肢无力，五官端正，六亲不亲，七分任性，八方逍遥，九（久）坐不动，十分无用”。谜底是：啃老族。

“啃老族”在我国是个新名词，却是个舶来品。它的前身叫“袋鼠族”，最早见于法国的《快报》，是指大学或其他学历毕业后，到了就业年龄，却以薪水少等为理由，仍依赖父母的那些年轻人。

在中国，“啃老族”是个新群体，且不断壮大增加，由此带来很多不和谐的社会问题。根据老龄科研中心的调查，中国有高达65%以上的家庭存在“老养小”现象，有30%左右的成年人基本靠父母供养，这些早该自立却因种种原因依然“吃定”父母的人被人们称为“啃老族”。

25岁的北京青年李晓斌是独生子女，5年前从部队退役后当起了保安，但他很快就觉得这份工作收入低、没有前途，于是就辞职回家。李晓斌后来又找过几份工作，也都不满意，便逐渐对找工作失去信心，甚至产生恐惧。如今，他已经在家闲了两年，无论父母如何相劝，都不愿再找工作，整天在外闲逛、玩电子游戏，没钱就找父母要。

李晓斌的父母虽然都有工作，养活儿子问题不大。但眼看着老两口离退休已经不远，儿子却不愿工作，也没有工作技能，老两口担心他们退休后，家庭收入将大幅减少，而儿子还要娶妻生子，老夫妻的晚年生活会是什么光景？

现在，一些在“糖罐”中成长的孩子，却忘了自己“糖罐”是从何而来，更忘了父母也有年迈需要照顾的一天，似乎自己得到一切都是天经地义的，一切都应让父母来照料。这样的“啃老族”，这样的孩子，带给父母，除了忧虑、担心和经济、精神压力外，还能有什么呢？本来父母们领的工资或者退休金仅够他们自己生活，你不仅不向家里交生活费，反而伸手向父母要，他们的生活质量能不下降吗？他们心里能不为你担忧吗？如果这都不算不孝，那到底怎样才算不孝呢？

在当今社会，孝顺也是获得别人尊重和敬仰的首要条件之一。我们可以想象，如果一个人连尽孝都做不到，那就更谈不上其他良知了。“乌鸦反哺”、“羔羊跪乳”，甚至连动物都知道回报生养恩情，那么人作为高级动物更应该孝顺父母。

孔子的一生，都在孜孜不倦地追求“仁”，这是孔子的思想核心。而在他看来，“孝”则是实践“仁”的前提，所以他说：“孝顺父母，顺从兄长，这是仁的根本啊。”

仲由因为“百里负米”，多次受到孔子的称赞。仲由，字子路、季路，孔子的得意弟子，性格直率勇敢，十分孝顺。早年家中贫穷，自己常常采野菜做饭食，却从百里之外背米回家侍奉双亲。父母去世后，他做了大官，奉命到楚国去，随从的车马有百乘之众，所积的粮食有万斛之多。坐在垒叠的锦褥上，吃着丰盛的筵席，他常常怀念双亲，慨叹说：“即使我想吃野菜，为父母亲去负米，哪里能够再得呢？”孔子赞扬说：“你侍奉父母，可以说是生时尽力，死后思念哪！”

孔子的仁孝思想，乃中华民族之传统美德。千百年来，孝道教育一直被列为子女成长的“必修课”，孝道也从最初的道德规范而“引礼入律”，成为法律义务。

孝是中国的传统美德，是其他美德的基础，“乌鸦反哺，羔羊跪乳，不孝父母，禽兽不如”。父母对子女从未有所抱怨，给予子女的都是一种完整无私的爱。孟子对仁孝思想的发扬光大发挥了重要作用。他认为孝是仁的实质，因此，“事孰为大？事亲为大”。又说：“孝子之至，莫大乎尊亲；尊亲之至，莫大乎以天下养。”推己及人，把最初产生和存在于家庭中的孝悌观念推广到整个社会，是孟子孝道观的独到见解。故孟子说：“老吾老，以及人之老；幼吾幼，以及人之幼。”所以在赡养父母这个问题上，多想想当初父母是如何含辛茹苦地把你拉扯成人的，自己应该怎样去回报父母？

人生智慧

◇孝顺父母，顺从兄长，这才是仁的根本。

◇乌鸦反哺，羔羊跪乳，不孝父母，禽兽不如

◇老吾老，以及人之老；幼吾幼，以及人之幼。

子女要有尽孝的紧迫感

【聊天实录】

我：尽孝应该抱着什么样的心态呢？

孔子：父母之年，不可不知也。一则以喜，一则以惧。

我：这句话怎么解释呢？

孔子：父母的有生之年，不可以不知道;当父母还健在的时候能够侍奉膝下，能够尽自己的孝义，是一件可喜的事情；与此同时，尽孝的日子也是一天天减少，心里很害怕“子欲养而亲不待”，于是内心担忧不已。

我：这句话很有启迪作用，为了不后悔，要抓住现在才对。

【人生解读】 你好好对待你的父母了吗？

在《论语》里面，有很多关于亲情的具体入微的论述，因为孔子本身就是一个非常重亲情、讲孝道的人。

孔子3岁丧父，因其母非明媒正娶，族人葬其父时，不让孔子母亲参加，孔子后随母迁居曲阜。孔子20多岁时，母亲逝世，依照当时的礼俗，夫妇死后应葬在一起。但孔子不知父亲葬在何处，便将母亲棺柩有意停放在“五父”这个地方的交叉路口，以引起人们注意，自己好打听父亲的葬处。后来，从一位拉车人母亲的口中知道了父亲的葬处，才将母亲棺柩移过去，将父母合葬在一起。

按古时的风俗，葬人不能堆土起坟，孔子却破例在父母合葬处堆了高坟。他说：“我孔丘命运不定，是四处漂泊之人，不可以不在父母葬处做个标志。”合葬后，孔子回到家中，听后来的家仆说，暴雨倾盆，坟塌了。孔子不禁泪流满面，叹道：“我听说，古代是不修坟的啊！”

孔子认为，“父母之年，不可不知”。文字虽然浅显，却是意味深长。“年”，望文生义，指的是年纪。对自己父母的年纪，子女当然不可不知，这是一个起码的要求，若连这个都不知道，那就是枉为子女。但这里所说的父母之年，除了指父母的年纪之外，还有更深一层的意义，即作为子女，除了要知道父母的年纪之外，更重要的是要知道父母之年意味着什么，并做出相应的反应，不可对此熟视无睹，麻木不仁。

那么，父母之年意味着什么？意味着父母年事已高，身体衰弱，而再进一层，则意味着不知什么时辰，就会突然离去，撒手人寰。因此，孔子在“父母之年，不可不知”之后，紧接着说：“一则以喜，一则以惧。”之所以喜，是因为父母健在享高寿，儿女可以一尽孝心，侍奉膝下；之所以惧，是因为忧父母于世很可能已时日无多，害怕“子欲养而亲不待”。

父母之年背后隐含的于世时日无多这层意味，是无情的，残酷的，但这是客观规律，谁也无法改变和扭转，因而也是让人无奈的。但是不是就只能任其发展，无所作为了呢？答案是否定的，因为子女可以在父母的有生之年，尽力孝顺，多给父母以关心和照料，回报父母的养育之恩。这样，当父母百年之后，我们也就不会因为没有好好孝顺而悔恨不已了。

孝敬父母，尽多地给父母回报，这正是许多孝子的所作所为。他们从不计较在父母身上付出了多少，也不惦记父母的财物和觊觎父母的积蓄；他们关心父母的饮食起居，不信奉所谓的“久病床前无孝子”；他们在意父母隆冬是否冷、酷暑是否热，他们不用父母开口就会给老人置办所用所需；他们总是抽时间陪父母聊天说话，他们不仅要父母身体健康还要父母精神愉快，他们尊重老人的意愿而不自作主张，如此等等。总之，他们只有想不到的没有做不到的，恪守着作为子女的责任和义务。

还有一种子女，他们也知道要孝顺父母，也有孝心，但总是因为种种原因而一再推延。想想，我们总是跟父母说的一句话是什么？就是：“妈，我最近不回来看你了，实在是太忙了。”

忙，有时候是可以忙忘的，但有时候忙是可以取舍的，取重而舍次。什么是重？人们往往觉得事业是重的，朋友的快乐是重的，在这种时候，父母往往是被忽略的。

我们总是能听到父母说这样一句话：“你去忙吧，要是太忙就不用着急回家来，打个电话就行了，让我知道你好就行。”而孩子们呢，则往往把这些话当成真话，从没仔细想想父母的真实感受。

你知道父母的生日吗

“父母之年，不可不知也。一则以喜，一则以惧。”对于父母的年龄，子女不能不知道。父母又增了一岁，子女应当既感到喜悦又心怀惧怕。还有一层意义，就是让大家反省一下：你是否还记得父母的生日呢，你尽到孝了吗？

每个人都熟记自己的生日。除了自己的以外，日常生活中，肯定还记着朋友、同学、老师、上司等其他人的生日，以便我们能够提醒自己去及时地为他们送去祝福。可见，过生日已渐渐成为一个人生涯中不可或缺的内容。但是，我们中有许多人却不大能说得清或记得住自己父母的年龄与生日。有人说：人是一种习惯于忘恩负义的动物。这话虽然有些刻薄，却也算得上是有感而发了。

比尔·盖茨一次在飞机上接受意大利《机会》杂志记者的采访，记者提了三个问题请他回答，其中有一个是：“最不能等待的事情是什么？”令记者吃惊的是，比尔·盖茨说：“天下最不能等待的事情是孝敬。”

其实，我们的许多遗憾与悔恨往往就源于自己对已有生活的冷漠。相反，我们对自己未曾得到的东西则总是充满渴望和关注，并且孜孜以求。“得到的太容易，所以不知道珍惜。得不到的东西，才是最好的。”这是一种很矛盾的心理。它使我们在不断追求外在新事物的同时，又不断失去自身所拥有的更宝贵的东西。试想一下，这世上可有比父母之爱更无私伟大的情感吗？

也许，只有在遇到亲人突然变故时，比如生了重病、故去，我们才突然感觉到亲情的弥足珍贵，对我们曾经因忙碌淡忘的亲情而深深地自责。

有一个成功人士，正当他功成名就时，她的母亲去世了。母亲临终时，他因为一笔生意在外地，未能见上母亲最后一面。这个成功人士的悲痛心情，我们不难想象。自己的事业是成功了，可最亲爱的母亲却不能与自己分享成功的喜悦。自己每天忙于事业，从一地到另一地，飞来飞去，可极少有时间陪陪孤独的母亲，同她唠唠家常，也为她梳梳头……这时，再多的财富，也无法弥补这亲情的失落了……

现在认识到自己以前的不足之处，幡然醒悟，还是来得及的。记住：对谁不好，也不能对自己的父母不好；谁跟你再亲，也不如父母跟你亲。父母的年纪越来越大了，不抓紧时间尽孝，留给你的除了悔恨和自责，还能有什么呢？“树欲静而风不止，子欲养而亲不待！”这是人世间最悲怆的痛苦！父母健在就是子女们的福分，所以，当我们的父母还健在，作为子女的我们还有机会报答时，让我们尽量多陪陪父母，多为他们想一点，做一点。

“父母之年，不可不知。”这句话告诉我们，为子女者，要有良心，要有良知，要以尽孝者为榜样，要有尽孝的紧迫感，不可只想着让父母为自己一再付出，而应多想想父母在自己从小到大、成家立业这一漫长过程的恩重如山，多想想“父母之年”所含的残酷意味，在“父母之年”多做反哺回报。

人生智慧

◇孝敬父母，尽多地给父母回报，这正是许多孝子的所作所为。

◇对谁不好，也不能对自己的父母不好；谁跟你再亲，也不如父母跟你亲。

◇树欲静而风不止，子欲养而亲不待！

不尽孝空谈尽忠

【聊天实录】

我：自古云：将门出孝子。在中国历史长河中，有很多的将门孝子，他们精忠爱国，孝于父母留下忠孝双全之美名。凡能成大事者，在孝道上都是尽力而为之的，在家尽孝、为国尽忠二者是相通的，一个不

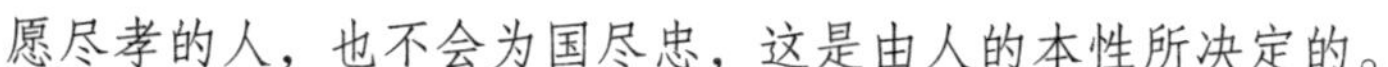

愿尽孝的人，也不会为国尽忠，这是由人的本性所决定的。

孔子：是的，弟子，入则孝，出则弟，谨而信，泛爱众，而亲仁。行有余力，则以学文。

我：这句话怎么去理解呢？

孔子：学生们在家里要孝顺父母，在外要敬爱兄长，做事要谨慎而诚实，博爱众人，而亲近仁德的人，躬行实践之后有剩余的力量，再去学乏《诗经》、《尚书》等经典。

我：也就是小家不顾，大家自然不能的道理吧！

【人生解读】 在家尽孝方能为国尽忠

北宋抗金英雄岳飞以忠孝闻名。岳飞十分孝顺，母亲留在了河北，他便派遣人去求访母亲，并且把母亲迎接归来，尽心侍奉。一次，他的母亲患很难治愈的疾病，原本有很多下人侍奉，但他每次端药喂药一定要亲自来，夜不解带守候母亲，直到母亲痊愈。母亲过世之后，他一连三天不喝水不吃饭，他的家里也没有姬妾陪侍。岳飞对子女教育也很严格，要求他们每天做完功课后，必须下地劳作，除非节日，不得饮酒。宋时有“任子恩例”，官员品级越高，子女可享受的官阶越高，次数越多。岳飞勉励儿子们“自立勋劳”，仅用了一次“恩例”，还是为被秦桧迫害致死的老上级张所之子张宗本而用。而岳云屡立殊勋（多次战斗中“功第一”），岳飞却多次隐瞒不报，为此张浚说：“岳侯避宠荣至此，廉则廉也，然未得为公也！”（岳侯躲避荣耀到了这个地步，廉洁固然是廉洁了，却不见得公正！）岳飞答道：“父之教子，怎可责以近功？”（父亲教育儿子，怎么能让孩子有急功近利的思想？）虔城百姓暴乱时曾惊扰孟太后车驾，被岳飞平定后，高宗密旨屠城，岳飞冒险屡次求情，保全了一城老小。岳飞说：“文臣不爱钱，武臣不怕死，天下就太平了。”岳飞的部队每次安营扎寨的时候，他命令将士下陡坡跳战壕，将士们都穿着厚重的铠甲练习。儿子岳云曾经练习下陡坡，马失蹄了，他愤怒地拿鞭子抽他。兵卒里有拿百姓一缕麻用来绑草垛的人，立刻斩杀了他来遵循法令。士兵们晚上休息，百姓开了自家的门愿意接纳他们，没有敢进入的兵卒。岳飞部队的军号是“冻死不拆屋，饿死不掳掠。”士兵有疾病，岳飞亲自为他们调药；各个将士到远方戍边，岳飞派遣妻子问候慰劳他们的家属；死于战事的士兵，岳飞为他们哭泣而且养育他们的孤儿，或者把儿子和他们的女儿婚配。大凡有颁奖犒赏，平均分配给军官小吏，一点都没有私心。岳飞擅长用少数军队攻击很多敌人。他想要与所举动的时候，就全部召集各个统制来一起谋划，决定了计谋以后再战斗，所以只有胜利没有失败。他突然遇到敌人的时候，就按兵不动，所以敌人说他们是：“撼山易，撼岳家军难。”

孝敬之家，必获吉祥

在清朝后期，曾国藩堪称忠臣、重臣，但他在写给家人的信中反复提到：“居官不过偶然之事，居家乃是长久之计。”这也是他一生为官的心理写照。他始终把居家放到做官之上，认为家才是一个人长久的安身之地，而为官只是一个人一生偶然为之的事情，这在他留给子孙的遗嘱中也时有提到。他认为官场复杂险恶，伴君如伴虎，稍有不慎就会获罪，从而牵连全家，因此，他并不要求子孙后代刻意求取功名。正如他在写给次子曾纪鸿的信中所说：“凡人多望子孙为大官，余不愿为大官，但愿为读书明理之君子……”当他身在官场中沉浮时，也时时做着辞官归隐的打算。

曾国藩

曾国藩对家人的管教非常严格，从流传下来的曾国藩家书中可以看出。古代长兄如父，所以当他取得功名后，思考的就是要替父亲教育好子侄。

《曾国藩家书》是曾国藩的书信集，成书于清代咸

丰年间，曾国藩家书从很多侧面反映了曾国藩身为家中长子长孙对家庭的尽职尽责。在持家教子方面，他主张勤俭持家，努力治学，睦邻友好，读书明理。他希望后代兢兢业业，努力治学。他常对子女说，只要有学问就不怕没饭吃。他还说，门第太盛则会出事端，主张不把财产留给子孙，子孙不肖留亦无用，子孙图强，也不愁没饭吃。

曾国藩治家严格，严禁家人干预地方官员的事务。然而，家族毕竟有权有势，他的父亲及诸弟有时候也依仗权势，干预地方事务。特别是他的四弟曾国潢，尽管曾国藩家教极严，但其总是飞扬跋扈，常借地方官员之手杀人。

同治年间，湖南哥老会兴起，特别是湘西地方。那些人多是原来参加湘军，被遣散返乡后，参与哥老会的。曾国潢在家乡，不仅大力剿杀哥老会，对他“厌恶”的人，也绝不留情。他总是将人捆送县府，请求杀掉，并且凡是他有所请，县官也不敢不服从。有时捆送五六十人，基本没有几个能生还的。当时的湘乡县令熊某，是个佛教徒，禀性慈善，常接到曾国潢的请求，不答应又拗不过他的权势，答应了又良心折磨。所以，每接到要他杀人的手令，总要躺着哭几天。有人问他哭什么，他回答说：“曾四爷又要借我的手杀人了！”有一年，湘乡县城新建一个码头，按照惯例，应用牲畜来祭祀。然而，在曾国潢的主持下，却杀了16个人来举祭。

曾国潢在乡间为人所恨，曾国藩是略有所知的。他常在家信中告诫诸弟：“吾兄弟当于极盛之时作衰时设想，总以不干预公事为第一义。”在倡导“八字”家风中，对其弟特别强调“宝”字，即“人待人为无价之宝也”，居乡勿做恶事。咸丰年问曾国藩奔父丧在籍，听得曾国潢在乡间杀人太多，为人所怨，想要惩戒其弟。一天，他趁弟弟躺在床上睡午觉时，向夫人要了一个锥子，猛刺其弟的大腿，顿时鲜血直流，染红了被褥。曾国潢对哥哥的这一举动，高声直呼：“残暴！残暴！疼死我了！”曾国藩闻声反问：“我只是用了一个锥子刺你，你就直呼疼死了。你杀了人家，人家疼不疼啊！”

经过曾国藩这一训诫，曾国潢果然有所收敛，待百姓的态度亦有所好转。曾国藩治家的成功，使得他在官场上从来没有因为家人的事情而受到牵制，反而其家里人才辈出，各有所长，这可以说是后人为官持家都应当效仿的。

以敬老尊贤，代替傲慢与偏见；以慈悲爱护，代替刻薄与寡恩；以宽恕协助，代替仇恨与敌对，使人人皆以感恩报德的心情，放下个人的恩怨，生活将充满幸福与欢笑，人心就会得以慰藉及安宁。“孝敬之家，必获吉祥”，说的就是这个道理。

人生智慧

◇居官不过偶然之事，居家乃是长久之计。

◇以敬老尊贤，代替傲慢与偏见；以慈悲爱护，代替刻薄与寡恩；以宽恕协助，代替仇恨与敌对。

◇孝敬之家，必获吉祥。

孝道不应流于形式

【聊天实录】

我：孔老先生，您刚生下来父亲就不在了，二十几岁时母亲又去了，对母爱的无限追恋，对父亲的无限渴望使您深刻了解父母对人类成长的重要性，这方面您怎么看？

孔子：《论语·为政》中有：子夏问孝，子曰：“色难。有事，弟子服其劳；有酒食，先生馔，曾是以为孝乎？

我：这是什么意思呢？

孔子：子夏问什么是孝。我说：“孝道难就难在儿女在父母面前总能保持和颜悦色。有了事情，有年轻人效劳，有了好吃好喝的，让年长的享用，仅仅做到这样就可以认为尽孝道了吗？

我：您与子夏谈论孝道时，告诫子夏不要以为替父母做点事或者弄点美味就算尽孝了。用现代话讲，就是别以为我们每个月给点生活费，或者花钱雇个保姆来照顾老人，或者节假日送给老人一堆东西就算孝敬了，尽孝远不是那么回事。

孔子：是的。

我：您说的“色难”又是什么意思呢？

孔子：色难就是说，能够一贯真诚地、和颜悦色地侍奉老人是最重要的，可也是最难做到的。

【人生解读】

戏彩娱亲

《戏彩娱亲》故事讲的是春秋时期的一位楚国隐士，因他年高还常做儿戏娱亲取乐，人都称他为老莱子。老莱子为躲避乱世，自耕于蒙山南麓。他虽家徒四壁、一生穷困，但极孝顺父母，尽拣美味供奉双亲。老莱子七十多岁，父母还双全在堂。他平日说话之中，从不说老，意在若是自己说老，岂不显得父母更老了。他年纪虽大，还像小时候一样要讨父母欢喜，时常穿着一件五彩斑斓的衣服，在父母面前戏耍，有时候手执拨浪鼓假意跌倒在地上，做小孩啼哭的样子，逗父母嬉笑。还有一次，老莱子为双亲送水，进屋时跌了一跤，他怕父母伤心，索性躺在地上学小孩哭，二老大笑。

老莱子虽然不能买山珍海味孝敬父母，但他知道“笑一笑少一少，恼一恼老一老”的道理，父母年纪老了，怎能忧愁、烦恼。人时常高兴快乐自然健康长寿，所以老莱子虽然自己已经是个老人，但为了取悦父母而做一个“老顽童”，凡父母喜欢的事就尽力而为，实在难得。“承欢膝下，片时换千金”就是这个道理。

为什么真诚、和颜悦色地侍奉老人最重要呢？因为对人来说，其生活幸福与否往往最终取决于他们的精神感受，而不取决于他们的物质感受。我们细心体会一下就可以发现，一些没钱的人往往会憧憬好的物质享受，而一些有钱的人对于物质刺激往往渐趋麻痹，他们一个共同的特征便是都因为局限于物质享受而普遍缺乏幸福感。物质享受带给我们的感官刺激犹如黄粱一梦，总是使人不由自主地陷入患得患失的两难困境。而在我们身边，只要善于观察，我们又总可以看到，一些人无论物质贫穷与富足，整天都是乐呵呵地在享受生活。

由此可见，精神问题是关乎人生幸福的一个大问题，只有那些精神富足的人才会始终保持快乐的心情。俗话说“好言一句三冬暖”，和颜悦色地待人自然能够使人心情舒畅、精神愉悦，这远比那些物质刺激有效、持久的多。对父母尽孝尤其应该如此，孔子甚至认为，这比为父母干活或提供美食更重要，因为它带给父母的是心灵上的巨大安慰与舒畅。

父母之恩大于天

东汉时的黄香，是历史上公认的“孝亲”的典范。黄香小时候，家境困难，10岁失去母亲，父亲多病。闷热的夏天，他在睡前用扇子赶打蚊子，扇凉父亲睡觉的床和枕头，以便让父亲早一点入睡；寒冷的冬夜，他先钻进冰冷的被窝，用自己的身体暖热被窝后才让父亲睡下；冬天，他穿不起棉袄，为了不让父亲伤心，他从不叫冷，表现出欢呼雀跃的样子，努力在家中造成一种欢乐的气氛，好让父亲宽心，早日康复。

和颜悦色地对待父母虽然重要，但真正做到也是很不容易的。有句古话叫“久病床前无孝子”，说的就是这个意思。一天两天还好说，一月两月忍忍也过去了，如果是一年两年呢？想想就觉得困难重重了吧？如果父母长期卧病在床，生活不能自理，即便儿女心中再孝顺，有时也难免流露厌烦的神色。此时，父母心中的滋味恐怕难以陈述：一方面，因为给儿女的生活和事业带来极大的拖累而心中难过；另一方面，便是对儿女隐隐的失望。

一些现代人在社会和自身生活的双重压力下往往疲惫不堪，且充满种种铜臭的味道。他们的情感世界逐渐变得功利和麻木，结果往往把别人作为实现自己目的的工具。于是，亲情往往被物质与金钱取缔，善良与真爱的笑容被埋没，由此来看，孔子说和颜悦色难是很有道理的。和颜悦色对待父母，心中孝，态度敬，不要对父母感到厌烦。很多人虽然表面上做得还不错，但容易不自觉地抱着一种“我做的已经不错了”的心理，无形中给父母以不好看的脸色，以“孝”来折磨老人的心灵，增添老人的负疚感。这种做法，往轻了说是一种不纯的孝，往重了说也是一种“恶”。

《孝经》提到“孝始于事亲，中于事君，终于立身”的三境界，可谓精练而传神。父母是一个人的源头和根基，他们的恩德比天还大，子女要常思孝道。孝顺是最基本的伦理要求，不孝顺父母无异于舍本逐末，截源断流。有人问王阳明：孝，是不是一定要讲求冬则温、夏则凉？他回答：一个人只要有颗诚孝的心，冬天自然思量父母的寒，夏时自然思量父母的热，自然就会去想办法。一个人最重要的是要有发自内心的诚孝之心，至于如何做，要看具体的家庭、具体的社会时代，这个就不能要求一致了。古人说“论心不论事，论事无孝子”，就是这个道理。在生一粒豆，巧好死后拜猪头。行孝要在精神上下功夫，使父母的心情常处于愉悦之境，更不要做让父母伤心之事。

尽孝不要简约不简单

随着时代的发展，孝德流于形式化已是不争的事实。许多学校给学生们布置了一项作业——给父母洗一次脚，虽然出题的本意是想通过洗脚让学生们对孝道有一个更为深刻的理解，但结果却是事与愿违，不仅学生对这个题目普遍不以为然，大部分家长对此也不赞同。因为布置此作业者没有理解孝道的真谛，把矫揉造作的仪式当作尽孝，错误地宣扬了孝道的真谛。孝道属于道德范畴，孝心是一种德行，是一个人的品质方面的修为，它不是简单的表面形式，更不是做给他人看的，这些都是对孝道的误解。真正的孝行应该出自于自己的灵魂深处的情感，这才是真正的孝道。

“老吾老之人之老，幼吾幼之人之幼”，赡养老人，教育子女，是我国的传统美德。子女能够踏实做人，自食其力，不当“啃老族”，成年以后不再让父母供养，这是孝道的基础；努力完善自己，谋求更大的发展，为父母争荣，就是最大的孝道。

在经历了人生无数次风霜的洗礼，看透了人生的世态炎凉后，老年人的心是最敏感的，也是最易孤独的，如果没有儿女们的关怀，即使有再多的财富也不能填平心里产生的沟壑。所以，作为儿女，你要明白，自己哪怕是一句关心的话语，一声真诚的问候，这对老人来说，都会无比幸福，子女真诚的孝心可解百忧，可除百病。

终有一天，我们也将老去。当我们芳华不在、孤独寂寞之时，难道不想有儿孙绕膝的天伦之乐吗？何不以身教子，让自己晚年亦有亲情相伴！

尽孝是对于亲情的一种发自内心的情感表达，是儿女对父母发自内心的爱戴之情和关怀之举，它是自发的、主动的情感和行为，不是形式主义，不是矫揉造作，更不是“作秀”。

人生智慧

◇能够一贯真诚地、和颜悦色地侍奉老人是最重要的，可也是最难做到的。

◇尽孝是对于亲情的一种发自内心的情感表达，是儿女对父母发自内心的爱戴之情和关怀之举。

◇老吾老之人之老，幼吾幼之人之幼。

第五章 孔子与我聊交际礼仪之道

我国素有“礼仪之邦”的美称，讲礼仪是我们民族的优秀传统。礼仪作为中华民族文化的内核和基本内容，深刻地影响着现代中国人的生活和工作，有力地推动了中华民族社会文明的发展。虽然生活中的礼仪细节并非人人都能全部学到，但只要我们把礼仪的原则铭记于心，贯穿于行，那么礼仪这种文化现象就能在社会生活中发挥它应有的功能。

不学礼，无以立

【聊天实录】

我：中国素末就有是“礼仪之邦”之称，孝在礼仪中固不可少。古人对孝非常重视，百姓以孝治家，君主则把礼仪具体化为孝用来治理天下，教化民众。地方大臣举荐人才也是以孝悌作为人才的标准之一，不孝在封建社会也是一项很重的罪名，轻则受皮肉之苦，重则被斩首示众，您对礼仪怎看呢？

孔子：生，事之以礼；死，葬之以礼，祭之以礼。

我：这句话是什么意思呢？

孔子：父母在世时，要以礼侍奉；去世后，要以礼安葬，并且按礼仪祭祀。

我：这应该是最基本，最本质的礼仪了！

【人生解读】

陆陇其言传身教

清代学者陆陇其，原名龙其，字稼书，浙江平湖人，是康熙九年的进士，他先后担任过浙江嘉定和河北灵寿的知县，为官清廉，不仅受到百姓的赞颂，也常受到朝廷的表彰。陆陇其做县令时，提倡节俭朴素，以德行教化百姓。如果遇到父亲告儿子不孝，陆陇其不用威势压人，而是晓之以理，动之以情，往往声泪俱下，劝说其子尽孝。到最后，儿子常常真心悔改，将父亲带回家中，尽孝侍奉。遇有兄弟之间争讼打官司，陆陇其常调查出指使打官司者，加以杖责，对兄弟则施以教育，兄弟之间常常能够和好如初，不再争讼。

陆陇其为官不为权势所屈，往往抑强扶弱，教育百姓弃恶向善。他从不用县衙中的吏胥捕人，族人之间相争，让族长出面将当事者叫到县衙；乡里百姓相争，便叫乡中长老将双方叫到县衙中。后来，县中养成了良好的民风。

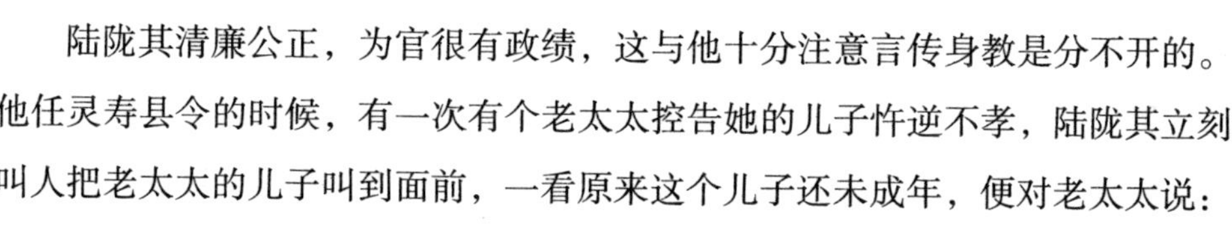

陆陇其清廉公正，为官很有政绩，这与他十分注意言传身教是分不开的。他任灵寿县令的时候，有一次有个老太太控告她的儿子忤逆不孝，陆陇其立刻叫人把老太太的儿子叫到面前，一看原来这个儿子还未成年，便对老太太说："我官衙中正好缺少个小童，你儿子就暂时留在这里当差，等到有人来接替，我再好好地教育他。"

于是，陆陇其让那少年跟随在自己左右，形影不离。

陆陇其有个习惯，就是每天起床后，都毕恭毕敬地站在母亲的房外，等到母亲一起床，便立即递上洗漱用具，然后再送上早餐。

待到吃中饭时，陆陇其侍候在桌旁，给母亲送上好吃的食物，而且总是面带笑容。等到母亲吃饱后，自己才去吃饭。母亲只要有哪里不舒服，陆陇其就悉心加以照料，称药量水，服侍在侧，有时几夜不睡觉也毫无倦意，毫不懈怠，就这样过了几个月。

一天，那少年突然在陆陇其面前跪下，请求放他回自己家去。

陆陇其知道几个月来的言传身教，已经在少年身上产生了效果，却故意对少年说："你们母子不和，为什么要回家去呢？"

那少年哭着回答："小人一向不懂得礼节，所以得罪了母亲，现在亲眼看到大人所做的一切，因而感到后悔不已，回去以后我一定痛改前非，尽心侍奉我的母亲！"

陆陇其便将那少年的母亲叫来，母子相见，不禁抱头痛哭，后来，那少年果然痛改前非，成了远近闻名的孝子。

克己复礼行孝道

父母生前要以礼侍奉，去世了依然要以礼埋葬，并且要以礼祭祀。"事死如生，事亡如存，仁智备矣"，也就是说，对于去世的父母长辈，要像生前那样尽孝，是仁智的。《礼记》说，人死之后，死必归土，就成了鬼魂，子女只有行孝道，鬼魂才能安宁。孟子说，只有行使了应有的礼节，才能算得上真正的尽孝。荀子也说，父母在世的时候，对他们很重视，但父母死了之后，就对他们轻慢了，这是很无知的，是奸人之道，叛逆之心也就更大了。古人提倡重孝，除痛哭流涕之外，还要做到形销骨立，厚葬成风。

《礼记》记述丧礼的要求，父母死后，孝子应该穿着斩绒衣服丧，披麻戴孝。《周礼》上说，君王设祭的时候，用粱，大夫用稷，士用稻。在营造坟墓时，天子所用的树为松，坟高三仞，诸侯则一半。汉代之时，人们讲究厚葬，尽管没有哀痛之心，但注重奢侈，因为厚葬，死者亲属扬名于世，所以后人经常效仿，有的人甚至卖屋厚葬。厚葬之风，在古代也已经相当盛行了，考其原因，是孝的文化思想推动的缘故。

追孝先人，是孝的第三种意思，居丧三年，父母死，吊丧，守孝，也是孝最关键所在，用现在的话来说，生前侍奉父母，是最关键的。至于祭祀，就是做表面文章，所以，生前侍奉父母周到，父母自然是高兴的，至于死后，祭祀如何讲排场也是空的，是虚设，因此，有这样民谣唱到：生前不对娘孝顺，灵前祭祀也虚文。

居丧三年这个礼节，最早是孔子提出来的。孔子说："父在观其志，父没观其行，三年无改于父之道，可谓孝矣。"意思就是说，父亲在世的时候，要看儿子的志向如何，父亲去世之后，要看儿子的孝行，如果三年当中，一直坚持行孝不改当初，那才是真正的孝道。父母去世，子女应该守丧三年。

到了西汉后，法律认可居丧之期定为三年，在社会上大力推行了起来。这里就有必要提到"丁忧"，丁就是人丁、子女，父母生了子女，就是添丁。既然子女要为父母守孝三年，那么，在朝廷里做官的人，就要请假回家服丧，这就是"丁忧"。"丁忧"也叫作"丁艰"，古礼规定，在三年丁忧期间，不可以做官，不可以应酬，只能在父母的坟前搭个小棚子守墓，不能唱歌弹琴，不能吃肉喝酒，睡草席，枕砖头，吃的是粗茶淡饭，穿的是素衣，不得洗澡、剃头、刮胡子，这样才算恪尽孝道。

如果父母死时依旧当官的，被视为大不孝，不但会受到人们的唾骂，而且

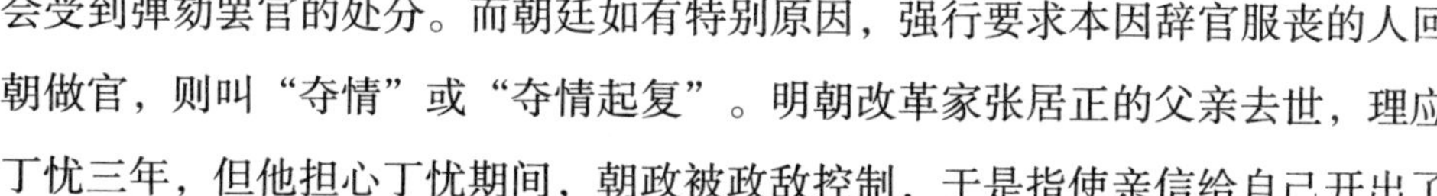

会受到弹劾罢官的处分。而朝廷如有特别原因，强行要求本因辞官服丧的人回朝做官，则叫“夺情”或“夺情起复”。明朝改革家张居正的父亲去世，理应丁忧三年，但他担心丁忧期间，朝政被政敌控制，于是指使亲信给自己开出了“夺情”圣旨，为此，张居正遭到朝野清流的抨击。

克己复礼行孝道，人生在世，不学礼，无以立。以礼行孝，既是做人之根本，也是在为后人做榜样，让中华之优良传统得以传承。

人生智慧

◇克己复礼行孝道，人生在世，不学礼，无以立。以礼行孝，既是做人之根本，也是在为后人做榜样，让中华之优良传统得以传承。

无礼无以正国

【聊天实录】

我：治理国家也需要靠礼吗？

孔子：能以礼让为国乎？何有？不能以礼让为国，如礼何？

我：这句话是什么意思呢？

孔子：能够用礼让原则来治理国家，那还有什么困难呢？不能用礼让原则来治理国家，怎么能实行礼呢？

我：哦，看来礼对治国非常重要。

孔子：是的，所谓礼，就是高低贵贱有等级之分，长幼上下有辈分之别，贫富尊卑也都各有相应的规定。德行必须与其职位相称，职位必须与其俸禄相称，俸禄必须与其政绩相称。对士大夫以上的公卿贵族，要用礼仪规范来约束其行为；对于平民百姓，则要用刑法制度来统治他们。丈量土地以分封诸侯，计算收益以养育百姓，根据人力而安排事务。要让众人胜任自己的工作，工作要有成效，要能够满足百姓的基本需求，吃饭穿衣等各种生活费用要收支相抵，还要按时贮藏一些富余的粮食财物，这才是符合礼仪制度的做法。上至天子，下到百姓，大小事情都可以此类推，所谓“朝廷中没有无功受禄之辈，百姓中没有不务正业之徒”，说的正是这个道理。征收农业税要轻，关卡、集市免征赋税，控制商人的数量，尽量不要劳民伤财大兴土木，不要误了农时，这样国家自然就富裕了，这就是通过政策的制定和实施来达到富裕百姓的目的。

我：是这样的。

孔子：我认为“道之以政，齐之以刑，民免而无耻”，行政命令、刑法这些强制性的手段只能起一时的震慑作用，老百姓不会心服。如果用“德治”、“礼治”的办法，老百姓才会“有耻且格”，服从统治。我还特别指出“《诗》三百，一言以蔽之，曰：‘思无邪。’”因为储语言温柔敦厚，哀而不伤，乐而不淫，所以我十分重视“诗教”，出于政治的需要，《诗经》往往被断章取义，比附上许多道德观念。“思无邪”的意思就是“思想不邪恶”，也就是不违背周礼。

我：也就是说，治者要“为政以德”，首先要自己具备良好的品德素质，礼贤下士，谦恭有礼，与下属同甘共苦，自然会得到老百姓的尊重和爱戴，同时也树立了良好的榜样。

【人生解读】 礼是正身正国的标准

春秋时期，秦国有一个国王叫秦穆公，有一次，他不小心把自己一匹宝马弄丢了。那匹宝马跑到一个村庄后，被村民们抓住，但这些村民并不知道这

秦穆公

是国君的宝马，便把它给杀了，然后把马肉分给全村人。不久，官差就发现了这那帮村民把秦穆公的宝马给吃了，于是就把全村的村民都抓起来。秦穆公知道后说："放了他们吧，怎么能够为了一匹马而去杀人呢？"而且，秦穆公不但原谅了那些村民，还送来好酒给他们喝，并说："吃了好马的肉，必须喝好酒。"村民们都很感激他，并牢牢记住了他的恩德。后来，晋国攻打秦国，秦穆公被晋国的军队团团围住，就在这危难的时刻，那些当初受过秦穆公恩惠的村民，自动自发地组成敢死队，他们冲进了晋国军队的包围圈，勇猛地杀敌，最后不但把秦穆公给救出来，还顺手把晋国的国王也给俘虏了。

战国时，齐宣王召见了一位叫颜蠋的名士，颜蠋刚上殿来，齐宣王就傲慢地说："蠋，走到我面前来！"颜蠋也说："大王，走到我面前来！"宣王不高兴，左右的人更是哗然："大王是一国的君主，你怎么可以这样说呢？"颜蠋答道："我走向前去是贪慕权势，大王走到我面前来是礼贤下士。与其让我做一个贪慕权势的人，不如让大王做一个礼贤下士的君子。"

孔子说："用礼教来统治老百姓，就好比用缰绳来驾驭马，驾马者只需要握住缰绳，马就知道按驾马者的意思行走奔跑。用刑法来统治老百姓，就好比不用缰绳而用鞭子来驱赶马，那是很容易失去控制，甚至把驾马者摔下来。"

卫文子问道："既然如此，不如左手握住缰绳，右手用鞭子来驱赶，马不是跑得更快吗？不然的话，只用缰绳，那马怎么会明白你呢？"

但孔子还是坚持说，只要善于使用缰绳，驾驭的技术到家，就没有必要用鞭子来驱赶。

从孔子与卫文子的这段对话中，我们可以看出这实际上说的是儒家与法家的区别：儒家主张德治，以道德和礼教约束民众；法家主张法治，以政令、刑法驱遣民众。德治侧重于心，法治侧重于身，而卫文子的看法，则是德治、法治兼用，儒、法并行。如果我们从实际出发，考察历史和现实，显然还是卫文子的主张比较行得通一些。只是孔子针对当时法家的“法治”路线，提出了“为政以德”。

要修正礼义以整饬朝廷，一统君臣；严肃法纪治理文武百官，一统政务；政事公平以裕民惠民，一统百姓。这样，君民同心同德，上下齐心协力，才能保持国家的独立和兴盛。

在孟子礼学中，它体现出的革命性还在于它对人的理性、感情相同一方面的强调。传统礼乐文化中，“乐统同，礼辨异”固然强调了乐在调节情感方面，具有相“同”的一面，但在礼制上，却坚守权势者对“乐”的独占性。孔子对八佾舞于庭的愤慨之情，正是基于对天子八佾、诸侯六佾，大夫四佾的礼乐分际的强调；在权势者面前，孟子则有意避开礼制问题，单纯从人心所同的视角出发，张口便强调一个“同”。当齐宣王称自己“好乐”时，孟子已不汲汲于乐制的考察，而重在强调乐的本质，“乐者乐也”要求“王与百姓同乐”，不仅在乐方面如此，对其他的如“好货，与百姓同之，于王何有”，“好色，与百姓同之，于王何有”。同样，好田猎，也该与民共享，“文王之囿方七十里……与民同之。民以为小，不亦宜乎”。这种对“与民同之”的强调，正是从人具有相同的心理感受的观点出发，在客观上对礼强调的差异、强调等级起到了破坏作用。不过，从另一个角度看，这种强调“同”，强调礼乐消费的人民性内容，也可以说是挽救礼崩乐坏局面的一种方案，因为它注重百姓的利益，是从更本质的层面回归了礼。

古代的禹、皋陶等君王，他们还经常放下君王架子，亲自访问贤人，虚心听取意见，以礼接待宾客，救济贫穷的人……

裕民富国是儒家一以贯之的政治主张，是儒家社会理想的中心内容。荀子在总结发展前人思想的基础上，提出并论证了“裕民以政”的政治主张，这是对儒家裕民富国思想的继承和发展。荀子看到了人民富裕与政治经济政策的内在联系，强调必须营造宽松的经济环境，执行强硬的治吏措施，并通过制定和

实施富民政策让百姓得到实惠，藏富于民，比如征收农业税要轻，关卡、集市免征赋税，控制商人的数量，尽量不要大兴土木劳民伤财，不要耽误农时，等等，都是荀子所设想的富民政策。荀子的这一主张客观上保护了广大民众的利益，体现了儒家的民本主义思想，荀子“裕民以政”的政治主张今天仍然具有极强的现实意义。

奸邪之人之所以兴起，是因为君主不尊崇、不推行礼义。制定礼义的目的，就是禁止人们为非作歹。当今之君主不尊崇、不推行礼义，百姓自然就会背信弃义、趋附奸邪，这就是奸邪之人兴起的原因所在。况且，君主是臣民的表率，臣民附和追随君主就如同响之应声、影之随形一样，因而君主不能不遵循礼义。对内可以调节个人的情感欲望，对外可以协调万事万物；对上可以让君主无忧，对下可以协调民众。调节内外上下，使之和谐融洽，这就是礼义的本质。因而，治理天下，礼义是根本，其次是诚信。夏禹、商汤正是以礼义为本，取信于民，而使天下大治，夏桀、商纣则弃义背信而致天下大乱。所以，君主必须慎重地对待礼义、诚信，这也是做君主的根本。

礼是一个社会“分”、“别”的原则，礼的产生就是为了止争平乱，即解决争和乱的“度量分界”，也就是严格划清尊卑、贵贱、长幼、上下、贫富的界限，确立不可逾越的等级秩序，人人各安其位、各守其分，由此实现社会秩序的井然有序。

礼不仅是“正身”的标准，更是“正国”的标准，就像用秤来量轻重、用墨线来正曲直、用矩尺圆规来定方圆一样，人循此标准而行即可“不逾矩”，国循此标准即可秩序井然。礼是治国的原则和纲领，礼的作用就在于提供治国的标准或规则。

隆礼贵义者其国治，简礼贱义者其国乱。国家没有礼，就不可能建立起公正合理的社会秩序，最终必将陷入混乱，走向灭亡。

人生智慧

◇君民同心同德，上下齐心协力，才能保持国家的独立和兴盛。

◇礼不仅是“正身”的标准，更是“正国”的标准

◇隆礼贵义者其国治，简礼贱义者其国乱。

懂得礼让才能成功

【聊天实录】

我：在古代，虽然说是刑不上大夫，礼不下庶人，但作为一种的品质，都是人们所遵从的。礼让不仅仅是一种修养，更是一种做人的豁达与谋略。孔老先生，您觉得我说的对吗？

孔子：是的，君子无所争，必也射乎！揖让而升，下而饮，其争也君子。

我：这句话怎么理解呢？

孔子：君子没有什么可与别人争的事情，如果有的话，那就是射箭比赛了。比赛时，先相互作揖谦让，然后上场。射完后，又相互作揖再退下来，然后登堂喝酒，这就是君子之争。

【人生解读】　谦逊礼让方成功

汉惠帝时，陈平任丞相。惠帝死，吕后当政，诸吕专权，皇族转弱，文武官员及百姓大不满诸吕的统治。陈平看到吕氏专权所潜伏的巨大危机，虚与委

蛇曲附，它既不得罪吕后，也绝不依于诸吕，因而称病不理朝政。陈平害怕谗言中伤，坚决请求留在宫中宿卫，得到吕后允许，但仅被授以有职无权的郎中令，主要任务是辅助教导皇帝刘盈。

陈平担任郎中令后，对朝中刘氏家族与吕氏外戚之间的斗争似乎视而不见，只是全力辅导皇帝。陈平的这副兢兢业业、恪尽职守的忠臣形象，不仅得到惠帝的信任，而且也博得到了吕后的欢心。因此，当曹参去世后，王陵担任了右丞相，陈平担任了左丞相。不过，吕后始终对足智多谋、屡划奇策的陈平放心不下，直至听到吕媭几次三番地反映陈平“为丞相不治事，日饮醇酒，戏妇人”（《陈平传》）的话，方才心中暗喜。吕后宽慰陈平尽管放心，表示自己绝不会听信吕媭关于陈平的坏话。陈平此后更加纵情酒色，示吕后一副胸无大志的样子，完全打消了吕后对他的戒备之心。

惠帝死后，吕后想立诸吕为王，先试探右丞相王陵意见，为人少文任气、憨厚鲁直的王陵坚决反对，重申高祖刘邦刑白马之盟：“非刘氏而王者，天下共击之。”吕后十分恼怒，又转而问陈平、周勃，二人表示：“高帝定天下，王子弟；今太后称制，欲王昆弟诸吕，无所不可。”吕后越发高兴。但却激怒了王陵，王陵愤怒叱责陈、周二人阿谀奉承，背叛白马之盟的行径。陈平从容道来：“于面折廷争，臣不如君；全社稷，定刘氏后，君亦不如臣。”这一表态，充分显示了陈平对保全刘氏江山斗争的严峻性、复杂性已有清醒的认识，也表现出陈平政治上的成熟稳定，以及对除吕安刘的百倍信心。铮铮铁言，掷地有声。

吕后死，他与周勃（周勃当时为太尉）等大臣谋诛诸吕而立文帝，重新巩固西汉政权，并再度初任丞相，直到病死为止。在刘邦大杀功臣，弄得人人自危之时，在吕后当政、诸吕政权之际，宫廷矛盾极其尖锐复杂，王侯将相稍有不慎，便又掉脑袋的危险。而陈平能过顺利地战胜一切风浪，躲过险滩暗礁，其立身处世之高明，不能不令人佩服。陈平比之张良可谓要幸运多矣，张良最后不得不以“随赤松子游”为名逃避潜在的危险，且最后也算是郁郁而终。陈平则老谋深算，以退为进，始终不曾被打倒。陈平事高帝、吕后、文帝，称贤相，亦得善终。

孝文帝既益明悉国家事，朝而问右丞相勃曰："天下一岁决狱几何？"勃谢曰："不知。"问："天下一岁钱谷出入几何？"勃又谢不知，汗出沾背，愧不能对。于是上亦问左丞相平。平曰："有主者。"上曰："主者谓谁？"平曰："陛下即问决狱，责廷尉；问钱谷，责治粟内史。"上曰："苟各有主者，而君所主者何事也？"平谢曰："主臣：陛下不知其驽下，使待罪宰相。宰相者，上佐天子理阴阳，顺四时，下育万物之宜，外镇抚四夷诸侯，内亲附百姓，使卿大夫各得任其职焉。"孝文乃称善。右丞相大惭，出而让陈平曰："君独素不教我对！"陈平笑曰："君居其位，不知其任邪？且陛下问长安中盗贼数，君欲强对邪？"于是绛侯自知其能不如平远矣。居顷之，绛侯谢病请免相，陈平专一为丞相。子房、陈平二人相较，子房报主不杂己私，陈平报主亦欲有为。同为汉初著名谋臣，所谓智者，风神却是迥异：子房堪称学道谦恭的高人，陈平不愧深谋周到的国相。几年之后，汉又恢复其安泰之势。

礼让三分皆欢喜

与礼让对应的是争，"争"是实现人与人之间有效交流的必要手段，所以孔子说，即使要争，也是彬彬有礼地争。这反映了孔子和儒家思想的一个重要特点，即强调谦逊礼让而鄙视无礼的、不公正的竞争。

没有竞争就没有进步，但是，光有竞争，没有公正，是兽类法则在人间的延续。竞争与礼让不是一个根本对立的矛盾，我们既要讲竞争，又要讲协作礼让，如果把社会竞争理解成对人就要冷酷无情，不择手段，连在生活中起码应具备的对人谦让、礼貌、守信等美德都摒弃掉，这样的人可能会争得一时之利，但却不可能长久的良好发展。

在社会竞争中，需要抢抓机遇，需要敢于争先，但并不意味着永远绷紧一根弦，只能向前不能后退，只能争不能让，一味毫无策略地硬争硬抢。盲目地

争强好胜，总有一天要崩断弦的。做人能够辩证地看待竞争与礼让的关系，使竞争的原则性与礼让的灵活性很好地结合在一起，在激烈的社会竞争中进退自如，做到该争则争，该让则让，而不是把竞争绝对化，变成毫无人情味、毫无道德感的你死我活的争夺。竞争要光明正大，以正确的态度、正确的方法来谋求进取，搞阴谋诡计的人都难以成大气候，最终将会落下不堪收拾的下场。

在三家分晋以后，韩、赵、魏三家中数魏国的势力最强大，魏惠王野心勃勃，学秦国收拢人才，封庞涓为大将，让他训练兵马，图谋称霸。

庞涓是高人鬼谷子的学生，与苏秦、张仪、孙膑是同学，果然本领超强，不断向卫、宋、鲁等国进攻，连打胜仗，弄得三国齐来拜服。东方的大国齐国派兵来攻，也被庞涓打了回去，从此魏王就更信任他了。

庞涓在与孙膑

庞涓的同窗孙膑德才兼备，是个少见的人才，尤其是从老师鬼谷子那里得知了祖先孙子的十三篇兵法，更是智谋非凡。他听说庞涓已在魏国做了大官，就到魏国，先见了庞涓，又见了魏王。一谈之下，魏王就知道孙膑才能极大，想拜他做副军师，协助军师庞涓行事。庞涓听了忙说："孙膑是我的兄长，才能又比我强，岂可在我的手下。不如先让他做个客卿，等他立了功，我再让位于他。"在当时客卿没有实权，却比臣下的地位高，孙膑还以为庞涓一片真心，对他十分感激。

庞涓原以为孙膑一家人都在齐国，孙膑不会在魏国久留，就试探着问他："你怎么不把家里人接来同住呢？"孙膑说："家里的人都被齐君害死了，剩下的几个也已被冲散，不知何处寻找，哪里还能接来呢？"庞涓一听傻了眼，如果孙膑真在魏国待下去，自己的位置可真要让给他了。

半年以后，一个齐国人捎来孙膑的家书，大意是哥哥让他回去，齐国也想重振国威．希望孙家的人能在齐国团聚。孙膑对来人说："我已在魏国做了客卿，不能随便就走。"并写了一封信，让他带回去交给哥哥。

孙膑的回信竟被魏国人搜出来交给了魏王，魏王便找来庞涓说："孙膑想念齐国，怎么办呢？"庞涓见机会来了，就对魏王说："孙膑是大有才能之人，如果回到了齐国，对魏国十分不利。我先去劝劝他，如果他愿意留在魏国。那就罢了，如果不愿意，那就交给我来处理罢。"魏王答应了。

后因庞涓从中陷害，孙膑获罪，然而孙膑却不知庞涓的阴险狠毒。

孙膑脸上刺了字又被剔去了膝盖骨，从此只能爬着走路，成了终生残废。庞涓倒是对孙膑的生活照顾得很周到，孙膑觉得靠庞涓生活过意不去，就主动提出要替庞涓做点什么。庞涓说："你那祖传的十三篇兵法，能不能写下来，咱们共同研究。"孙膑想了想就答应了。

由于孙膑只能躺在那里用刀往竹简上一个字一个字地刻，所以每天只能刻十几个字。这样一来，庞涓沉不住气了，就让手下一个小厮催孙膑快写。小厮见孙膑可怜，便不解地问服侍孙膑的人说："庞军师为什么死命地催孙先生快写兵法呢？"那人说："这还不明白，庞军师留下孙先生的一条命就是为了让他写兵法，等写完兵法，孙先生也就没命了。"

孙膑听到了这话大吃一惊，前后一想，恍然大悟，霎时间大叫一声，昏了过去。等别人把他弄醒时，他已经疯了。只见孙膑捶胸拔发，两眼呆滞，一忽儿把东西推倒，一忽儿又把写好的兵法扔到火里，还把地下的脏东西往嘴里塞。孙膑的假痴癫之计，瞒过了庞涓。

后来，齐国国君齐威王派使臣淳于髡出访魏国，通过周密安排．把孙膑偷偷运出魏国国境。孙膑到了齐国，齐威王当即拜他为军师。不久，庞涓带兵连败宋、鲁、卫、赵等国，越国向齐国求救。齐王派田忌为大将、孙膑为军师，使庞涓连连败北。最后，孙膑用"减灶法"引诱庞涓来追，暗设伏兵，将庞涓射死在马陵道上。

礼让和竞争是相互为用的，其目的就是为了更好的生存。礼让不是为了礼让而礼让，竞争也不是为了竞争而竞争。礼让的目的就是为了创造更好的生存环境，更和谐、更适宜的生存条件，应该说这也是竞争的目的。俗话说："后退一步天地宽。"这也是一种礼让的态度，刀对刀、枪对枪，"以牙还牙，以

眼还眼”，是不能解决问题的。

礼让三分皆欢喜，一味陷害难善终。懂得礼让，互相学习，共同进步，不仅能保全自身，还可能会成绩事业，流传千古；而不懂得谦虚礼让，甚至心存歹意，意欲害人，到头来自己的下场就可想而知了。

人生智慧

◇即使要争，也是彬彬有礼地争。

◇礼让三分皆欢喜，一味陷害难善终。

◇懂得礼让，互相学习，共同进步，不仅能保全自身，还可能会成绩事业，流传千古。

求贤才须以礼待之

【聊天实录】

我：礼是相互的，那么这都体现在哪些方面呢？

孔子：君使臣以礼，臣事君以忠。

我：这句话的意思应该是：君主以礼节来对臣下，臣下用忠诚来回报君主。

孔子：是的，古时候，诸侯给了士人一定的“礼遇”，甚至比士人应受的礼遇更多，在此情况下，人依然可以自贵其德，以“非其招不往”的原则，来平衡君臣关系，要求招必须合礼。至于“孔子，君命召，不俟驾而行”，则是因其在官之故。这种对自身价值的守护，决定了士出来为朝廷服务与否，主要取决于“治人者”对士是否“迎之致敬以有礼”，有，就可以贡献自己的才智，而“礼貌衰，则去之”。只有那些不为了一点小利就放弃自己操守的人，才有可能“进以礼，退以义”，担负起救援“天下溺”的重任。

我：当今社会亦是如此，要想干出一番大事业，只凭一人之力是不可能的，必须有自己的智囊团相助，出谋划策。要想得贤人相助，就必须以礼待之，这样，他们才会与你共进退，你的事业才能更加辉煌。

【人生解读】 君欲见贤人需施之以礼

燕昭王收拾了残破的燕国以后登上王位，他礼贤下士，用丰厚的聘礼来招募贤才，想要依靠他们来报齐国破燕杀父之仇，为此他去见郭隗先生，说：“齐国乘人之危，攻破我们燕国，我深知燕国势单力薄，无力报复。然而如果能得到贤士与我共商国是，以雪先王之耻，这是我的愿望，请问先生要报国家的大仇应该怎么办？”

郭隗先生回答说：“成就帝业的国君以贤者为师，成就王业的国君以贤者为友，成就霸业的国君以贤者为臣，行将灭亡的国君以贤者为仆役。如果能够卑躬屈膝地侍奉贤者，屈居下位接受教诲，那么比自己才能超出百倍的人就会光临；早些学习晚些休息，先去求教别人过后再默思，那么才能胜过自己十倍的人就会到来；别人怎么做，自己也跟着做，那么才能与自己相当的人就会来到；如果凭靠几案，拄着手杖，盛气凌人地指挥别人，那么供人驱使跑腿当差的人就会来到；如果放纵骄横，行为粗暴，吼叫骂人，大声呵斥，那么就只有奴隶和犯人来了，这就是古往今来实行王道和招致人才的方法啊。大王若是真想广泛选用国内的贤者，就应该亲自登门拜访，天下的贤人听说大王的这一举动，就一定会赶着到燕国来。”

昭王说：“我应当拜访谁才好呢？”郭隗先生说道：“我听说古时有一位国君想用千金求购千里马，可是三年也没有买到。宫中有个近侍对他说道：‘请您让我去买吧。’国君就派他去了。三个月后他买到了千里马，可惜马已

经死了，但是他仍然用五百金买了那匹马的脑袋，回来向国君复命。国君大怒道：‘我要的是活马，怎么用五百金买了一匹死马？’这个近侍回答说：‘买死马尚且用五百金，更何况活马呢？天下人一定都以为大王您愿意买马，千里马很快就会有人送到了。’于是不到一年，三匹千里马就到手了。如果现在大王真心想要招纳贤士，就请从任用我郭隗为开端；我尚且被重用，更何况那些比我更有才能的人呢？他们难道还会认为千里的路程太遥远吗？”

于是昭王为郭隗建造房屋，并拜他为师。乐毅从魏国赶来，邹衍从齐国而来，剧辛也从赵国来了，人才争先恐后集聚在燕国。昭王又在国中悼念死者，慰问生者，和百姓同甘共苦。燕昭王二十八年的时候，燕国殷实富足，士兵们快乐安逸轻视战争。于是昭王把乐毅当作大将军，和秦国、楚国以及三晋（赵、魏、韩）联合策划来攻打齐国。齐国战败，齐闵王逃到国外。燕军又单独痛击败军，一直打到齐都临淄，掠取了那里的全部宝物，烧毁齐国宫殿和宗庙；没有被攻下的齐国城邑，只剩下莒和即墨。

在君臣关系中，“以位，则子，君也；我，臣也；何敢与君友也，以德，则子事我者也，奚可以与我友”。如果从“达尊”的标准看，爵固然是值得尊敬的理由，但那种尊贵，导致的必然是“侍奉”的关系，而非“友”的平等关系：如果从“德”的标准看，士人因着知识、德性等因素，可以为天子之师，“天子不召师，而况诸侯乎”，君臣关系被颠倒过来，依然是“侍奉”的关系，只是“侍者”已变成了“被侍者”，因而他依然不可能出现平等的“友”的关系。因而，无论是从德，还是从位这两个方面看，君臣关系永远不可能出现平等的关系，有的只是上下侍奉关系。在这种情况下，“君欲见之，召之，则不往见”，不正是一种“礼”的行为吗？看来，在士人敢于叫价的时代，在君臣交往中，君欲见贤人，除了自己主动之外，除了给贤士应有的礼遇外，是不可能见到自己所想见的人了，必须“以道见”贤人。

诸葛亮鞠躬尽瘁报答刘备

三国时期刘备与诸葛亮这一对搭档，也可以算得上“君使臣以礼，臣事君以忠”最为典型的例证。

千古流传的“三顾茅庐”是刘备求才的佳话，因为它展现了刘备的求才之心切、爱才之德盛，更重要的是礼数感人。也正因为有刘备三顾茅庐，后来才有诸葛亮的“鞠躬尽瘁，死而后已”。

刘备“三顾茅庐”那种诚心求才、重才、礼才的态度确实令人感动。刘关张兄弟三人“一顾”时，关羽、张飞两人都有点不耐烦了，急性子的张飞说：“既然不见，自归去罢了。”刘备说：“且待片时。”又等了片刻，确实无望，关羽说：“不如且归，再使人来探听。”兄弟三人这才离去。“二顾”时，张飞开始发脾气了：“量一村夫何必哥哥亲自去，可使人唤来就是了。”刘备劝说一番，三人又一同出发，结果还是没见着。“三顾”时，关羽张飞都十分不高兴，关羽话说得很轻却落得很重：“兄长两次亲往拜谒，其礼太过矣。想诸葛亮徒有虚名而实无学识，故避而不见，兄何惑于斯人之甚也！”张飞则更按捺不住，准备动武：“量此村夫，何足为大贤！这次不烦哥哥去，他如不来，我只用一条麻绳将他捆来！”但是刘备却意念坚定，一面责备张飞的鲁莽，一面对关羽说：“不然，昔齐桓公欲见东郭牙野人五反而才得一面，何况吾欲见大贤耶？”为了求得诸葛亮，别说“三顾”，就算再多一点次数，他也会坚决地去请的。

接连两次都扑了空，第三次终于见到了仰慕已久的诸葛亮，刘备立刻谦卑地请教：“现在汉朝灭亡，天下大乱，朝政被权臣控制。我不度德量力，想伸义于天下，完成统一大业，恢复汉朝的统治，但由于才疏学浅，屡受挫折，至今一无所成。不过，我并没有因此而心灰意冷，还想干一番事业，希望先生为我出谋划策。”

诸葛亮被刘备诚心尽礼的态度和正义的宏图所感动，于是决定倾其所能以报知己，他毫无保留地从政治、经济、军事、地理、人事等方面对当时天下形

势进行了精辟分析，并为刘备具体谋划了战略目标、战略步骤，这就是有名的“隆中对策”。刘备听后钦佩不已，相见恨晚，十分热情地邀请诸葛亮出山辅助自己成就大业，诸葛亮欣然应允。

刘备求得诸葛亮后说：“我得孔明，如鱼得水。”诸葛亮一到刘备军中，刘备不仅如兄弟般以礼相待，而且马上委之重任，言听计从。诸葛亮看刘备如此器重自己，于是放开手脚，尽力施展自己的才华。首先帮助刘备扩大军队，很快由几千人发展到上万人，又广纳人才，结好地方，使屡遭挫折的刘备重见希望。建安十三年，曹操亲率大军南下，对刘、吴两军虎视眈眈。诸葛亮自告奋勇，前去说服孙权联合抗曹，于是上演了“赤壁之战”，使曹操狼狈而逃，于是，三国鼎立的局面就形成了。

因为刘备器重诸葛亮，尊敬诸葛亮，礼遇诸葛亮，所以诸葛亮不仅在刘备生前竭忠尽职，在刘备死后，诸葛亮更是以仲父之身、慈母之心辅佐后主刘禅。

诸葛亮在家喻户晓的《出师表》中写道：“先帝不以臣卑鄙，猥自枉屈，三顾臣于草庐之中，谘臣以当世之事，由是感激，遂许先帝以驱驰。”一面感慨流涕之余，一面响亮地提出“鞠躬尽瘁，死而后已”的口号以示忠心。辅佐后主的时候，面对着刘备东征失败后的情形，诸葛亮稳定秩序、恢复经济、重振军威的担子特别重，他不辞劳苦，注重依法治国，严明法纪，而且大力实行“务农植谷、闭关息民”的政策，整修水利，奖励农耕，使蜀国经济在很短的时间内，有了一定的恢复和发展。为成就刘备统一中原的遗愿，诸葛亮更是不顾年老体弱，六出祁山，北伐曹魏，直至抱终天之恨，病逝于北伐前线。

诸葛亮鞠躬尽瘁追随、报答刘备，充分体现了“臣事君以忠”，当然，这是以刘备“使臣以礼”为前提的，同样的关系在刘备与关羽、张飞、赵云等诸多部下之间也有体现。不难看出，这种双向互动在人际关系中是十分重要的，任何一方的冷漠都有可能让对方寒心无动于衷。那样，就不会有任何让人感动的情谊，更不可能一同创造出令双方都满意的业绩来。

人生智慧

◇要想干出一番大事业，只凭一人之力是不可能的，必须有自己的智囊团相助，出谋划策。

◇要想得贤人相助，就必须以礼待之。

◇君欲见贤人，除了自己主动之外，除了给贤士应有的礼遇外，是不可能见到自己所想见的人了。

与人交，不可失礼

【聊天实录】

我：现如今还遵守着传统礼仪的人，的确是愈来愈少了。当然，我们说好朋友之间讲究礼仪，并不是说在一切情况下都要僵守不必要的烦琐的客套和热情，而是强调好友之间相互尊重，不能跨越对方的禁区，这就要看你是否真正地了解到了礼仪的本质。礼仪应该是什么样的呢？

孔子：子游说过：侍君数，斯辱矣；朋友数，斯疏矣。

我：这是什么意思呢？

孔子：服侍君主太频繁琐碎，反而会招来羞辱；与朋友相交太频繁琐碎，反而会遭到疏远。”

我：这和阿拉伯的谚语“脚步踩滑总比说溜了嘴来得安全”基本表达的意思一样，不论多亲密的朋友，还是必须有所节制，才不至于坏了交情。

孔子：是的，简单地说，一个人的反应会因为纷扰的心情而有所不同。如果你以为对方和自己的关系非比寻常，不会和自己计较，或是以为对方能够了解自己的心意而未加注意，反而很可能在不经意的情况之

下受到伤害。与人诚心交往是很重要的一件事，但却不是把心中所有的事都和盘托出，而是要一步一步慢慢地进入状态。

【人生解读】 对朋友也要有礼有节

在与朋友的交往过程中，你总会发现朋友偶尔犯下这样或那样的错误，那么此时你应当怎样让朋友接受你的意见而不至于把关系闹僵呢？这正是一展你的社交才能的时刻，也是对你自身素质的一种考验。

明代洪应明说过：“攻人之恶，毋太严，要思其堪受；教人以善，毋过高，当使其可以。”意思是说，对待他人的错误，不应当以攻击为能事，方法更不能粗暴，不能刺伤朋友的自尊心。如果自尊心受到伤害，即使你说的和做的千真万确，别人也不能心甘情愿地接受，又怎么能达到改过的目的呢？此时展现你的论辩才能就非常重要了。

指责他人之过，需要稍做保留，不要直接地攻讦，最好采用委婉暗示的语言，使对方自然地领悟，过激的言辞很可能会断送友谊。因此，责人过严的话最好不要说，要说的话，也必须改变语气，总而言之，这其中技巧运用的如何，也正是你社交能力与自身素质高低的一种体现。

孔子亦云：“忠告而善道之，不可则止。”这是交友的学问。意思是朋友犯了错误，以诚意提供忠告，如果对方不听，就要中止劝告而暂时观察情况。如果过于唠叨，只会惹得对方厌烦，毫无效果。要不要接受你的忠告，终究要看对方，过于勉强只会损害友情，这也对我们自身的素质提出了更为严格的要求。

交往中发生分歧，双方往往都认为自己的意见、想法和做法是正确的，从而发生争辩。将对方驳倒固然令人高兴，但未必需要把对方驳得一无是处。因为这样不但对自己毫无好处，甚至有时会适得其反，得不到对方的认可，而且终有一天会自食恶果，受到对方的攻击。

古人还说："人无信，不可交。"指出不讲信用的人，不值得信任，甚至不值得与之交往。在现实生活中，也常有这种不守信用的人，他今天答应给你买火车票，结果到时连他的影子都找不到；他明天又邀请大家聚餐，而到时赴宴的全来了，唯独他本人不到场。试问：与这样的人交往，除了上当受骗之外，还能有什么结果？

社会上几乎人人都知道朋友的重要，都珍惜朋友之间的感情，但凡是人们珍惜的，也一定是稀少的，因而自古以来人们便慨叹"人生得一知己足矣"。其实，我们置身社会中，未必把每一个朋友都交到"知己"的程度，朋友可分为不同层次，有的是于事业有益的，有的是于生活有益的，有的是于感情有益的，也有的是于娱乐有益的。每一种朋友应该交到何种程度才恰到好处，才于人生有益，并没有一把尺子能量得出来。不论深交也罢，浅交也罢，朋友之谊人人皆知，但这"谊"并非信手拈来，重要的是方法，是怎样交友，怎样获得朋友之谊。

不论是多么亲密的朋友，交谈的措辞都不可疏忽，因为谨慎言辞就是一种礼仪的表现方式。朋友关系亲密时就容易不拘小节，不拘小节就容易闹矛盾，甚至危及彼此的交情。许多青年人交友处世常常涉入这样一个误区：好朋友之间无须讲究礼仪。他们认为，好朋友彼此熟悉了解，亲密信赖，如兄如弟，财物不分，有福共享，讲究礼仪太拘束也太外道了。其实，他们没有意识到，朋友关系的存续是以相互尊重为前提的，容不得半点强求、干涉和控制。彼此之间，情趣相投、脾气对味则合、则交，反之，则离、则绝。朋友之间再熟悉，再亲密，也不能随便过头，不讲礼仪，这样，默契和平衡将被打破，友好关系将不复存在。要想与朋友维持良好关系，就一定要注意改正说话过程中的一些小错误，才能与朋友融洽相处，获得友情。因此我们要注意，对好朋友也要讲礼仪，只有尊重朋友，才能让友谊长久。

相貌、才识、家庭、职务的优势都能促进别人与你的接近，大家和你在一起就好像也具有你的这些优势，这可能使你在朋友圈里有一种淡淡的优越感。但当心，这种优越感一旦失控就可能无意之中在朋友面前摆出一副傲然的态

度，处处炫耀自己，看不起别人，从而失去友谊的平等互惠性，因为任何人都不愿出卖自尊心去换取友谊。

有的人自认为大度豁达，对朋友借给的东西从不爱惜，甚至久借不还，随便乱翻乱用朋友的东西也从不事先打个招呼，长此以往，就会使朋友觉得你行为太粗俗，甚至认为你贪婪。青年人常把彼此不分当成友谊深厚的表现，但友谊的维持和发展，仍然需要珍惜、保护、遵守信用。朋友馈赠你东西，是情感物化的表现，但平日里，对借的东西总还得爱惜，否则会使人觉得你不可靠。

这种人表面上很慷慨，答应别人的请求也不算不爽快，但答应之后即丢在脑后，忘得干干净净。当下次朋友催问的时候，只是用三两句话搪塞一番。也许你认为这是生活小事，但对别人来说，失信、毁约，意味着破坏了他人的工作为彼此信赖的好友。

除此之外，还有一种情况就是，忘记了“人亲财不亲”的古训，忽视朋友是感情一体而不是经济一体的事实，花钱不计你我，用物不分彼此。凡此等等，都是不尊重朋友，侵犯、干涉他人的表现。偶然疏忽，可以理解，可以宽容，可以忍受。长此以往，必生间隙，导致朋友的疏远或厌恶，友谊的淡化或恶化，因此。好朋友之间也应讲究礼仪，恪守交友之道。

有的人由于人际关系状况欠佳，导致产生不良情绪，影响整个生活、工作的质量。如果他希望化解人际矛盾、消除人际隔阂，就应该有意识地进行人际交往心理的“加减法运算”。他可以有意识地减少一些不成熟的、不被人们所接受的为人处世、待人接物的态度及行为方式，如冷漠、任性、嫉妒、自我中心、损人利己；同时，有意识地增加一些成熟的、他人乐意接受的为人处世、待人接物的态度及行为方式，如热情、随和、宽容、尊重他人、公私兼顾，最终将会拥有良好的人际关系氛围，获得真正意义上的心理平衡。

和谐深沉的交往，需要充沛的感情为纽带，这种感情不是矫揉造作的，而是真诚的自然流露。中国素称礼仪之邦，用礼仪来维护和表达感情是人之常情。朋友再亲密也不能忘了以礼相交，千万不要因为趣味相投就陷于松懈或粗心大意，不能彼此尊重的友情只会给双方带来伤害。礼仪并没有特定的界限，但在与朋友长期交往之中，随时注意恪守礼仪与自我节制却是很重要的。一旦逾越了礼仪或失去节制，你也就失去了朋友。

人生智慧

◇攻人之恶，毋太严，要思其堪受；教人以善，毋过高，当使其可以。

◇好朋友之间也应讲究礼仪，恪守交友之道。

◇一旦逾越了礼仪或失去节制，你也就失去了朋友。

道德礼仪是为人之基本准则

【聊天实录】

我：曾子曾说：“学而优则仕。”而在古代，贵族士大夫是有特权的，他们可以选择先做官，一边做官一边提高自己的修养。平民百姓，必须先提高自身的修养，才有做官的可能。那么，“先进”与“后进”，您更赞同哪种观点呢？

孔子：先进于礼乐，野人也；后进于礼乐，君子也。如用之，则吾从先进。

我：这句话怎么理解呢？

孔子说：先学习礼乐后做官的人，是原来没有爵禄的平民；先当了官然后再学习礼乐的人，是君子。如果选用人才，我主张选用先修好礼乐的人。

我：原来是这样。

孔子：礼乐是我所处时代一个人的必修课，是一个人文化知识水平

高低的象征。先学习礼而后做官的人，犹如今天在某种专门学校学习结业后，具有某一级学业学历的文凭，或资格证书，再担任某种领导职务。先做官而后学习礼乐的人，则如现代社会的现象：让没有读书学习过的人担负一定的领导工作，找机会再进修提高。这两者的结局，显然是大相径庭的。我的学生子夏说："做官的事情做好了，就更广泛地去学习以求更好；学习学好了，就可以去做官以便更好地推行仁道。"这实际上就是"先进"与"后进"的区别。我的主张是先学习，提高修养岳再去做官，而不大赞成先得了官位然后再去学习。

【人生解读】 修业者必先学礼

明朝大儒方孝孺，幼时家贫，但勤奋好学，他曾在《送东阳马生序》中写道："到了成年以后，更加仰慕古代圣贤的学说，又担心没有才学渊博的老师和名人相交往，曾经跑到百里以外向同乡有名望的前辈拿着书请教。前辈道德、声望高，高人弟子挤满了他的屋子，他从来没有把语言放委婉些，把脸色放温和些。我恭敬地站在他旁边。提出疑难，询问道理，弯着身子侧着耳朵请教。有时遇到他斥责人，我的表情更加恭顺，礼节更加周到，一句话不敢回答；等到他高兴了，就又请教。所以我虽很笨，终于获得多教益。"后来他终成一代大儒，被任命为文学博士，曾担任建文帝的老师。

杨时字叫中立，是剑南将乐地方的人。小的时候就很聪颖，善写文章。年纪稍大一点既潜心学习经史，宋熙宁九年进士及第，当时，河南人程颢和弟弟程颐在熙宁、元丰年间讲授孔子和孟子的学术精要（即理学），河南洛阳这些地方的学者都去拜他们为师，杨时被调去做官他都没有去，在颍昌以学生礼节拜程颢为师，师生相处得很好。杨时回家的时候，程颢目送他说："吾的学说将向南方传播了。又过了四年程颢去世了，杨时听说以后，在卧室设了程颢的灵位哭祭，又用书信讣告同学的人。程颢死以后，又到洛阳拜见程颐，这时杨时已四十岁了。一天拜见程颐，程颐正闭着眼睛坐着，杨时与同学游酢就侍立在门外没有离开，程颐察觉的时候，那门外的雪已经一尺多深了。后杨时不负众望，德性和威望一日比一日高，四方之人士不远千里与之相交游，其号为“龟山先生”。后人便用“程门立雪”这个典故，来赞扬那些求学师门、诚心专志、尊师重道的学子。

以我们今天的情形比拟，孔子的主张是先读书，从小学、中学、大学一直做到研究生，拿了高等文凭后才参加工作，分配到政府中去做公务员。然后慢慢升迁而坐上官位，担任领导人，而不大赞成先工作，提拔成干部，然后才去夜大或干部培训班进修学习拿文凭。

那时的孔子注重修养礼乐的实际内容，要求修身宜早不宜迟，倒不是看重文凭。只不过，文凭是你拥有修身经历的证明，外在的形式与内在的实际也是有所挂钩的。所以，我们今天的干部制度把文凭作为提升的一个硬性指标，是不是也与圣人的思想渊源有关系呢？

直到现在，孔子“学而优则仕”的主张仍然是科学的。难道不学无术能够当好领导干部、国家公务员吗？所以，“读书做官论”在当今社会也仍然具有较大的合理性。我们不能武断地批评读书为做官就是“官本位”思想，读书做官没有什么不对，关键是看你想要做官的目的是什么、怎么去做官。

孔子认为，“弟子入则孝，出则悌，谨而信，泛爱众，而亲仁，行有余力，则以学文”。为此，孔子也是身体力行，他办教育，把培养学生的道德观念放在第一位，把文化学习放在第二位。其实，孔子这段话的意思非常明确，就是说，一个人要想学“文”，首先要在道德礼仪上立根基。孔子认为，仁是人之根本，礼则是修业之首要，有了本，才可以言及其他。换句话说，人只有先学会做人，才能再去做学问、做事。

公元前521年春，孔子得知他的学生宫敬叔奉鲁国国君之命，要前往周朝京都洛阳去朝拜天子，觉得这是个向周朝守藏史老子请教“礼制”学识的好机会，于是征得鲁昭公的同意后，与宫敬叔同行。到达京都的第二天，孔子便徒步前往守藏史府去拜望老子。正在书写《道德经》的老子听说誉满天下的孔丘

前来求教，赶忙放下手中刀笔，整顿衣冠出迎。孔子见大门里出来一位年逾古稀、精神矍铄的老人，料想便是老子，急趋向前，恭恭敬敬地向老子行了弟子礼。进入大厅后，孔子再拜后才坐下来。老子问孔子为何事而来，孔子离座回答：“我学识浅薄，对古代的‘礼制’一无所知，特地向老师请教。”老子见孔子这样诚恳，便详细地抒发了自己的见解。

回到鲁国后，孔子的学生们请求他讲解老子的学识，孔子说：“老子博古通今，通礼乐之源，明道德之归，确实是我的好老师。”同时还打比方赞扬老子，他说：“鸟儿，我知道它能飞；鱼儿，我知道它能游；野兽，我知道它能跑。善跑的野兽我可以结网来逮住它，会游的鱼儿我可以用丝条缚在鱼钩来钓到它，高飞的鸟儿我可以用良箭把它射下来。至于龙，我却不能够知道它是如何乘风云而上天的。老子，其犹龙邪！”

即使一个人学富五车、才高八斗，如果他的言谈举止、行为方式愚笨乖谬，不能解决一些实际问题，又有什么用呢？相反，一个人即使没有什么文凭，没有进过大学的校门，但他言谈文雅，举止得体，行为方式正确，能够有所发明，有所创造，难道你能够说他没有学习过礼仪吗？

我们的教育偏重于告诉人们什么是好人、必须做好人，忽视教育学生怎样去做人，以致学生对于为人处世的原则方法技巧并不明了，因而不善应对、不善交际，不能协调好人际关系，不能较好地把内在的美德变成外在的美行，把个人体面地融会在人群集体之中。

修业者必先学礼。如果你要学习文化知识，精通学问之道，也只有从做人的体会、人生的经验入手，才能够学有所成，学以致用，而不会成为读死书的书呆子，这也就是说做人首先要注重品德修养，其次才谈得上学习文化知识。正如意大利诗人但丁所说：“一个知识不全的人可以用道德去弥补，而一个道德不全的人却难于用知识去弥补。”由此可见，做一个有道德懂礼仪的人，是为人的基本准则。

人生智慧

◇先学习，提高修养后再去做官。

◇即使一个人学富五车、才高八斗，如果他的言谈举止、行为方式愚笨乖谬，不能解决一些实际问题，又有什么用呢？

◇修业者必先学礼。

第六章 孔子与我聊谦虚做人之道

谦虚的人能永不满足，正视自我，从而善于学习别人身上的长处来弥补自己的不足；骄傲的人，往往会因为取得一点的成绩而沾沾自喜，忘乎所以。须知无论是求取学问，还是做人处世，不懂得谦虚，夸夸其谈，自命不凡，只能暴露出无知，也最会令人生厌。而只有以谦虚为本，才是不断进取人生的助推器。

不要居功自傲

【聊天实录】

我：我曾在《论语·雍也》中读到：子曰：孟之反不伐，奔而殿，将入门，策其马曰：非敢后也，马不进也。这句话是什么意思呢？

孔子说：孟之反不喜欢夸耀自己，败退的时候，他留在最后掩护全军。快进城门的时候，他鞭打着自己的马说，不是我敢于殿后，是马跑得不快。

我：这个是要告诫人们不应该居功自傲吧！

孔子：是的，每个人都在试图成为重要人物，都可能是功劳的竞争者。如果你居功，那么你的功就可以被争夺和驳倒；如果你不居功，那个功也就无法从你身上拿走——因为那个功根本就没有提出来过，怎么可能被争夺和驳倒呢？

【人生解读】 不居功是一种不平凡的智慧

公元前484年，鲁国与齐国打仗。鲁国右翼军败退的时候，孟之反在最后掩护败退的鲁军。对此，孔子给予了高度评价，宣扬他提出的“功不独居，过不推诿”的学说，认为这是人的美德之一。

孟之反，是鲁国的大夫。鲁哀公十一年，当时鲁国有难，作战的时候，孟之反为统帅之一。孔子学生冉有也参加战役，为统帅。孟之反怎样不伐呢？有功而不骄矜，不宣扬叫不伐。古代“伐”与“矜”这两个字常常会连在一起用。“矜”是自以为高明，“伐”则为有功、有才而自我夸耀。“奔而殿”，是说他在这次战役中打了败仗，撤退时他走在最后，拒敌掩护撤退。我们知道历史上记载，鲁国那一次是打了败仗。大家都知道，打胜仗容易，打败仗难。

军事中的作战计划是有两套的，这两套计划分门订立。假如当统帅的做打胜仗的计划，参谋长便应当另做打败仗的计划，然后两套计划配合起来运用。或者参谋长做打胜仗的计划，但统帅就不能再做打胜仗的计划，否则万一败了会很惨。战争不是胜就是败，但一个人又计划胜仗怎么打，又计划败仗怎么打，心理上也成问题。当然，有特殊的将才不在此限。中国历史上打败仗最有名的军事家应该算是诸葛亮，他六出祁山，每次撤退，一兵一卒都不会少，是古今以来，安全撤退成功的战略家。

在战场上打了败仗，哪一个敢走在最后面？就是平常走夜路，胆小的也先跑了，怕后面有鬼。打败仗比这还可怕，孟之反则不同，“奔而殿”，叫前方败下来的人先撤退，他自己一个人挡在后面，“殿”便是最后的意思。“将入门”这句，是说孟之反由前方撤退，快要进到自己的城门时，“策其马曰”，他才赶紧用鞭子，抽在马屁股上，超到队伍的前面去，然后告诉大家说：“非敢后也，马不进也。”他说，不是我胆子大，敢在你们背后挡住敌人，实在是这匹马跑不动，真要命啊！

孔子认为像孟之反修养到这种程度，真是了不起。这一节，我们有两点要了解。第一点，历史上每一战役下来，争功争得很厉害，同事往往因此变成冤家。尤其在清朝时候，有些人夺取了功劳，还把过错推给别人，因此引起内部的不平。太平天国的失败，就是由诸将争功所致，刚刚有了点成就，就迫不及待地开始了争功夺利，今天你杀我，明天我杀你。多少有才有识、有勇有谋的太平军将士官员，不是死在与清朝的战斗中，却是死在昔日战友的屠刀之下。第二点，由此司知鲁国当时国内的人事问题太复杂，但孟之反的修养非常高，怕引起同事之间的摩擦，不但不自己表功，而且还自谦以免除同事之间彼此的嫉妒。

《论语》所以要把这一段编入，乃是借孟之反的不居功，反映出春秋时代人事纷争之乱的可怕。实际上，人事纷争在任何时代都是一样的。很坦白地说，在一个地方做事，成绩表现好一点，就会引起各方面的嫉妒、排挤；成绩不好呢？又太窝囊，遭人贬斥，人实在不大好做。当时鲁国人事上也是这样情形，孟之反善于立身自处，所以孔子标榜他不矜不伐。同时以另一个观点来

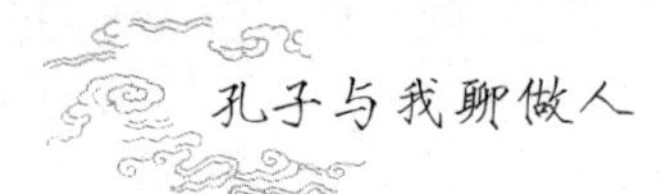

看，孟之反更了不起，不但自己不居功，而且免除了同事间无谓的妒忌，以免损及国家。这种人即使为国家君王立下大功，也不自居其成，不居功是一种不平凡的智慧。

开国大将不以功自居

刘秀打天下开初，颍川的冯异就投奔到他的旗下，被封为主簿。冯异自投奔刘秀，就认定刘秀是位贤明的开国之君，因此，忠心耿耿，誓死效力。

刘秀初起，兵力并不强大，草粮供应也十分窘迫，经常连饭都吃不饱。

一次，刘秀率兵奇袭饶阳，遇上三九严寒，又两天未吃饭，真是饥寒交迫！刘秀多想吃上一顿热汤饭啊！

可是，四周空空荡荡的，但冯异还是想方设法，为刘秀准备了一碗热汤饭。类似琐事还很多，这些事情，给刘秀以深深的印象。

跟随刘秀二年后，刘秀见冯异有大将之才，就将部队分出一部分，让他带领。不久，因他征战有功，被封为应侯。

在刘秀麾下的将军之中，冯异治军有方，爱护士卒，深得部属拥戴，因此，士兵都愿意在他的手下作战。

每次大战之后，刘秀都要为将军们评功进赏。这时，各位将军都为争功得赏，大喝小叫，以致拔剑击树，吵得不可开交。冯异却从不争功争赏，每次都独自静坐在大树下，任凭汉光武帝评定。这样，大家就给他取了个雅号，叫“大树将军”，军中无人不知。

刘秀称帝后，各地仍战乱不已，但大局已定。刘秀定下策略，以平定天下、安抚百姓为主。左思右想，选定冯异率兵从洛阳西进，以平定关中三辅地区。

冯异率领大军，一路安抚百姓，宣扬刘秀的威德，所到之处，纷纷归顺，没有几个月，就完全占领平定了关中、三辅地区，替刘秀又一次立下了汗马功劳，冯异被拜为征西大将军。

接着，冯异又连续平定数地，威势益震。这时，有奸人在刘秀面前挑拨离间说："冯异现在在外面名声大得很。他到处收买人心，排除异己。咸阳地区的老百姓，都称呼他为咸阳王。皇上，你可得提防着点啊！"

刘秀听了，让人把话传给冯异。冯异知道后，十分紧张，他马上向刘秀上书自白，请刘秀不要听信谗言。

汉光武帝真不愧一代贤君，收到冯异的信后，马上回信说："将军你对国家和朕来说，从道义讲是君臣关系，从恩情讲如同父子关系，你根本不用介意奸人的语言。"

为了表示诚意，刘秀把冯异的妻、子都送到咸阳，还给他更多的封赏与权力。

而冯异一直到去世，都尽忠王事，而且从来不自居其功。

这个故事给我们以人生的启示，古语讲"功高盖主"，"狡兔死，走狗烹"。冯异战功赫赫，兵权在握，若非刘秀是一代贤君，恐怕早已身首异处。另一方面，冯异从不以功自居，坚守旧有的正道，也是终保荣华平安的一个原因。所以，在下者对在上者，切忌以功自居，"无成"才能有成，这就是人生的辩证法。

如果我们再进一步深思这个问题时，就可以看到，正因为一个人不居功，所以功才无法从他身上拿走。如果你居功，那么你的功可以被驳倒；如果你不居功，那么你的功劳——它根本没有提出过，怎么可能被驳倒呢？如果你想成为世界上的重要人物，就可能被证明为无足轻重的人物。肯定要这样证明的，因为每一个人都在试图成为重要人物，每一个人都是那个功劳的竞争者。但是如果你不居功，你保持一个无足轻重的人——这怎么可能被驳倒呢？在你的无足轻重里面，你变成了重要人物，没有人能够驳倒它，没有人能够跟它竞争。

但是，我们还会看到，一个没有要求过任何东西、没有试图以任何方式获得成功、没有为实现任何野心而奋斗的人，会突然发现一切都被实现了——因为一个没有什么要求的人内心是空的，于是命运之神会不断地往这个空里倾注它的秘密和财富。如果你真正保持没有任何要求的话，不要求任何荣誉、声望、名分、成功或者野心，那么作为一个结果，自然会有成功，会有胜利，整个存在都倒进你的空里。这是一个结果，不是一个效果——效果是在你对它有欲望的时候产生的，结果是在你想也没有想过它、没有欲望的时候产生的。因此，我们说，一个人不居功，所以那个功无法从他的身边拿去，并且他还能得到更多的东西，至少他不会损失什么。

人生智慧

◇不居功是一种不平凡的智慧。

◇一个没有什么要求的人内心是空的，于是命运之神会不断地往这个空里倾注它的秘密和财富。

◇一个人不居功，所以那个功无法从他的身边拿去，并且他还能得到更多的东西，至少他不会损失什么。

迂回前进也能成功

【聊天实录】

我：您年轻时曾经受教于老子，当时老子曾对您讲："善于做生意的商人，总是隐藏其宝货，不令人轻易见之。君子品德高尚，而容貌却显得愚笨。"这句话是什么意思呢？

孔子：其深意是告诫我，过分炫耀自己的能力，将欲望或精力不加节制地滥用，是毫无益处的。这是中国人的法则，我们应该学会运用。

我：原来是这样。

孔子：我也提到，宁武子邦有道则知，邦无道则愚，其知可及也，其愚不可及也。

我：这句话怎么解释呢？

孔子：宁武子在国家政治清明时就显得很聪明，在国家政治黑暗时就装傻。他的聪明，别人可以赶上；他的装傻，别人无法赶上。

【人生解读】 难得糊涂才是最聪明

我们常用“愚不可及”来批评、挖苦蠢人蠢事，可读了《论语》后，才知“愚不可及”其实是语带褒义的。孔子这里说的宁武子的“愚”，其实是一种真正的聪明，是大智若愚。一个人聪明能干，在环境好的情况下，可以尽力发挥。可在环境恶劣时，如果聪明过分显露，就可能招来嫉恨、打击。这时，把聪明掩藏起来，表现得碌碌无能，就能有效地保护自己，从而减少外界的阻力，不露声色地做些踏踏实实的事。这是智者的处世策略，没有一定的修养是难以做到的。

宁武子是春秋时期卫国很有名的大夫，姓宁，名俞，谥号武。他经历了由卫文公到卫成公两代，虽然这两个朝代完全不同，但宁武子却相安无事地做了卫国的两朝元老。

卫文公时，国家步入正轨，政治、经济和文化蒸蒸日上。宁武子发挥自己的聪明智慧和超人的能力，为卫国做出了很大贡献，深得卫文公的赏识。

宁武子的外交才能是非常出色的。卫文公四年（前656年），宁武子到鲁国访问，鲁文公设宴招待他，并且与他对饮。在席间，鲁文公亲自为宁武子朗诵《湛露》和《彤弓》两首诗歌。朗诵完毕，宁武子不言不语，既不说感谢的话，也不赋诗回答。文公感到很纳闷，就派人私下问：“文公为你朗诵诗歌，您怎么不说声谢谢，也不赋诗回答一下呢？这不是对人不尊重吗？”

宁武子回答说：“我还以为这次是在练习演奏呢！从前诸侯在正月里去京师向天子朝贺，天子设宴奏乐，在这个时候赋《湛露》这首诗，那就表示天子

对着太阳，诸侯听候命令为国效劳。诸侯把天子所痛恨的人作为敌人，为帮助天子平定天下而贡献出自己的力量。天子因为这样而赐给他们红色的弓一把、红色的箭一百支、黑色的弓十把、黑色的箭一千支，用以表彰功劳，还用设宴奏乐作为报答和奖赏。现在，下臣前来拜访贵国，来巩固过去的友好关系，承蒙君王赐宴，哪里敢触犯大礼来自取罪过？”

宁武子靠自己的聪明才智，不卑不亢地在外交过程中为卫国争得了面子，从此其他国家不再敢小视卫国，卫国的政治、经济得到了稳固的发展。

后来到了卫成公的时候。由于卫成公治国无道，导致卫国的政治、经济等多方面都很混乱，人人相互攻击弹压，形势十分险恶。为了保护自己于危难，以苟存微薄之躯来挽救国家和人民，宁武子却表现得与卫文公时完全不同。他装出愚钝无能的样子，以掩盖自己的锋芒，让别人觉得自己无知，对别人没有任何威胁，别人也不会加害于自己，从而保护了自己。可是，他一点也不笨，他施展自己的聪明才智，巧妙地与各种势力周旋，终于平定了内乱，挽救了卫国，并为百姓做了不少有益的事，受到国人的敬畏和拥戴。

这里需要指出的是，在恶劣的环境里表现“愚”，不是向环境屈服，不是真的浑浑噩噩，更不是改变自己的信念和操守，而是以退为讲、以愚守智，不去做无谓的牺牲，不去授敌以柄，是麻痹敌手，养精蓄锐，等待时机。正如三国时期的司马懿，多谋略，善权变，正是靠着韬光养晦，多次装病，才奇诛曹爽，建立了庞大的司马氏集团。如果想着自己反正是完了，从此混日子，苟且偷生，那就真是太愚了！没有信念和操守的支撑，就可能真愚下去。没有大智慧，也就不会韬光养晦，就可能因不能忍辱负重而遭到恶劣环境的重压，直至被摧垮。

在现实生活中，人际关系错综复杂，盘根错节，有很多事情是不能太认真、太较劲的。做人太认真，不是扯着胳膊，就是动了筋骨，越搞越复杂，越搅越乱乎。因此，顺其自然，必要时装一次糊涂，不丧失原则和人格，或为了公众，或为了自己的长远目标，哪怕暂时忍一忍，受点委屈，也是值得的。装“糊涂”有时候也是一种无奈之举，特别是当弱者面对强大的敌人时，装糊涂就成为一种重要的智慧了。

"其知可及也，其愚不可及也。"孔子的话，的确是意味深长的。谨慎行事是一个人在纷扰的社会里立足必须注意的问题。小心行得万年船，千万不能自恃有某一方面的才能，就锋芒毕露，到处显摆。现代社会关系复杂多变，稳中求实是难能可贵的，有才能的人最易遭人忌妒。因此，在适当的时候，表现得"愚"一些，态度隐忍一些，采取平和的心态去面对一切，就可以避开危险。

为人处世，难得糊涂。人的弱点，就是在为个人的谋划上太聪明，结果常常是"聪明反被聪明误"。不如"愚"一点，糊涂一点，不去计较个人得失，不走歪门邪道，不为名利地位操心劳神，吃点亏也无妨。如能做到这一点，我们就能减少许多烦恼，拥有一个踏实快乐的人生。

成功的道路并不是笔直平坦的，它是由许多曲折和迂回铸成的。聪明的人在不能直达成功彼岸的时候，就会采取迂回前进的办法，不断克服困难，最终走向成功。当我们面临困难，面对无可奈何的局面时，不妨学着糊涂一点，只有这样，才能摆脱暂时的困境，走向成功的彼岸。

人生智慧

◇为人处世，难得糊涂。

◇不去计较个人得失，不走歪门邪道，不为名利地位操心劳神，吃点亏也无妨。

◇当我们面临困难，面对无可奈何的局面时，不妨学着糊涂一点。

后生可畏，甘当人梯

【聊天实录】

我：俗话说：“长江后浪推前浪，一代新人换旧人。”“青出于蓝而胜于蓝，冰出于水而寒于水。”社会在发展，人类在进步，后代一定会超过前人。这种今胜于昔的观念是正确的，我很欣赏您“后生可畏”的思想。

孔子：子曰：后生可畏，焉知来者之不如今也？四十、五十而无闻焉，斯亦不足畏也已。

我：是的，年轻人是值得敬畏的，怎么就知道后一代不如前一代呢？如果到了四十、五十岁时还默默无闻，那他就没有什么可以敬畏的了。

【人生解读】

不要轻看比你小的人

孔子在一次游历途中，碰见三个小孩，有两个正在玩耍，另一个小孩却站在旁边。孔子觉得奇怪，就问站着的小孩为什么不和大家一起玩。

小孩很认真地回答：“激烈的打闹能害人的性命，拉拉扯扯的玩耍也会伤人的身体；再退一步说，撕破了衣服，也没有什么好处，所以我不愿和他们玩，这有什么可奇怪的呢？”过了一会儿，这个小孩用泥土堆成一座城堡，自己坐在里面，好久不出来，也不给准备动身的孔子让路。孔子忍不住又问：“你坐在里面，为什么不避让车子？”孩子说“我只听说车子要绕城走，没有听说过城堡还要避车子的！”

孔子非常惊讶，觉得这么小的孩子，竟如此会说话，实在是了不起，于是赞叹地说：“你这么小的年纪，懂得的事理真不少呀！”小孩却回答说：“我听人说，鱼生下来，三天就会游泳，兔生下来，三天就能在地里跑，马生下

来，三天就可跟着母马行走，这些都是自然的事，有什么大小可言呢？”孔子不由感叹地说：“好啊，我现在才知道少年人实在了不起呀！”

还有一次，孔子到东方去游学，途中看见两个小孩在争论，孔子询问他俩争论的原因。

一个小孩说：“我认为太阳刚出来时距离人近，而正午时距离人远。”另一个小孩却认为太阳刚出来时离人远，而正午时离人近。

前一个小孩说：“太阳刚出来时大得像车上的篷盖，等到正午时就像个盘盂，这不是远处的小而近处的大吗？”

另一个小孩说：“太阳刚出来时清清凉凉，等到正午时就热得像把手伸进热水里一样，这不是近的时候热而远的时候凉吗？”

孔子听了，不能判断谁是谁非，两个小孩笑着说：“谁说你知道的事情多呢？”

孔子顿时无言以对，再次领略到了后生的可畏。其实，早晨和中午的太阳距离地球的远近是一样的。为什么早晨的太阳看起来较中午时大呢？这是视觉的误差、错觉。同一个物体，放在比它大的物体群中显得小，而放在比它小的物体群中显得大。同样道理，早晨的太阳，从地平线上升起来的背衬是树木、房屋及远山和一小角天空，在这样的比较下，此时太阳显得大。而中午太阳高高升起，广阔无垠的天空是背衬，此时太阳就显得小了。其次，同一物体白色的比黑色的显得大些，这种物理现象叫作“光渗作用”。当太阳初升时，背景是黑沉沉的天空，太阳格外明亮；中午时，背景是万里蓝天，太阳与其亮度反差不大，就显得小些。中午的气温较早晨高，是否此时的太阳较早晨离我们近些呢？也不是。主要原因是早晨太阳斜射大地，中午太阳直射大地，在相同的时间、相等的面积里，直射比斜射热量高。同时，在夜里，太阳照射到地面上的热度消散了，所以早上感到凉快；中午，太阳的热度照射到地面上，所以感到热。温度的凉与热，并不能说明太阳距离地面的远与近。

《三字经》中有这样一句话：“昔仲尼，师项橐……仲尼”，大家都知道是孔子，而“项橐”是燕国一少年。有一天，项橐见到孔子时说：“听说孔先生很有学问，特来求教。”孔子笑着说：“请讲。”项橐朝孔子拱拱手问：“什么水没有鱼？什么火没有烟？什么树没有叶？什么花没有枝？”孔子听后说：“你真是问得怪，江河湖海，什么水都有鱼；不管柴草灯烛，什么火都有烟；至于植物，没有叶不能成树；没有枝也难于开花。”项橐一听咯咯直笑，晃着脑袋说：“不对。井水没有鱼，萤火没有烟，枯树没有叶，雪花没有枝。”孔子叹道：“后生可畏啊！老夫愿拜你为师。”

对于后生可畏的道理和现象，不但使中国儒家宗师深有感触，而且也使中国佛教禅宗的一代大师感到惊异万分。话说中国禅宗自一祖达摩开始，传到弘忍大师，已经是第五代禅宗。这天弘忍大师命众弟子在墙上写偈语，希望能找到第六代传人。最热门的继任人是大师兄神秀，他在墙上写道：“身是菩提树，心如明镜台，时时勤拂拭，勿使惹尘埃。”自以为会得衣钵真传。这时，厨房里一个带发修行的小伙夫看到外面这么热闹，也去凑一下，但他是文盲，就问旁边的老居士，老居士把大师兄的作品念给他听。小伙夫听后直摇头，心想大师兄并未开悟，就说：“我也有一首偈颂，请居士帮我写到墙壁上。”老居士睁大眼睛，带着轻视的态度，瞧瞧小伙夫说：“你一个字也不认识，你怎么会作偈？这事情太稀有了。”

本来惠能不想说话，但不说就没有人帮他写，所以说了：“你想学最上的菩提觉道，就不应该轻慢初学佛法的人。”于是就由老居士代笔写下了一首流传千古的名偈：“菩提本无树，明镜亦非台，本来无一物，何处惹尘埃。”弘忍大师过来检查作业，顿时惊讶得半晌无语，同时内心也充满了无以名状的惊喜——此人悟性极高，足以胜任接班重任。一问之下，才知道是小伙夫所作，于是暗示小伙夫半夜来见。此伙夫，就是后来的六祖慧能大师。半夜，慧能去见五祖弘忍大师，大师将袈裟亲手传给他，并为他说《金刚经》，他顿即开悟，后来终成一代宗师，对中国禅宗乃至整个佛教界都产生了极其深远的影响。

后人之所以能超越前人，一方面是因为：前人所积下的经验总是受历史、地理、时间、文化等因素强烈制约的，也就是说到了一定时候，他们的许多经

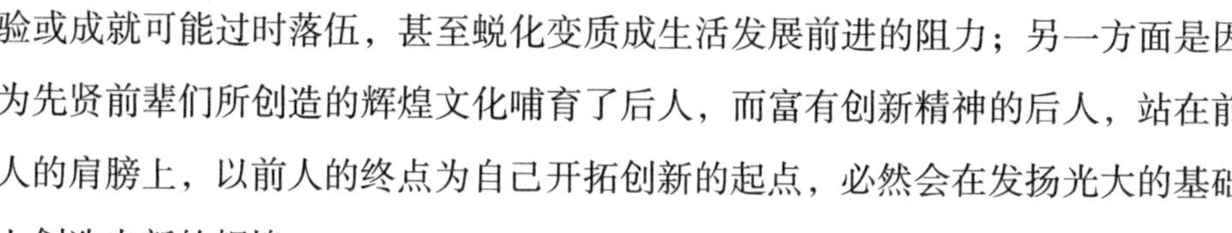

验或成就可能过时落伍，甚至蜕化变质成生活发展前进的阻力；另一方面是因为先贤前辈们所创造的辉煌文化哺育了后人，而富有创新精神的后人，站在前人的肩膀上，以前人的终点为自己开拓创新的起点，必然会在发扬光大的基础上创造出新的辉煌。

每个时代的人都有每个时代的特征，历史是一代又一代人不懈努力、生生不息、薪火相传的过程，也是继承前人、超越前人、开拓新的生活、创造新的辉煌的过程，纵观历史长河，正是长江后浪推前浪，一代才更比一代强。

人生智慧

◇身是菩提树，心如明镜台，时时勤拂拭，勿使惹尘埃。

◇长江后浪推前浪，一代才更比一代强。

玉韫珠藏，才华须藏

【聊天实录】

我：孔老先生，以前我碰到这样的情况，有人总觉得自己有才干，狂一点儿，傲一点儿，对人不好一点儿，都是细枝末节的小事。古人说过，大丈夫成大事不拘小节。我既然有才，肯定能成大事，跟那些谦虚谨慎的人，理所应当有所区别，不然怎么体现我与众不同啊！你们跟随我或者想重用我，就得忍受我的脾气，迁就我，谁让我有本事呢？我不知道怎么去辩驳！

孔子：如有周公之才之美，使骄且吝，其余不足观也已。

我:即使一个人具有周公那样完美的才能，只要骄傲而悭吝，其余的才能也就不值一看了。是这样的解释吧？！

孔子：是的，骄傲自满是失败的前兆，有可能成功的人士都败在一时的自以为是之上。为人自满必定看不到自己的缺点，不能够很好地把握事态，任自己的性格行事，到最后只有落得功败垂成的结果。人常说“性格决定命运”，什么样的人注定你能成就多大的事业。向一个容器里灌水，如果太满了水就会溢出来，对人也是一样，一个人太过于骄横霸道，必定会走向毁灭的结局。相反，为人谦虚，谨慎敬业，首先就赢得了胜利的契机，离成功也近了许多。

【人生解读】 切忌好大喜功的炫耀

魏晋时期的史学家陈寿，他的父亲曾任马谡的参军。马谡失掉街亭被杀，陈寿之父因谏议不力被诸葛亮处以髡刑（剃去头发的一种刑罚）。古人把头发看得很重，所以，被强迫剃发既辱自身，又辱祖宗。依常人之见，陈寿对诸葛亮纵使不怀仇怨，也是心存芥蒂。

陈寿撰《三国志》时，有人曾担心他会对诸葛亮加以非议，然而，陈寿却肯定了诸葛亮。他在诸葛亮传的评述中说，“亮之为相国也”，“开诚心，布公道”，“善无微而不赏，恶无纤而不贬，……刑政虽峻而无怨者，以其用心平而劝诫明也”。

由于陈寿出以公心，《三国志》反映了历史真实，为后人塑造了一个丰满光彩的诸葛亮形象。

做人行事要光明磊落，不要畏畏缩缩把黑暗藏在心中，更不要干鼠窃狗盗的勾当，宁可死得光明磊落，也不让自己活得卑鄙龌龊。只要你做到了光明磊落，才能什么都不怕；如果你没有做到光明磊落，那你只能怕这怕那，四处闪躲。

光明磊落是一种崇高的修养，蕴藏才华是一种睿智的境界。一个人太出风头，就会遭受打击；一个人过分完美，反而会遭到挑剔和批评。大多数人能够

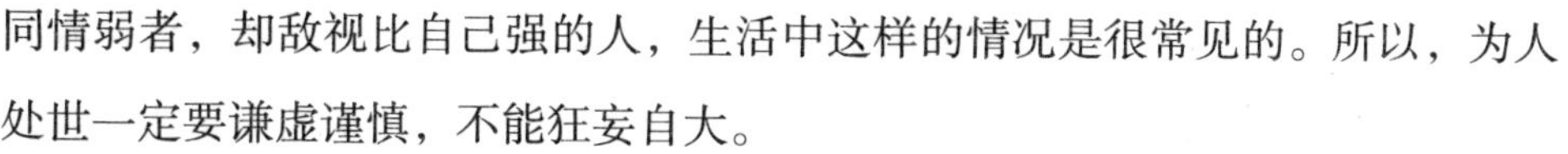

同情弱者，却敌视比自己强的人，生活中这样的情况是很常见的。所以，为人处世一定要谦虚谨慎，不能狂妄自大。

魏国的大将司马懿，出身大士族地主。曹操刚刚掌权的时候，曾经征召司马懿出来做官。那时候，司马懿嫌曹操出身低微，不愿意应召，但又不敢得罪曹操，就假装得了风瘫病。曹操怀疑司马懿有意推托，派了一个刺客深夜闯进司马懿的卧室去察看，果然看到司马懿直挺挺地躺在床上。

刺客还不相信，拔出佩刀，架在司马懿的身上，装出要劈下去的样子。他以为司马懿如果不是风瘫，一定会吓得跳起来。司马懿也真有一手，只瞪着眼望了望刺客，身体纹丝儿不动。刺客这才不得不相信，收起刀向曹操回报去了。

司马懿

司马懿知道曹操不肯放过他，过了一段时期，让人传出消息，说风瘫病已经好了。等曹操再一次召他的时候，他就不拒绝了。

司马懿先后在曹操和魏文帝曹丕手下，担任了重要职位。到了魏明帝即位，司马懿已经是魏国的元老。由于他长期带兵在关中跟蜀国打仗，魏国兵权大部分落在他手里。后来，辽东太守公孙渊勾结鲜卑贵族，反叛魏国，魏明帝又调司马懿去对付辽东的叛乱。

司马懿平定了辽东，正要回朝的时候，洛阳派人送来紧急诏书，要他迅速赶回洛阳。

司马懿到了洛阳，魏明帝已经病重了。明帝把司马懿和皇族大臣曹爽叫到床边，嘱咐他们共同辅助太子曹芳。

魏明帝死后，太子曹芳即位，就是魏少帝。曹爽当了大将军，司马懿当了太尉。两人各领兵三千人，轮流在皇宫值班。曹爽虽然说是皇族，但论能力、资格都跟司马懿差得远。开始的时候，他不得不尊重司马懿，有事总听听司马懿的意见。

后来，曹爽手下有一批心腹提醒曹爽说："大权不能分给外人啊！"他们替曹爽出了一个主意，用魏少帝的名义提升司马懿为太傅，实际上是夺去他的兵权，接着，曹爽又把自己的心腹、兄弟都安排了重要的职位。司马懿看在眼里，装聋作哑，一点也不干涉。

曹爽大权在手，就寻欢作乐，过起荒唐的生活来了。为了树立他的威信，他还带兵攻打蜀汉，结果被蜀军打得大败，差点全军覆没。

司马懿表面不说，暗中自有打算。好在他年纪也确实老了，就推说自己有病，不上朝了。

曹爽听说司马懿生病，正合他的心意，但是毕竟有点不放心，还想打听一下太傅是真病还是假病。

有一次，有个曹爽亲信的官员李胜，被派为荆州刺史。李胜临走的时候，到司马懿家去告别，曹爽要他顺便探探情况。

李胜到了司马懿的卧室，只见司马懿躺在床上，旁边两个使唤丫头伺候他吃粥。他没用手接碗，只把嘴凑到碗边喝，没喝上几口，粥就沿着嘴角流了下来，流得胸前衣襟都是。李胜在一边看了，觉得司马懿病得实在可怜。

李胜对司马懿说："这次蒙皇上恩典，派我担任本州刺史（李胜是荆州人，所以说是本州），特地来向太傅告辞。"

司马懿喘着气说："哦，这真委屈您啦，并州在北方，接近胡人，您要好好防备啊。我病得这样，只怕以后见不到您啦！"

李胜说："太傅听错了，我是回荆州去，不是到并州。"司马懿还是听不清，李胜又大声说了一遍，司马懿总算有点搞清楚了，说："我实在年纪老，耳朵聋，听不清您的话。您做荆州刺史，这太好啦。"

李胜告辞出来，向曹爽一五一十地说了一遍，说："太傅只差一口气了，您就用不着担心了。"曹爽听了，不用提有多高兴啦。

249年新年，魏少帝曹芳到城外去祭扫祖先的陵墓，曹爽和他的兄弟、亲信大臣全跟了去。司马懿既然病得厉害，当然也没有人请他去。

哪知道等曹爽一帮人一出皇城。太傅司马懿的病全好了。他披戴起盔甲，

抖擞精神，带着他两个儿子司马师、司马昭，率领兵马占领了城门和兵库，并且假传皇太后的诏令，把曹爽的大将军职务撤了。

曹爽和他的兄弟在城外得知消息，急得乱成一团。有人给他献计，要他挟持少帝退到许都，收集人马，对抗司马懿。但是曹爽和他的兄弟都是只知道吃喝玩乐的人，哪儿有这个胆量。司马懿派人去劝他投降，说是只要交出兵权，绝不为难他们，曹爽就乖乖地投降了。

过了几天，就有人告发曹爽一伙谋反，司马懿派人把曹爽一伙人全下了监狱处死。这样一来，魏国的政权名义上还是曹氏的，实际上已经转到司马氏手里了。

我们都欣赏内敛的修养，鄙视庸俗的狂躁，正所谓“真人不露相，露相不真人”。君子的内敛，是一种高层次的修养。真正有本事有修养的人，是不张扬的，行事低调，值得我们学习。

谦虚是跨越时空界限的美德。学问浅少的人谦虚，会得到热情的指导；知识渊博的人谦虚，会得到人们的尊重。谦虚绝不会让人失去什么，只能使人得到他不曾有的东西。

总想展示自己的才华，是缺乏见识的表现。一个真正学问广博的人，虽饱经学术，却表现甚少，学识贫乏的人却常常卖弄自己。卖弄自己恰恰是招人厌恶、引人嫉恨的典型嘴脸。有人宁愿把一顶骄傲的帽子戴在自己的头上，也绝不肯谦虚一点。想一想，这是何等的愚蠢啊！

与人为善，方能得人相助

公元前328年，宋君偃发动了政变，赶走了他的哥哥，自立为宋公。宋君偃善于治军，但是却好大喜功，他训练了精兵十万，战车五千辆，亲自统领宋国军队往东击败了强大的齐国，夺取了齐国的五座城池。往南又打败了强盛的楚国，侵占楚国三千里的土地。西边战胜了魏国，拿下了魏国的两座城池，并且灭掉了魏国的附庸国——滕国。由于宋君偃连续击败了齐国、楚国、魏国，使得宋国再次屹立于中原地区。宋君偃屡战屡胜，打败天下无敌手，宋国也逐渐开始强大起来，地处鲁、皖、豫、苏四省边地，成为第八大国。

公元前318年，宋君偃称王，史称“宋王偃”。他为了树立权威，让臣民呼其为“万岁”，并且在宋国开展肃巫运动，以“射天”之戏贬低神权。宋王偃骄横无道，又喜淫乐，逐渐荒废了朝政，如果宋国的公卿大臣有敢于劝谏的人，宋王偃就用箭将这些忠臣一一射杀，甚至在一日内连续射杀了宋大夫景成、戴乌、公子勃三人，他的残暴性格就好像是夏桀，因此天下诸侯骂他是“桀宋”。

宋王偃的暴虐无道激怒了天下诸侯，公元前286年，齐泯王听从纵横家苏代的建议，联合楚国、魏国、燕国，举四国之师一起讨伐桀宋。宋王偃却毫无惧色，大阅车徒，亲自率领宋国军队，离城十里，组织防御，以防四国联军的攻击。齐国大将韩聂的先遣部将闾丘俭率领五千人前来挑战，宋兵没有迎战，闾丘俭派了几个，声音洪亮的军士，登辎车朗诵桀宋十罪。宋王偃十分恼怒，命令将军卢曼出战。小战了几个回合，闾丘俭败走，丢弃了很多车马与器械。宋王偃登上壁垒，看见齐国军队已经失败，十分高兴，派出全部军马，直逼齐营。齐将韩聂又让了一阵，退后二十里驻扎，却让楚将唐昧，魏将芒卯率领二军，左右包抄宋军大营。

第二天，宋王偃以为齐兵已经不能应战，于是直攻齐营。闾丘俭打着韩聂旗号，列阵相持，大战了三十多回。宋王偃果然英勇无比，手斩齐将二十余员，兵士死者百余人，可是宋将卢曼也死在阵中。闾丘俭又大败而奔，丢弃了很多车仗器械，宋兵争先掠取，忽有人报告宋王偃说背后发现了楚魏二国的军马。宋王偃十分恼怒，连忙往回赶。走了不到五里路，冲出一军拦路，原来是齐将韩聂。宋王偃左右将军戴直、屈志高，双车齐出。韩聂先将屈志高斩于车下，戴直不敢交锋，只能保护宋王偃，边战边走。

回到睢阳城时，守将公孙拔认出是自家军马，开门放人。三国合兵攻打城池，昼夜不息。忽然又有大军来到，是齐闵王恐怕韩聂不能成功，亲率大将王蝎，太史敖等人，带领了三万精兵前来相助，四国军马更加强壮。宋军听说齐王亲自领兵，人人丧胆，个个灰心。再加上宋王偃不体恤士兵，黑夜白天驱使男女守望，又没有一点恩赏，使得民众怨声连连。戴直对宋王偃说：“现在敌人势力很大，我们这边军心动摇。大王不如放弃城池，暂且去河南，等待时机，东山再起。”宋王这时候一片图霸之心都化为了秋水，叹息良久，与戴直半夜弃城而逃。

随后，公孙拔竖起降旗，迎齐闵王入城。齐闵王进城后一边安抚百姓，一边令诸军追逐宋王偃。宋王偃想要逃往秦国，当他冲破重重围堵，走至魏国温邑时，被追兵赶上。追兵先捉住了戴直，宋王偃跳入神农涧中想要自杀，但没有死掉，被军士拉了出来，斩首示众，传首睢阳。灭了宋国之后，齐、魏、楚三国分割了宋国的领土，宋国人离散各地，沦为了各国之奴。商宋自公元前1061年微子启始封，到公元前286年随宋王偃而亡，共传了三十三世，历经775年国亡。

宋王偃虽然善于用兵，治军严谨，之前也成就了一番霸业，可是他骄扬跋扈，暴虐无道，天下人群起而攻之，最后只落得个死无全尸的下场。一个人有能力是件好事，但怎么样对待自己的能力却是决定成败的关键。我们不能因为刚开始小小的胜利就骄傲自满，以为天下尽是自己的囊中之物，殊不知骄横跋扈，只会失去人心，使得原先帮助自己的人离自己远去，甚至会揭竿而起，反对自己。如果到众叛亲离的时候才醒悟，那就太迟了。我们待人接物从一开始就要与人为善，平易近人，只有这样才能更大地获得别人地协助，完成自己的霸业雄图。

谦虚是中华民族的传统美德，是我们文化的象征。你表现谦虚的时候，不仅体现了自身的高素质，也展示了国人的内涵。

20世纪中国著名作家、文化先驱之一蔡元培先生曾有过这样一件逸事：

有一次，伦敦举行中国名画展，组委会派人去南京和上海监督选取博物院的名画，蔡先生与林语堂都参与其事。法国汉学家伯希和自认是中国通，在巡行观览时滔滔不绝，不能自已。

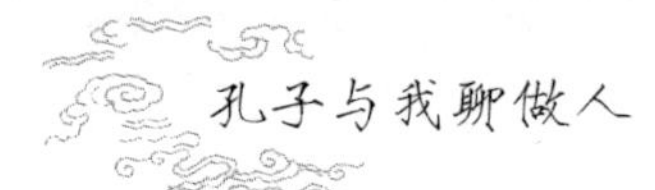

为了表示自己的内行，伯希和向蔡先生说："这张宋画绢色不错，那张徽宗鹅无疑是真品。"林语堂不表示赞同和反对意见，只是客气地低声说："是的，是的。"一脸平淡冷静的样子。

后来，伯希和若有所悟，闭口不言，面有惧色，大概从蔡元培的表情和举止上他担心自己说错了什么，出了丑自己还不知道呢！林语堂后来在谈到蔡元培先生时，还就伯希和一事感叹说："这是以中国人的涵养来反映外国人卖弄的一幅绝妙图画。"

谦虚谨慎是成功人士必备的品格，才高也不应该成为自傲的理由。即使当时没有人能够超过你，但在这个世界上，我们每个人都只是微小的个体，我们所掌握的东西再多也只是沧海之一粟。自以为了不起只会让人更加厌恶，除了给自己带来麻烦而不会有任何的好处。谦受益，满招损。勿以己之长而比人之短，勿以己之短而妒人之能。须知五岳之外，别有他山之尊。我们应该保持谦虚谨慎、戒骄戒躁的学习态度，只有这样，我们才能受益无穷，人生之旅才能精彩绝伦。

人生智慧

◇骄傲自满是失败的前兆，有可能成功的人士都败在一时的自以为是之上。

◇谦虚是跨越时空界限的美德。

◇谦虚谨慎是成功人士必备的品格，才高也不应该成为自傲的理由。

给自己一次低头喘息的机会

【聊天实录】

我：我们一直说做人要低调，做事要高调，您怎么看呢？

孔子：曾子说过："能力强的却向能力弱的人请教，知识丰富的却向知识少的人请教，有学问却像没学问一样，满腹经纶却像一无所知一样，别人冒犯自己也不计较，我曾经有一位学生颜回就是这样的。"

我：一个人即使并不自满，而只是才华横溢，锋芒毕露，也都容易受到别人的攻击，受到损伤。因为你的流光溢彩使周围的人相形见绌，黯然失色，所以，你越能干，事情做得越完美，就越得罪人。也许你完全没有意识到这一点，甚至百思不得其解。可事实就是如此，因为很多人往往这样想："都是爹妈生的，你凭什么？……"

孔子：是的，凡事当留有余地，不要那么锋芒毕露，咄咄逼人，要使人家感到需要你却不受到你的威慑。没有谁的一生会一帆风顺，永远成功。有些才华横溢的人会把微小的才干显露出来而隐藏更大的才能，使它成为自己身上的发光点，而他们的真实才能一旦显示出来时足以令人震惊。

【人生解读】

低调任鄙劝谏有功得升迁

孟贲是秦武王手下的一名勇士，此人原是齐国人，勇猛过人。据说有一次他在野外看见两头牛正在相斗，就上前去用手把两头牛分开来。其中一头牛听劝，伏在地上不斗了，另外一头牛还要打。他大为恼火，左手按住牛头，右手把牛角活生生地拔了出来，这头牛当场毙命。

后来他听说秦武王正在招纳天下勇武之人，于是离开齐国去投奔秦国。这秦武王原也是个勇猛的人，重武好战，常以斗力为乐，凡是勇力过人者，他都提拔为将，置于身边。见了孟贲自然另眼相看，很快就任命他为大将，与他手下的另外两名勇将乌获和任鄙享受一样的待遇，孟贲也非常以自己的勇力而自豪。

公元前306年，秦武王采纳了左丞相甘茂的计策，与魏国建立了秦魏共伐韩国的联盟，而后用计攻占了赵国的军事要地宜阳。秦军占领宜阳后，周都洛阳门户洞开。秦武王大喜，亲自率领任鄙、孟贲等精兵强将要进入洛阳。周天子此时无力抵抗，只好打开城门迎接秦武王进城。

秦武王兵进洛阳后，直奔周室太庙，去观看九鼎，这九个鼎本是当年大禹收取天下九州的贡金（铜）铸成，每个鼎代表一州，共有荆、梁、雍、豫、徐、青、扬、兖、冀九州，上刻本州山川人物、土地贡赋之数，是周朝天命所在的象征。秦武王见了九鼎，大喜过望。当然，他不是喜欢这些铜块，而是垂涎那九鼎所象征的统御天下的权力，这也是秦国历代君主的梦想。秦武王绕着九鼎逐个观看，看到雍州（代表秦国）鼎时，对随行的群臣说："这鼎有人举起过吗？"

守鼎人赶忙回答："自从先圣大禹铸成此鼎以来，没有听说也没有见过有人能举起此鼎。这鼎少说也有千斤重，谁能举得起呀！"秦武王听了，撇了撇嘴，回头问任鄙和孟贲："你们两个，能举起来吗？"任鄙为人向来低调，他知道他的这位主子秦武王自恃勇力惊人，十分好胜，平时就经常和手下的大将斗力，如果此时自己出来举鼎，当着这么多人的面，抢了主子的风头，不会有好果子吃。再说，一旦秦武王真的去举鼎了，万一出了差错，自己就是长了九个脑袋也担不起这个责任，于是婉言道，"臣不才，只能举起百斤重的东西。这鼎重千斤，臣不能胜任。"

任鄙这一低调，孟贲心中暗喜，认为表现的机会来了，于是伸出两臂走到鼎前，对秦武王说道："让臣举举看，若举不起来，大王不要怪罪。"说罢，紧束腰带，挽起双袖，手抓两个鼎耳，大喝一声"起"，只见那鼎离地面半尺高，就重重地落下，孟贲顿时感到一阵晕眩，站立不稳，差点一屁股坐在地上，还好被左右拉住。秦武王看了，禁不住发笑："卿能把鼎举高地面，寡人

难道还不如你吗？”任鄙见秦武王要去举鼎，赶紧上前劝道：“大王乃万乘之躯，不要轻易试力。”秦武王本来就好与人比力，此时哪里听得进去，卸下锦袍玉带，束紧腰带，大踏步上前。任鄙拉着秦武王苦苦相劝，秦武王生气地说：“你不能举，还不愿意寡人举吗？”任鄙不敢再劝，只好退到一旁。秦武王伸手抓住鼎耳，深吸一口气，丹田用力，大喊一声：“起！”鼎被举起半尺，周围一片叫好之声。秦武王得意扬扬，心想：“孟贲只能举起地面，我举起后要移动几步，才能显出高下”。秦武王接着移动左脚，不料右脚独木难支，身子一歪，千斤重的大鼎落地，正好砸到右脚上，秦武王惨叫一声，倒在地上。众人慌忙上前，把鼎搬开，只见秦武王右脚已被压碎，鲜血流了一摊。等到太医赶来，秦武王已不省人事，当晚，秦武王气绝身亡了。

周天子闻报，心中又惊又喜，喜的是这个骄横跋扈的秦王自找死路，惊的是万一秦国以此为借口兴兵讨伐，自己就王位不保了，赶紧亲往哭吊，然后派人把秦武王的灵柩护送回咸阳。之后，秦武王异母弟嬴稷登基，即秦昭襄王。秦武王下葬后，老太后也就是秦武王的母亲令人追究责任，查到了孟贲的头上，虽然事情不能全怪孟贲，但为了出气，还是将孟贲五马分尸，诛灭其族。而低调的任鄙却因劝谏有功，升任为汉中太守。

低调一点多相安

与人相处，不时会遇到他人犯有小错，这也许会冒犯你的利益。如果不是大的原则问题，不妨一笑了之，显出一些大家风范，大度诙谐有时比横眉冷对更有助于问题的解决。对他人的小过不与追究，实际上也是一种忍让的态度，有的时候，这种忍让会使人没齿难忘。

海明威曾说：“我可以被毁灭，但不可以被打败。”的确，这种傲视万物、不屈不挠的精神很值得我们学习。然而，在生命的航程里，沉沉浮浮在所难免，开心或不开心的事情很多，不管我们愿不愿意，总有人是我们喜欢的，也总有人是我们不喜欢的，心情有好的时候也有坏的时候。面对这汹涌的波涛，我们不一定是最好的舵手。那么，我们不妨给自己一次低头喘息的机会——适时服输。

人与人之间难免有磕磕碰碰，总免不了有许多的不尽如人意，如果一味地钻牛角尖，或许受伤害最深的不是别人，而是你自己。这时候我们不妨对自己说：“退一步，也许是另外一种风景。”我们是社会上的一员，而不是一个独立的个体，相信在拥有一份宽容之心的同时，也会拥有更多的生活快乐。如果我们一味地不肯相让或是一方过于执拗，使本可以化解的心结愈结愈深，使原本不是什么大事的问题越谈越僵，如此往复，何时才能终结？倒不如，各自退一步皆大欢喜。

有的人鄙视服输者，他们的信念永是那么坚定，灵魂总是那么孤傲自负，似乎手里捧着的只有所向披靡。多多少少，我们也会被这种执拗的倔强而感动。但是，胜败乃兵家常事，他们何以如此拒绝服输？正如对弈，技不如人既成事实，却不肯认输，这难道不与阿Q的精神胜利法很像吗？况且“江东子弟多才俊，卷土重来未可知”。你这次失败了，下次卷土重来不就可以了吗？

人生不是电影，不会定格在某一个画面。日子在往前走，生活也要继续。你依旧在颠簸的旅途奋力前行，偶尔绊住了，也不是长卧不起，而还会爬起来，不是吗？那么，这就不是输，只不过时暂时没有赢！

一个溺水的游泳健将，不是败在汹涌的江水前，而是因为不肯低头暂时服输而迷惑了心灵。我们不禁要问：有幸来世上已属不易，何必对磕磕绊绊耿耿于怀，为逞一时之勇，甚至于连年轻的生命也要轻易搭上？毕竟，不是每一件事都值得我们用生命去坚持。

不要鄙视服输者，在关键之时，收回迈向悬崖的脚，适时服输，给生命一条出路，也给以后的重新迈进一次机会。毕竟，路还很长，大丈夫能屈能伸，何必逞匹夫之勇？况且，适时不是永远，服输不是放弃。在适当的时刻，能聪明地低头，才能积蓄力量、厚积薄发！

人生智慧

◇大度诙谐有时比横眉冷对更有助于问题的解决。

◇人生不是电影，不会定格在某一个画面。

◇大丈夫能屈能伸，何必逞匹夫之勇？

满桶水不响，半桶水晃荡

【聊天实录】

我：成功总是一件令人高兴的事。不少人取得胜利之后，就开始得意扬扬起来，对自己的行为不再加以检点。可正应了一句老话：乐极生悲。面对成功，我们应该保持什么样的心态呢？

孔子：君子尊贤而容众，嘉善而矜不能。我之大贤与，于人何所不容？我之不贤与，人将拒我，如之何其拒人也？

我：这是什么意思呢？

孔子：这是子张说过一句话，意思就是：君子既尊重贤人，又能容纳众人;能够赞美善人，又能同情能力不够的人。如果我是十分贤良的人，那人家就会拒绝我，又怎么能拒绝人家呢？

我：也就是说，如果不能用平常的心态正确对待名和利，则是相当危险的，尤其是对于那些人生观还不太牢靠、在事业上浅尝辄止的人来说，很容易走入死角。

孔子：是的，有时候高调的表现反而让自己不久就遭遇到了各种挫折，从而走到了胜利的反面，这样的例子在历史上可以说是举不胜举。尽管如此，再犯者却仍然是前仆后继，这就要求我们对胜利保持一份平常的心态，能够做到居安思危。有了这种心态，行为自然就会低调起来，从而使胜利的成果能够得到长久的保持。

【人生解读】

做人要学会圆润通达

魏人范雎做秦国国相，为秦国的强大做出了很大的贡献。后来秦王慢慢疏远了范雎，形成君臣猜忌的局面。燕国辩士蔡泽到秦国后，让人到处宣扬自己的才干，声称见到秦王后一定要夺去范雎的相位。

范雎听说后非常气恼，他派人找来蔡泽，责问道："听说你要夺我的相位，有这事吗？""有啊！""你有何本领，这样自信呢？"蔡泽列举秦孝公时的商鞅、楚悼王时的吴起、越勾践时的文种三人忠诚不贰最后被杀的事，和眼前范雎的处境做了比较，暗示他急流勇退。

范雎听到这儿，对他很敬佩，抛却前怨，拜为座上客。后范雎推荐蔡泽做了国相，自己则急流勇退保命终身。

在正确对待名利的问题上，曾国藩也无愧是一面"人镜"，他可以识人、识事，尤其可以恰到好处地修行自己，心态平和地坦然应对不利的局面，化不利为有利。

曾国藩是在他的母亲病逝、在家守丧期间响应咸丰帝的号召开始组建湘军的，不能为母亲守三年之丧，这在儒家思想看来是不孝的。但是由于当时的局势紧迫，他听从了好友郭嵩焘的劝说，"把对母亲的孝变为对国家的忠"，出山为清王朝效力。

可是，他的锋芒毕露，处处遭人忌妒、受人暗算，最后连咸丰皇帝也不信任他。1857年2月，他的父亲曾麟书病逝，清朝给了他3个月的假，并且命他假满后回江西带兵作战。曾国藩伸手要权被咸丰帝拒绝，随即上书试探咸丰帝，说自己回到家乡后日夜惶恐不安："自问本非有为之才，所处又非得为之地。欲守制，则无以报九重之鸿恩；欲夺情，则无以谢万节之清议。"咸丰皇帝十分清楚曾国藩的意图，他见江西军务已有所好转，而曾国藩现在只是一只乞狗，效命可以，授予实权是绝对不可以的，于是，咸丰皇帝朱批示道："江西军务逐渐有起色，即楚南亦就肃清，汝可暂守礼庐，仍应候旨。"假戏真做，曾国藩真是哭笑不得，同时，曾国藩又要承受来自各方面的舆论压力。

此次曾国藩离军奔丧，已经属于不忠，在此之后又用复出作为要求实权的砝码，这与他平日所标榜的理学家面孔大相径庭，因此，招来了种种指责与非议，再一次成为舆论的中心。来自朋友的规劝、指责，曾国藩还可以接受，如吴敏树致书曾国藩，谈到“曾公本以母丧存籍，被朝命与办湖南防堵，遂与募勇起事。曾公之事，暴于天下，人皆知其有为而为，非从其利者。今贼未平，军不少息，而迭遭家故，犹望终制，盖其心诚有不能安者。曾公诚不可无是心，其有是心而非讹言之者，人又知之。奏折中常以不填官衔致指责，其心事明白，实非寻常所见”。

吴敢把一层窗纸戳破，说曾国藩本来应该在家守孝，却出山，是“有为而为”。上给朝廷的奏折有的时候不写自己的官衔，这是存心“要权”。在内外交困的情况下，曾国藩忧心忡忡，夜不能寐。朋友欧阳兆熊深深地知道他的病出自何处，一方面为他推荐医生诊治失眠，另一方面为他开了一个治心病的药方，“岐、黄可医身病，黄、老可医心病”。欧阳兆熊借用黄、老来讽劝曾国藩，暗暗比喻他过去所采取的铁血政策，未免偏激。朋友的规劝，不得不使他陷入深深的反思。

自从率湘军东征以来，曾国藩有失败也有胜利，四处碰壁，追究其原因，固然是由于没有得到清政府的充分信任以致没有授予地方实权所造成的，同时，曾国藩也感到自己在修养方面有很多弱点，在为人处事的方面对自己的意见过于执着，自以为了不起，一味蛮干。后来，他在写给弟弟的信中，谈到了由于改变了为人处事的方法而带来的收获，“兄自问近年收获唯有一悔字诀。兄以前自负本领甚大，可屈可伸，可行可藏，又每见得人家不顺眼。自从丁巳、戊午大悔大悟之后，才知自己其实没什么本事，凡事都见得人家有几分不对，故自戊午至今九载，与四十岁以前心境不一样，大约以能立能达为体，以不怨不尤为用。立者，发奋自强，站得住也；达者，办事圆融，行得通也。”

经过多年的经验，曾国藩深深地意识到，仅仅凭借他一人的力量，是没有办法扭转官场这种状况的，如果想要继续做官，那么唯一的途径，就是去学习、去适应："吾往年在官，与官场中落落不合，几至到处荆棒。此次改弦易辙，稍觉相安。"此一改变，说明曾国藩在官场的起起落落之中，渐渐地成熟与世故了。

然而，认识的转变过程，就仿佛还经历炼狱再生一样，需要经历痛苦的自我反省，每当曾国藩回想起昨日的对错时，常常被追忆昔日"愧悔"的情绪氛围所笼罩。因此，在家守制的日子里，曾国藩脾气很坏，常常因为小事连累各位兄弟，一年之中和曾国荃、曾国华、曾国葆都发生过口角。在三河镇战役中，曾国华遭遇不幸，这使曾国藩陷入深深的自责当中，在其后的家信中，多次检讨自己在家期间的所作所为。

在经历了一段时期的自省自悟以后，曾国藩在自我修身方面有了很大的改变，一直到他重新出头，为人处事不再锋芒毕露，渐渐变得圆融、通达起来。

我们都知道，满桶水不响，半桶水晃荡。绝不能做"半桶之水"，必须知道天外有天，人外有人。即使我们取得胜利，也不能因此得意高调，应该保持清醒的头脑，低调做人，这样才能避免乐极生悲的后果。

因此，我们要视名利为烟云，当名利场中的过客，千万不要因名利而觉得高人一等。这主要包括三个方面：首先，对于不属于自己的名和利，绝对不能要，否则，在日常生活中，做一个沽名钓誉者，即便能暂时获得某些大红大紫的得意和快意，日后真相大白时，也必有无穷无尽的烦恼接踵而来；其次是对于那些勉强可以得到的名和利，要有一种谦让的精神，将其推让给其他人，这样既会增加同事间彼此友好的关系，又是有自知之明的一种表现；再次，即使是自己应该得的名和利，也要善于将它转化成前进的动力，绝不能使它成为人生的负累、前进的阻力，也不能把名利当作炫耀的资本。

亦方亦圆，进退自如

有一位小保姆，由于性情实在，干活利索，给女主人的印象极佳。但是，

生性猜疑的女主人还是担心这位姑娘手脚不干净，于是在试用期的最后几天想出个办法来试一试她。

一天早晨，小保姆起床要去做饭，在房门口捡到10元钱，她想肯定是女主人掉下的，就随手放到了客厅的茶几上。谁知第二天早晨，小保姆又在房门口捡到了一张50元钱，这让她感到很奇怪。“莫非是在试探我吗？”小保姆产生了这样的疑问。但她又很快打消了这个念头，因为女主人是一位大学教授，是很有身份的人，怎么会做出这样侮辱人的事情呢？这样想着，她就把钱放进了茶几底下，但心里面还是留了个心眼。

到了晚上，小保姆假装睡下，从卧室的窗户窥看客厅中的动静。正当她困意袭来，准备放弃这一念头时，女主人竟真的悄悄到茶几前取钱来了。小保姆彻底惊呆了，怒火冲上了她的心头：怎么可以这样小看人！她咬了咬嘴唇，做出了一个决定。

次日早晨，小保姆又在房门口发现了一张钞票，这次是100元钱。她笑了笑，把钱装进了自己的口袋。她在女主人出去之前把这100元钱悄悄地放在了公共楼梯上，准备也测试女主人一次。果不出小保姆所料，女主人之所以怀疑别人手脚不干净，正是因为她自己是一个自私而贪心的人。她在下楼时看见了那100元钱，当时就眼睛一亮，然后趁着左右没人把钱塞在了口袋里。这一幕，全都被暗中偷窥的小保姆看到了。

当晚，女主人就像找学生谈话一样，严肃而又婉转地批评她为人还不够诚实，如果能痛改前非，还是可以留用的。小保姆故作懵懂地问：“你是不是说我捡了100元钱？”“是呀！难道你不觉得自己有错吗？”小保姆摇了摇头：“不，我不认为我做错了什么，因为我已经将那100元钱还给您了。”女主人一脸诧异：“咦，你啥时还我钱了？”小保姆大声回答：“今天早晨，公共楼梯……”女主人一听到“楼梯”两个字，当时像触了电一样浑身一颤，狼狈得一句话也说不出来了……

聪明的小保姆知道做人要方，处世要圆的道理。她知道那钱不是自己的就不应该占为己有，她还利用了一些“圆滑”的手法为自己找回了面子，女主人自然也不会再侮辱她的人格和尊严。

试想一下，如果她正面反击，不讲策略又会是什么效果呢？可见做人要方圆有道，进退自如。

做人要圆，这个圆绝不是圆滑世故，更不是平庸无能，这种圆是圆通，是一种宽厚、融通，是大智若愚，是与人为善，是居高临下、明察秋毫之后，心智的高度健全和成熟。不因洞察别人的弱点而咄咄逼人，不因自己比别人高明而盛气凌人，任何时候也不会因坚持自己的个性和主张让他人感到压迫和惧怕；任何情况都不会随波逐流，但潜移默化，绝不让人感到是强加于人……这需要极好的素质、很高的悟性和技巧，这是做人的高尚境界。

圆的压力最小，圆的张力最大，圆的可塑性最强。可方可圆，能够把圆和方的智慧结合起来，做到该方就方，该圆就圆，方、圆程度都拿捏得恰到好处，左右逢源，这就是古人所说的中和、中庸。

方中有圆，能让你带着锁链跳舞；圆内有方，能让你绵里藏针地办事。方是以争而制胜的硬件，而圆则是无争而胜的软件。若能做到不急不躁，不偏不倚，不左不右，不上不下，可进可退，可方可圆，这样，你的人生就达到了最高境界，不论在何时何地，你都不会吃亏。

人生也像大海，处处有风险，时时有阻力。我们是与所有的阻力较量、拼个你死我活，还是积极地排除万难，去争取最后的胜利？生活是这样告诉我们的：事事计较、处处摩擦者，哪怕壮志凌云，聪明绝顶，如果不懂“虚圆”，缺乏驾驭感情的意志，往往会碰得焦头烂额，一败涂地。

很多人的性格特征都是外圆内方型，因为千百年来人们在实践中总结的经验是：太露棱角，很快就会碰得头破血流，从容行事，才能事事成功。因为圆滑而接触面广，就能充分发挥智谋的作用，能交到更多的朋友；而固执己见、刚愎自用就会令人失去很多良机。

方为做人之本，圆为处世之道。人们都以“方”为做人之本，是堂堂正正做人的脊梁。但是，人仅仅依靠“方”是不够的，还需要有“圆”的包裹，无论是在商界、官场，还是交友、情爱、谋职等，都需要掌握“方圆”的技巧，才能无往不胜。

“圆”是处世之道，是妥妥当当处世的锦囊。在现实生活中，有的人在学校时学习成绩很好，进入社会却一无是处；在学校学习成绩一般的，进入社会却当了老板。为什么呢？就是因为学习成绩好的同学过分专心于专业知识，忽略了学习做人的“圆”，而学习成绩一般的同学却在与人交往中掌握了处世的原则。正如卡耐基所说：“一个人的成功只有15%是依靠专业技术，而85%却要依靠人际关系、有效说话等软科学本领。”

懂得亦方亦圆的人明白，如果原则性问题也要让步等于失去了做人的方向。尊严是做人的主要原则，一个人的素养越高越看重自己的人格与尊严，所谓“士可杀不可辱”，就是这个道理。

人生智慧

◇天外有天，人外有人。

◇即使我们取得胜利，也不能因此得意高调，应该保持清醒的头脑，低调做人，这样才能避免乐极生悲的后果。

◇方为做人之本，圆为处世之道。

大智若愚，大音希声

【聊天实录】

我：关于低调做人，您还有其他的故事吗？

孔子：有一段记录是这样的：子击磬于卫，有荷蒉而过孔氏之门者，曰：有心哉，击磬乎！既而曰：鄙哉！硁硁乎！莫已知也，斯已而已矣。深则厉，浅则揭。子曰：果哉！末之难矣。

我：这个故事好像很有趣，是什么意思呢？

孔子：我在卫国，一次正在敲击磬，有一位背扛草筐的人从门前走过说："这个击磬的人有心思啊！"一会儿又说："声音硁硁的，真可鄙呀，没有人了解自己，就只为自己就是了。好像涉水一样，水深就穿着衣服趟过去，水浅就撩起衣服趟过去。"我说："说得真干脆，没有什么可以责问他的了。"

我：哦，原来是这样！

孔子：成大事者，必定是有大胸怀、大气度、大智慧。为人谦逊，守己谨慎，淡泊名利，恰是千古留名的方式。虽在语言表达形式上愚钝一些，但这并不妨碍他们能力的体现，所谓大智若愚，大音希声，说的就是这个道理。而那些经常自以为了不起，做了一点事恨不得让全世界都知道的人，总会让人觉得太过于矫情，没有内涵。要深知，是金子总会发光，不急于进取，低调为人，才是成功的根本。

【人生解读】 弓越弯射得越远

也许在很多人看来，低调意味着一种安于平淡，没有什么追求的生活态度，这样的生活态度是绝对不会取得成功的。其实，低调绝对不是意味着让人没有理想，没有追求。事实上，采取低调处世的人往往才最明白自己要的是什

谢安在面临强敌

么。他们对自己的目标已经深思熟虑，要用最快捷的手段达到这一目的。低调处世，无疑会使他们在走向自己目标的路上减去很多不必要的麻烦。

谢安是晋朝人，出身名门望族，他的祖父谢衡以儒学而名满天下，官至国子祭酒。父亲谢裒，官至太常卿。谢安少年时就很有名气，东晋初年的不少名士如王导、桓彝等人都很器重他。谢安思想敏锐深刻，风度优雅，举止沉着镇定，而且能写一手漂亮的行书。谢安从不想凭借出身和名望获得高官厚禄，朝廷先征召他人司徒府，接着又任命他为佐著作郎，都被他以身体上有疾病给推辞掉了。后来，谢安干脆隐居到了会稽的东山，与王羲之、支道林、许询等人游玩于山水之间，不愿当官。当时的扬州刺史庾冰仰慕谢安，好几次命郡县官吏催逼，谢安不得已勉强应召。只过了一个多月，他又辞职回到了会稽；后来，朝廷又曾多次征召，他仍一一回绝。这引起了很多大臣的不满，纷纷上书要求永远不让谢安做官，朝廷考虑了各方面的利害关系后，没有答应。

咸安二年（372年），简文帝即位不到一年就死去，太子司马曜即位，是为孝武帝。桓温原以为简文帝会把皇位传给自己，大失所望，便以进京祭奠简文帝为由，率军来到建康城外，准备杀大臣以立威。他在新亭预先埋伏了兵士，下令召见谢安和王坦之。王坦之非常害怕，问谢安怎么办，谢安却神情坦然地说：“晋的存亡，就在此次一行了。”王坦之只好硬着头皮与谢安一起去。他们出城来到桓温营帐，王坦之十分紧张，汗流浃背，把衣衫都沾湿了，手中的笏板也拿倒了。而谢安却从容不迫，就座后神色自若地对桓温说：“我听说有道的诸侯只是设守卫在四方，您又何必在幕后埋伏士兵呢？”桓温听后很尴尬，只好下令撤除了埋伏。由于谢安的机智和镇定，桓温始终没敢对二人下手，不久就退了回去，这场迫在眉睫的危机被谢安从容化解了。

383年，前秦苻坚率军南下，想要吞灭东晋，一统天下。建康城里一片恐慌，谢安还是那样镇定自若，以征讨大都督的身份负责军事。桓冲担心建康的安危，派三千精锐兵马前来协助保卫京师，被谢安拒绝了。谢玄也心中忐忑，临行前向谢安询问对策，谢安只答了一句“我已经安排好了”，便绝口不谈军事。

淝水之战后，当晋军大败前秦的捷报送到谢安手中时，他正与客人下棋。他看完捷报，随手放在座位旁，不动声色地继续下棋。客人忍不住问他，他只是淡淡地说："没什么，已经打败敌人了。"直到下完了棋，客人告辞后，谢安才抑不住心中的喜悦，进入内室，手舞足蹈起来，把木屐底上的屐齿都弄断了。

谢安低调，并不是说没有自己的追求，而是为了达到长远目标的有效手段。这种低调的态度为他赢得了很多人的尊敬和拥护，对于他能登上高位很有帮助。其实，在我们的生活中也是这样，采取高调张扬的态度，只能得到一些眼前的好处，而低调的长远经营，才能达到一个重大的目标。

低调的到达巅峰是一种大胜利

大清名将海兰察性格强直，兵事方面的知识，他不用学习便能通晓，枕弓卧地就知道敌人的强弱，检验马身上的箭头，就能知道敌人的远近。每次临敌，他都穿着简单的衣服，戴着布帽，绕到敌人的阵后，观察可乘之机，派遣兵马或数十骑闯入敌人阵地，左右射之，使敌人自乱阵脚，然后再整队攻打。

海兰察独自擒获敌将巴雅尔，以少胜多的故事充满了神秘的传奇色彩。与巴雅尔不期而遇之时，海兰察正在山中砍木头，随即抡斧上马与之大战。巴雅尔显然不是海兰察的对手，几十个回合下来，巴雅尔体力渐渐不支，随时都有被砍下马来的危险，为了保全生命，巴雅尔被迫下马归降，并割下一角衣襟给海兰察作为凭证。

战争结束后，全军将士论功行赏，很多人都说巴雅尔是自己擒获的，为此争执不休，海兰察却什么也没说。由于分辨不出，上级便下令让巴雅尔自己到军营里去认，结果认出海兰察来。那些高级将领很不服气，纷纷让海兰察拿出证据，于是海兰察把割下的那一角衣襟拿了出来，众人都不说话了，乾隆皇帝赐其额尔克巴图鲁称号。这件事后，海兰察的勇猛无敌以及谦逊正直的人品得

到了上级的赏识。

康熙年间，准噶尔蒙古部上层贵族噶尔丹勾结沙俄，在青海、西藏等地制造分裂、多次发动叛乱，严重影响国家统一，民族团结。清朝多次派兵加以镇压，这场战争一直延续到乾隆帝执政时期，乾隆年间的1755—1758年，海兰察参加了平灭准噶尔叛乱的战斗，并屡建奇功。

1773年清军在征剿大金川的战事中受挫，温福阵亡。清廷命阿桂为定西将军，丰绅额、明亮为副将，分路进军。海兰察带领8000人，连续攻克大金川多处碉卡和山寨，并出奇兵大败敌于罗博瓦山。清廷因为罗博瓦山大捷升海兰察为内大臣，改赐“绰尔和罗科巴图鲁”（杰出的英雄），并授予参赞大臣、御前侍卫行走。海兰察率军自康萨尔进剿，连续攻克大金川多处据点，迫使大金川头目诺木索率大小头目2000余人投降，至此，历时几年的战事结束。

乾隆皇帝赐给海兰察御用鞍、辔、马各一，爵一等超勇侯。同时，再次图像入紫光阁，列第八位，不久又被授予领侍卫内大臣。

1787年，清廷命福康安为将军，海兰察为参赞大臣出征台湾，同年败义军于大里栈，次年正月俘义军首领林爽文。清廷嘉奖海兰察身先士卒，勇略过人，进二等超勇公，赐红宝石顶，四团龙补褂，又因擒林爽文，乾隆皇帝赐紫缰、金黄瓣、珊瑚朝珠，第三次图像入紫光阁，位次第五。

1791年廓尔喀（今尼泊尔）在英国殖民势力的支持下，勾结西藏大封建主势力，武装侵略后藏。同年，乾隆皇帝授福康安为将军，海兰察、奎林为参赞大臣，率军征讨廓尔喀。次年，廓尔喀降。因征廓尔喀有功，晋升海兰察为一等超勇公，第四次图像入紫光阁，位次第六。

海兰察从不居功自傲，而是兢兢业业地为清王朝打天下，他的才华能力没有自我炫耀，还是被大家所赞赏，所崇敬。

一个人本身有能力、有才华，即使自己不去刻意地显示、夸耀，别人也能明白、看出、了解到你的实力，不必害怕埋没了自己。当他保持低调的平淡时，也肯定不同于一般庸碌之人的平庸，而是由此到达那些高调张扬的人所不能达到的巅峰位置。

人生智慧

◇成大事者，必定是有大胸怀、大气度、大智慧。

◇为人谦逊，守己谨慎，淡泊名利，恰是千古留名的方式。

◇低调处世，无疑会使他们在走向自己目标的路上减去很多不必要的麻烦。

孔子与我聊中庸处世之道

当今社会，纷繁复杂，要想在社会关系中游刃有余，就不得不深悟中庸之道。不仅如此，社会的和谐也离不开中庸思想。圆满的人生境界，要像击剑选手一样，有进有退。怎样进攻?何时退让?其中可大有学问，我们必须提升自我的智能，才能真正体会“中庸”的奥妙所在和无穷妙用。

做事恰到好处是一门大学问

【聊天实录】

我：现在社会常常说到一个词“度”，您怎么看这个问题呢？

孔子：过犹不及。

我：这么简单？

孔子：是的，过头和达不到同样不好。人们说话办事如果达不到一定要求，那是不够标准，而如果做过了头则是超过了标准。超过标准与不够标准一样都是偏差，都是毛病，一定要掌握好分寸的艺术。

我：这就是说凡事都要有分寸。

孔子：对，不吃得太多，是一种把握；不运动过量，是一种自知不得意忘形，是一种稳重；不执迷不悟，是一种理性，这些都是有分寸的表现。做人做到恰如其分，是一种高境界；做事做到恰到好处，是一门大学问。

【人生解读】 **把握分寸，方能游刃有余**

有一天，庖丁被请到文惠君的府上，为其宰杀一头肉牛。只见他用手按着牛，用肩靠着牛，用脚踩着牛，用膝盖抵着牛，动作极其熟练自如。他在将屠刀刺入牛身时，那种皮肉与筋骨剥离的声音与庖丁运刀时的动作互相配合，显得是那样的和谐一致，美妙动人。他那宰牛时的动作就像踏着商汤时代的乐曲《桑林》起舞一般，而解牛时所发出的声响也与尧乐《经首》十分合拍。

站在一旁的文惠君不觉看呆了，他禁不住高声赞叹道：“啊呀，真了不起！你宰牛的技术怎么会有这么高超呢？”

庖丁见问，赶紧放下屠刀，对文惠君说：“我在刚开始学宰牛时，因为不

了解牛的身体构造，眼前所见无非就是一头头庞大的牛。等到我有了3年的宰牛经历以后，对牛的构造就完全了解了，再看牛时，出现在眼前的就不再是一头整牛，而是许多可以拆卸下来的零部件了！现在我宰牛多了以后，就只需用心灵去感触牛，而不必用眼睛去看它。我知道牛的什么地方可以下刀，什么地方不能。我可以娴熟自如地按照牛的构造，将刀直接刺人其筋骨相连的空隙之处，利用这些空隙便不会使屠刀受到丝毫损伤。我既然连骨肉相连的部件都不会去硬碰，更何况大的盘结骨呢？一个技术高明的厨师因为是用刀割肉，一般需要一年换一把刀；而更多的厨工则是用刀去砍骨头，所以他们一个月就要换一把刀。而我的这把刀已经用了19年了，宰杀过的牛不下千头，可是刀口还像刚在磨刀石上磨过一样的锋利。这是为什么呢？因为牛的骨节处有空隙，而刀口又很薄，我用极薄的刀锋插入牛骨的间隙，自然显得宽绰而游刃有余了，所以，我这把用了19年的刀还像刚磨过的新刀一样。”

文惠君听了庖丁的这一席话，连连点头，似有所悟地说：“好啊，我听了您的这番金玉良言，还学到了不少修身养性的道理呢！”

把握好分寸是做任何事情的关键，只有把握好分寸才能做得恰如其分，否则就会处处碰壁。而要想把握好分寸，就必须在日常生活和工作中做一个有心人，时刻注意加以磨炼。只有假以时日，方会熟能生巧，自然而然地把事情做得十分漂亮。

把握分寸，有进有退

寸是尺的十分之一，分是寸的十分之一，对于古人来说，分寸恐怕是极小的度量单位。

分寸可以形容美丽，古人在形容罗敷女的美貌时说：加一分则白，去一分则黑；添一分则胖，减一分则瘦。分寸在这里的意思是不多不少，恰到好处。

分寸可以证明功力，不止庖丁解牛，好拳师的真正功夫乃是四两拨千斤。

对厨师水平的真正考验是恰到好处的火候，所以人们形容政治家用的是——治大国若烹小鲜。

分寸也被军事家运用得得心应手。战国时的曹刿就是瞅准了敌方三通鼓罢、士气低落之机，一鼓作气取得胜利。而周瑜在百般无奈中等来了难得一遇的南风，才取得了火烧赤壁大捷。

在社会生活中，人们往往用能否把握好分寸，作为衡量一个人是否成熟的标志，举手、投足、眼神、语气、表情都有分寸问题。恰到好处地把握分寸，需要多年修炼，孔夫子说五十知天命，七十而从心所欲，说的就是这个道理。如果一个人能较早地悟出其中道理，并在现实生活中努力去做，就能够如鱼得水，举重若轻，游刃有余，其取得成功的机会自然会比他人多。

一般人所说的把握分寸，多半是指如何适应社会，遵从习俗。这当然可以使人减少麻烦，规避风险。在现实生活中，我们既要善待他人，也要善待自己，双方的权利和尊严都是平等的。要想把人我的权利和尊严都照顾到，就必须说话有分寸，做事讲尺寸，言行进退有度。一个有分寸感的人，就是一个做事得体、说话微妙的人，在张弛之间透出一种力量感和智慧感，这样的人，在成功的路上必定会走得顺风顺水。

人生智慧

◇做人做到恰如其分，是一种高境界；做事做到恰到好处，是一门大学问。

◇说话有分寸，做事讲尺寸，言行进退有度。

◇把握好分寸是做任何事情的关键，只有把握好分寸才能做得恰如其分，否则就会处处碰壁。

见贤思齐，见不贤自省

【聊天实录】

我：《法华经》说："人若知自爱，则应慎护自己。有心者应于三时之一。严以自我反省。"这里的反省，是一种完善自我的途径，从而找到自己的平衡木，亦为人生中庸之道。您觉得我的理解正确吗？

孔子：你的理解是对的，正所谓：见贤思齐焉，见不贤而内自省也。

我：您的这句话的意思应该是，见到有德行的人就向他看齐，见到没有德行的人就反省自身的缺点。

孔子：是的，儒者的自我反省没有佛或主的神秘色彩。它既不是为死后进天堂，也不是为赎人类与生俱来的原罪而反省，而是为现世的自我完善而进行人格解剖。因此，是一种现实的自我认识，具有鲜明的理性批判精神。

【人生解读】

知错能改，善莫大焉

战国时的赵国大将廉颇，就是曾经犯过严重错误，之后又及时反省和改正的人。

赵惠文王十六年（公元前283年），赵惠文王得到一块名贵宝玉——"和氏璧"。这件事情让秦昭襄王知道后，他便给赵惠文王写封信，谎称秦国愿意用十五座城来换取赵国的那块宝玉。

赵惠文王看完信后，不知如何是好，正在他犹豫不决时，蔺相如自告奋勇地说："大王，让我带着和氏璧去见秦王吧。如果秦王不肯用十五座城来交换，我一定把和氏璧完整地带回来。"

赵惠文王知道蔺相如是个勇敢机智的人，就同意他带着和氏璧去见秦王。蔺相如到秦国后，果然凭借自己过人的智慧识破秦王的阴谋，并略施小计，将和氏璧完整地送回赵国，这就是历史上著名的“完璧归赵”的故事。

赵惠文王二十年（公元前279年），秦昭襄王又要个花招，请赵惠文王到秦地渑池（今河南渑池县西）去会见。当秦昭襄王和赵惠文王在渑池相会时，秦昭襄王对赵惠文王说：“听说赵王弹得一手好瑟，请赵王弹个曲助兴如何？”说完立即吩咐左右把瑟拿上来。赵惠文王不好推辞，只好勉强弹一曲。

这时，秦国的史官便当场把这事记下来并且念道：“某年某月某日，秦王和赵王在渑池相会，秦王令赵王弹瑟。”

赵惠文王一听，气得脸色发紫，却又无可奈何，这时，蔺相如拿出一个缶，并逼秦昭襄王击缶，然后让赵国的史官也把这件事记下来，并说：“某年某月某日，赵王和秦王在渑池相会，秦王给赵王击缶。”

这次的秦赵渑池相会，蔺相如又凭借自己的聪明才智为赵惠文王挽回了尊严。

经过“完璧归赵”和“渑池相会”之后，蔺相如功绩显赫，声名大振。赵惠文王遂拜他为上相，位在群臣之首。

蔺相如得到这样的殊荣，使廉颇妒火中烧。因为廉颇是赵国的一员大将，早在赵武灵王时，他就南征北战，为赵国立有汗马之劳；赵惠文王即位后，他又东挡西杀，更是为赵国屡建新功，是赵国当之无愧的功臣。

蔺相如被赵惠文王拜为上相后，廉颇逢人便说：“我有攻城野战之功，他蔺相如算什么？只不过是有口舌之劳。而且，他是宦者舍人，出身卑贱，他凭什么官位居我之上？待我见到他，非得羞辱他一番不可！”

廉颇的这些话传到蔺相如的耳朵里，蔺相如就装病不去上朝，以避开廉颇。

有一天，蔺相如带着随从坐车出门，正好瞧见廉颇的车马迎面而来，蔺相如便急忙退到小巷里去躲避，让廉颇的车马先过去。这时，蔺相如的下属纷纷埋怨他不应该这样胆小怕事，蔺相如听到下属的埋怨，非但没有责怪他们，反而微笑地问下属：“你们觉得廉将军和秦王比，哪个更厉害？”

“当然是秦王厉害啦！”下属们异口同声地回答。

“是呀！天下的诸侯都怕秦王，但为了保卫赵国，我连秦王都不怕，怎么可能会怕廉将军呢？”蔺相如接着说，“现在，强大的秦国之所以不敢来侵犯赵国，就是因为有我和廉将军两人在，要是我们两人不和，秦国知道后，就会趁机来侵犯赵国了，因此，我宁愿容让廉将军呀。”

不久后，蔺相如的这些话又传到廉颇的耳朵里，廉颇顿时感到十分羞愧，并开始反省自己的所作所为。为了向蔺相如诚心地的悔过，廉颇于是裸着上身，背着荆条，来到蔺相如的家里请罪，并对蔺相如说：“我廉颇乃一介粗人，见识少，气量窄。这些天来，我一直冒犯您，而您却一再容忍我的罪过，实在让我无地自容！”

蔺相如连忙扶起廉颇，并对他说道：“咱两人都是赵国的大臣，将军能体谅我，我已经万分感激了，您怎么还来给我赔礼呢？”

正如孔子的弟子子贡说：“君子的过失好比日食和月食。错误的时候，每个人都看得见；改正的时候，每个人都仰望着。”知错能改，善莫大焉！伟大的人也会犯错误，但他的伟大之处，就在于他从不掩饰错误，而且勇于改正错误。这不但不会损坏他的形象，反而更会赢得人们的尊敬。

人生智慧

◇人生绝不会由于承认和改正错误而黯然失色，却有可能因为掩饰和固守错误而损失惨重。一个人有了缺点错误并不可怕，只要敢于正视、敢于改正，懂的见贤思齐，中庸之道，不断完善自己，终会成就一生。

不偏不倚，恰到好处

【聊天实录】

我：中庸一直是您的思想核心，您觉得中庸之道施行的怎么样？

孔子：中庸之为德也，其至矣乎！民鲜久矣。

我：这句话是什么意思呢？

孔子：中庸作为一种道德，该是最高的了吧！缺少这种道德已经为时很久了。

我：中庸的地位确实很高！

孔子：中庸的道理讲究不偏不倚，过与不到都是不好的。体现在做事上，就是必须要做到恰到好处。商汤的开国大臣伊尹，不仅能把握做菜口味的“中庸”技巧，甚至把它上升到“齐家治国”的高度。

【人生解读】

咸淡适中才最好

伊尹辅佐商汤推翻了夏桀的残暴统治，建立了在我国历史上延续约600年的商朝。伊尹原来只不过是汤身边的一个厨师，汤妻陪嫁的奴隶，他之所以被汤看中而授予要职，是因为他确实有一番才干，也善于从生活中发现人生的智慧。他看到汤成天因与夏桀争夺天下而忙碌着，显得十分着急，以至于一日三餐都食之无味，他就想出一个办法来引起汤的注意。他把上一顿饭的菜做得特别咸，下一顿饭的菜又故意不放盐，让汤吃得不对味而来责备自己。然后，他又把每顿饭的菜做得咸淡适中，美味可口，让汤吃得十分满意。其实伊尹早已算计好了，汤准会表扬自己的，果然，有一次饭后汤对伊尹说：“看来你做菜的本事确实不凡。”

伊尹早已成竹在胸，不等汤把话说完，就借题发挥说：“大王，这并不值

得夸奖，菜不应该太咸，也不能太淡，只要把佐料调配得妥当，吃起来自然会适口有味。这和您治理国家是一个道理，既不能无所作为，也不能急于求成，只有掌握好了分寸关节，才能把事情办好。”

孟子后来对伊尹的评价是：“治亦进，乱亦进，伊尹也。”意思是说伊尹在天下太平时入仕做官，在天下动乱时也入仕做官。伊尹之所以能够做到这点，关键是在于能把握好分寸，有所为有所不为，深悟中庸的为人处事哲理。

可见，盐不能吃得太多，也不能吃得太少，要恰到好处。同样，炒菜不可太生，亦不可太熟，生熟恰到好处，菜才会好吃。此恰到好处，就是“中”。又比如商人卖东西，要价太贵，人就不买。要价太少，又不能赚钱。要价应该不多不少，恰到好处。此恰到好处，即是“中”。中庸学既讲恰到好处，又讲因时而中，做任何事情，都应该是这样。

程颐说：“做事，不偏不倚的才叫作中，不改变的叫作庸。行中，这是天下的正道；用中道，这是天下的真理。中庸的基本要义，就是不偏不倚，恰到好处。”

在与人类生活问题有关的古今哲学中，还不曾发现过一个比这种学说更深奥的真理，这种学说，就是指一种介于两个极端之间的那一种有条不紊的生活。这种中庸精神，在动与静之间找到了一种完全的均衡。所以理想人物，应属一半有名，一半无名；懒惰中带有功，在用功中偷懒；穷不至于穷到付不出房租，富也不至于富到完全不做工，或是可以称心如意地资助朋友；钢琴也会弹，可是不十分高明，只可弹给知己的朋友听听，而最大的用处还是给自己消遣；古玩也收藏一点，可是只够摆满屋子的壁炉；书也读读，可是不能太用功；学识颇广博，可是不成为任何专家……总而言之，这种生活当为中国人所发现最健全的理想生活。

人生智慧

◇做事，不偏不倚的才叫作中，不改变的叫作庸。行中，这是天下的正道；用中道，这是天下的真理。中庸的基本要义，就是不偏不倚，恰到好处。

人而无信，不知其可也

【聊天实录】

我：我在《论语·为政》中读到这么一句：子曰：人而无信，不知其可也。大车无輗，小车无軏，其何以行之哉？这句话是什么意思呢？

孔子说：一个人不讲信用，是根本不可以的。就好像大车没有輗、小车没有軏一样，它靠什么行走呢？

我：輗和軏是什么呢？

孔子：輗和軏分别是指古代大车和小车车辕前面横木上的木销子，没有这个木销子，车是不可能前行的。谁都愿意和讲诚信的人打交道，说话算数，办事才让人放心。如果上午说的话，下午就变卦，这种人谁还敢惹呀？！

我：那么，信包含什么意思呢？

孔子：在我看来，信是人立身处世的基点，它包含两层意思，一是对人讲信用，二是取得人的信任。前者是前提，后者是结果。

【人生解读】 **做人要讲守信**

孔子以輗和軏对车子的重要性来喻指诚信对人的重要性，可见在他眼中，

诚信是何等的重要！

车因为有了輗和軏，才能够滚滚向前；人只有靠诚信，才能在社会上立足。不论是为官、为民，还是为长、为幼、为师、为友，诚信两个字都是做人的根本。所谓人无信不立，说的就是这个道理。

无论做人处世还是为政，言而有信都是不败之关键所在。遵守承诺是树立良好个人形象的关键，不要轻易承诺，一经承诺，必须兑现，机会是不会降临在一个言而无信的人身上的。平时生活中有不少人信口开河，说过的话很快就都全忘了。或许他承诺的是件无足轻重的事，但对小事的失信会使人怀疑你做大事的信用，不讲信用的人就像一张空头支票一样没有意义。

春秋五霸之一的晋文公准备攻打原国，和大夫们约定十天攻打下来。到了第十天没有攻下，他就准备鸣金收兵回国。有一个将军对他说："再有三天就可以攻下了。"群臣也劝谏他再多等几天。文公说："我和士卒约好十天，如果十天不退兵，我将会失去信用。为得到原地而失去信用的话，这种事我不愿做。"随后毅然率军回归。原国的人听到这件事，便说："有像他这样守信用的君王，我们为什么还不归顺呢？"于是自己主动出城投降了。卫人听说此事后，也主动归顺了文公。

人们所倡导的诚信，通俗地讲，就是能够真实、实在地履行与人约定的事情而取得信任。不管是为政也好，为人也好，诚信都是不可或缺的无形资产。

有个国王没有儿子，打算从民间挑选一个小孩做王子，办法是给候选者每人一颗牡丹花的种子，看谁种出的花儿最漂亮、花朵最多。

到了预先规定的评比时间，几乎所有的小孩都捧着鲜艳漂亮的牡丹花，竞相争奇斗艳。只有一个小孩捧着那颗种子伤心落泪，他没有种出花来，但恰恰是这个孩子被选中了。因为国王发给所有候选人的花种都是煮熟了的，绝对不可能成活，其他孩子全都是拿另外的种子育出鲜花，唯独这个诚实的孩子交了"白卷"。这个故事教育人们，只有诚信，才会收获成功。

做人要讲守信，经营企业更应该讲守信，讲信用就是企业的生命。企业对员工、客户、社会都要讲信用，不能守信的企业将不能长久。

靠打击诋毁竞争对手，利用对手的负面来证明自己更好，不但有违于守信经营，也是很不明智的。令人遗憾的是，有些商家依然在拿自己的信用当儿戏，为了与对手搞价格战，有意在报纸上打出价格很低的商品，等消费者蜂拥而至，却没有货销售。更有甚者，商家为了营造所谓的商业氛围，个别专营商家竟然明令员工家属排队烘托生意火爆的气氛，用来吸引和欺骗顾客。这些将信用当儿戏、愚弄消费者的企业，会使自己丢了信誉，更是让整个社会的守信基础受到不良影响而遭破坏。

在美国，信用有污点的人既不能贷款，也不能做老板，更找不到好的工作。有一位在中国教公共英语的老外，自己编了一本参考书，到了考试时，其他的老师给学生画考试重点，他却没有，而是让同学们学参考书的最后一课：关于诚信。听说中国学生考试作弊，他说打死他也不相信，因为一个民族靠作弊是不能强大的。作弊是最大的失信，因为生活本身就是会惩罚没有诚信的人，而且会非常的严厉。如果你的信誉价值连城，又怎么舍得用一点考分把它出卖了呢?

社会进步了几千年，商家重提“质优价廉”、“童叟无欺”的古训，确实有回到起点的感觉，但消费者作为群体而言是最聪明和最有识别力的，为了增加社会的诚信度，商业企业更应该重视建设自己的诚信形象。只有让消费者满意才是商业企业发展的动力，只有给消费者诚信，消费者才能忠诚于企业，进而培养出企业的忠实顾客群。

全球最优秀的企业之一——美国通用电气公司，不仅把诚信看作是企业的形象，更把诚信作为崇高的道德理念和无价的资本，并且把诚信看得高于一切，甚至视为企业的生命。在通用，没有人会因为失掉一个地区或犯一个错误而失去工作，人们不仅仅有第二次、第三次机会，并且可以得到培训。唯一有一种表现是没有第二次机会的，那就是违背诚信。诚信是做人的基本原则，失去信用则失去别人的认可，对自己以后的发展是非常不利的。

人生智慧

◇靠打击诋毁竞争对手，利用对手的负面来证明自己更好，不但有违于守信经营，也是很不明智的。

◇诚信是做人的基本原则，失去信用则失去别人的认可，对自己以后的发展是非常不利的。

和谐是勃发的基础

【聊天实录】

我：中庸的最高境界应该是和谐，那么具体一些应该是怎么样呢？

孔子：恭而无礼则劳，慎而无礼则葸，勇而无礼则乱，直而无礼则绞。

我：这句话怎么理解呢？

孔子：恭敬而不符合礼就会劳倦，谨慎而不符合礼就是猥琐，勇敢而不符合礼就是作乱，直率而不符合礼就会尖刻伤人。

【人生解读】

和谐是中庸的最高境界

礼作为一种广义的交往形式和规范，其原则首先表现为“和”，所谓和，从消极的方面来看，主要是化解主体间的紧张与冲突；就积极的方面而言，和则指通过彼此的理解与沟通，达到同心同德、协力合作的目的。孔子所崇尚的人生意境是一种和谐的意境，因而也是一种美的意境。用于处理人际关系，也就是既要团结，家和万事兴，和气生财，又要坚持原则，不能搞庸俗的一团和气，吹吹拍拍。

清末曾国藩回湖南组建湘军，先后征战攻克众多重要城池，曾国藩因此被授封一等侯爵。可就在这时，曾国藩发现他的湘军总数已达30万之众，是一支谁也调不动、只听命令于曾国藩的私人武装。曾国藩感觉到了功高镇主的问题，于是开始自削兵权，从而解除了清廷的顾虑，使自己依然得到信任和重用。曾国藩正是懂得君与臣的和谐相处，才使得自己步步高升。

人生万象总是在矛盾中谋求调和与融通，而不是对立与分割。有的人满口歌颂自然人生的美，努力忘记一切缺陷与丑恶；有的人却用显微镜来观察人生的斑点，仿佛世上只有虚伪、残酷、麻木，忘记了鸟歌虫吟。现代生活需要的不是对立，我们应该扩大自己的胸襟和容人之量，不要以狭隘的眼光去概括事物，应该真正地融入生活，用宽大通达的眼光来看待事物，感受生命的和谐之美。

在生活中，我们可以经常看到：一个老是被人欺侮的软弱者，也会有发怒的一天，将那个比他厉害、比他强壮的人打得鼻青脸肿。一个患有严重“妻管严”的丈夫，在妻子的监视下不敢对自己的父母表示一点点孝心，可忍耐到了极限以后，有一天，他也会站起来反抗，对妻子咆哮一通，结果把妻子吓得不知所措。

美国著名作家房龙在看到忍辱负重的华人洗衣工时搞不懂：“究竟是什么在支撑着这些贫困的中国洗衣工人，在一种几年时间便会令其他任何人类毁灭的艰难条件下生活下来，又是什么使得他们能够忍受那些白人——他们由于自身的贫苦不得不生活在那些人中间，为的是能够让他们的孩子将来成为与他们所谓基督教邻居的后代迥然不同的文明、礼貌的小市民的呢？”后来房龙将这一功劳归之于孔子及《论语》，而孔子《论语》中的灵魂思想则是“中庸”。房龙说：“他（孔子）向几亿中国人传授了一种日常生活的哲理，那种哲理一直在过去2500年中影响着他们的子孙后代，并且至今如从前一样至关重要，一样可行。”不错，孔子凭着一颗善良的心，真诚地向我们传授着生活的哲理，其间或许有些不够精致的地方，有些则是被别有用心的后人故意或无意地误

读，企图凭借圣人的幌子，来把一些非法的勾当变得“合理合法”。现在，只要我们也带着一颗同样善良的心，带着对生活的热情来重读《论语》，就不难在智者的圣言中找到一些生活的启示，重新调整好自己与他人、社会、自然，甚至整个宇宙的关系。

人生智慧

◇人生万象总是在矛盾中谋求调和与融通，而不是对立与分割。

◇扩大自己的胸襟和容人之量，不要以狭隘的眼光去概括事物，应该真正地融入生活，用宽大通达的眼光来看待事物，感受生命的和谐之美。

二思而行

【聊天实录】

我：孔老先生，我常听人说，三思而后行，为什么要三思呢？

孔子：其实我原意并非如此，我在《论语·公冶长》的原文是这样的：季文子三思而后行。子闻之，曰：“再，斯可矣。”

我：哦，后面还有一句呢！

孔子：是的，因为季文子每做一件事都要考虑多次，我听到后说：“考虑两次也就行了。”

我：也就是应该是二思而后行。

孔子：是的，谨慎处事是正确的，但过于谨慎就不正确了。季文子不管什么事都要考虑三次再付诸行动，有这个必要吗？季文子作为朝廷重臣，做事过于谨慎，顾虑太多，从而出现了很多弊病，我认为一般的事，考虑两次也就够了。

【人生解读】

再，斯可矣

当别人给孔子送药时，遭到了孔子的拒绝，孔子不吃别人送的药，这并不是一种失礼行为，而是一种做人的大智慧。因为如果稀里糊涂地吃下去了，是要冒一定风险的。

和不能吃不明来历的药一样，在现实中做各种事情，都要考虑一下它是否安全，比较一下付出与代价，因而采取谨慎的对策，把风险降到最低点。当然必须知道，人生到处充满着陷阱和圈套，不谨慎行事的人，难免要付出代价，甚至有可能失去第二个机会。

《易经》有云：“安而不忘危，存而不忘亡，治而不忘乱，是以身安而国家可保也。”这句话充分说明了一个道理，那就是人在现实中，应当时时刻谨慎小心，因为在我们所看不见的地方，极有可能潜伏着足以威胁我们利益乃至生存的危险，任何高傲自大、轻率冒失的行为，均在尽力禁戒之列，这个道理古今的智者都是十分清楚的。

唐朝郭子仪因平定安史之乱而立下大功，爵封汾阳王，王府建在首都长安的亲仁里。汾阳王府自落成后，每天皆大开府门，任凭人们自由出入，而郭子仪不允许其府中的人对此给予干涉。

有一天，郭子仪手下的一名将官要调到外地任职，来王府辞行。他知道郭子仪府中没有严格规定，就径直走进了内宅。碰巧，他看见郭子仪的夫人和他的爱女正在梳妆打扮，而王爷郭子仪正在一旁侍奉她们，她们一会儿要求王爷递毛巾，一会儿要他去端水，使唤王爷就像奴仆一样。这位将官当时不敢讥笑郭子仪，回家后，他禁不住讲给他的家人听，于是一传十，十传百，不长时间，整个京城的人均将此事当成笑话来谈论。郭子仪听了倒没有什么，然而他

的几个儿子听了却觉得大丢王爷的面子，他们决定一起对父亲提出建议。

他们一起来找父亲，要他下令，关起大门，不让闲杂人等出入。郭子仪听了付之一笑，几个儿子哭着跪下来求他，一个儿子说：“父王您功业卓著，普天下的人都尊敬您，可是您自己却不尊重自己，不管什么人，您都让其随意进入内宅。孩儿们认为，即使商朝的贤相伊尹、汉朝的大将霍光亦无法做到您这样。”

郭子仪听了这些话，收敛了笑容，对他的儿子们语重心长地说：“我敞开府门，任人进出，并不是不尊重自己而是为了自保，为了保全我们全家人的性命。”

儿子们感到十分奇怪，便忙问其中的道理。

郭子仪叹了一口气，说道：“你们光看到郭家显赫的声势，却没有看到身处这声势之中的危险。我爵封汾阳王，往前走，再没有更大的富贵可求了。月盈而蚀，盛极而衰，这是必然的道理，因此，人们常说要急流勇退。可是眼下朝廷还要用我，怎肯让我归隐？再说，就算是归隐，也找不到一块能够容纳我郭府一千余口人的隐居地呀。可以说，我现在是进退两难。在这种情况下，如果我们紧闭大门，不与外面来往，那么但凡只要有一个人与我郭家结下仇怨，诬陷我们对朝廷怀有二心，就必然会有人落井下石，诬害贤能的小人从中生出事端，制造冤案，那时，我们郭家的老小都会死无葬身之地了。”

郭子仪

郭子仪之所以让府门敞开，是因为他深知官场的险恶，正因为他具有远见的政治眼光又有一定的德性修养，善于应对各种复杂的政治环境，因此即便在自己功勋卓著的日子，也时刻做好了准备，而对那些藏在暗处却随时可能发生的危险。这种谨慎行事的人生智慧，任何人学会，都不是多余的。“再，斯可矣”，而非三思而行，可见孔子不仅仅要求谨慎，还要求要果断出击。

秀才起兵，三年不成

中国古代有一句话，叫秀才起兵，三年不成。秀才因为识文断字，博古通今，听得多，看得多，所以，凡事都要参古酌今，前后推敲，以致最后畏首畏尾，一事无成。

有许多问题是不需要考虑多次的。因为，考虑的次数多了，容易把问题复杂化。其次，有许多事情，存在的变量因素，是不可能全部预料得到的；只有临机处置，才是最佳策略。再者，在间不容发的战场上，或机会稍纵即逝的商场上，需要的是果断决策，反复思考，优柔寡断，只会错失良机。

浙江沿海的许多创业成功人士，大都没有读完初中。宁波一公司的董事长，2001年怀揣10万元开始创业，至2006年身价已经超过一个亿。这种情况，在浙江沿海一带，还不在少数。这些人有一个共同的特点，只要认准了一件事，就毫不迟疑地行动，他们用很大的气力去创造未来，而不是考虑后果。

被胡润富豪榜评为2005年度第二大富豪的严介和，曾经公开地说：“员工中最差的是博士，其次是MBA！”

身为中国太平洋建设集团有限公司董事局主席兼总裁的严介和，一次在做客新浪网时说：“我们公司里面有初中生做一把手，做CEO，非常好；还有一个初中生给我当过司机，让他去当总经理，企业一个月一个样。经商靠智商，高智商的人不一定是高学历，同样，高学历的人不一定是高智商。”

不管你相信不相信，生活中就是这样，许多大老粗身边围着一大群博士、硕士，这种现象已经屡见不鲜。

博士和硕士这种高智商人群，他们有智商无胆商，往往因为顾虑太多，束缚了他们的手脚。

其实有许多事情，考虑的过于精细，既无必要，也无益处。

在北京一家外企工作的李小姐，是公司的白领。2005年，李小姐看到周围的朋友纷纷辞职创业，并且创业的结果都还不错，便也动心了。李小姐虽然也是高收入一族，但生活在现在的社会里，要供房子、要买车子、要生活，到处都需要钱，压力还是很大，所以，创业应该是个不错的选择。

她和男友商量了一下，男友不赞成下海创业，觉得风险太大。想想也是，现在竞争这么激烈，如果创业失败，将会带来很大的损失，所以她便决定看看再说，没想到这一等就是两年多。

一年前，好朋友王小姐还想和她合伙开一家饰品店，店铺的位置、上货等都是好友包办的，已经做得很妥帖了。李小姐想了一段时间，最后还是放弃了，她害怕万一店铺破产，又丢了目前这么好的工作。

2007年年底，李小姐看到好友的饰品店红红火火的，早就买了房子和车子，大喊后悔，伤心地说："如果我当时同意了，现在都赚了多少钱了呀。如果有后悔药，我愿意花大价钱买来吃。"

李小姐很痛心失去了这次机会，可是如果还又有下一次机会，她就一定能抓住吗？她如果不改变患得患失的思维方式，也不一定能迈出下海创业这一步。

所以，孔子告诉我们说，办一件事考虑两次就已经够了，是有道理的。遇事不要瞻前顾后，左思右想，成为思考的巨人、行动的矮子，这样必定会一事无成。

人生智慧

◇不仅仅要求谨慎，还要求要果断出击。

◇有许多问题是不需要考虑多次的。

◇遇事不要瞻前顾后，左思右想，成为思考的巨人、行动的矮子，这样将会一事无成。

孔子与我聊忠恕做人之道

不要憎恨你的对手成为你的绊脚石，因为倘若没有对手，你也就没有拼搏的勇气，倘若没有对手，你可能就会失去自我，失去前进的目标。笑泯恩仇，向对手学习，学会感激对手，想必你的人生会别有洞天！一颗宽容的心，会让你收获的不仅仅是一份快乐，还会是敬意，甚至是人生的一次重大转折。

己所不欲，勿施于人

【聊天实录】

我：在《论语》二十篇中，《颜渊》、《卫灵公》主要讲述了您对“仁”和“恕”的解释。在《论语·颜渊》里，当仲弓问您什么是仁时，您把“己所不欲，勿施于人”作为仁的一个重要组成部分向仲弓推荐。而“己所不欲，勿施于人”的“恕道”，您作为终身奉行的座右铭，推荐给他的高才生子贡，这是为什么呢？

孔子：子贡问：“有没有一个字可以终身奉行的呢？”我回答：“那就是‘恕’吧！自己不愿意的，不要强加给别人。”人们遇事常说“将心比心”，这实际上正是在推行“己所不欲，勿施于人”的恕道。问题在于，世道人心，每每是反其道而行之。一般人恰好是自己不想做的事就想让别人去做，自己不想要的东西就巴不得卖给别人。相反，自己想做的事，自己钟爱的东西就不那么愿意与别人分享了。所以，不是“己所不欲，勿施于人”，而是“己所不欲，千方百计施于人”、“己所欲，勿施于人”。之所以会如此，基本原因在于凡事都很少为他人着想，而是处处为自己着想，说到底还是一个私字在作怪。

我：其实，我们还看到，在《论语·公冶长》篇里，子贡自己曾经说过：“我不欲人之加诸我也，吾亦欲无加诸人。”意思是：我不把自己的意愿强加给别人，也不希望别人把他的意愿强加给自己，这正是“己所不欲，勿施于人”的意思。您就说：“子贡啊，这不是你做得了的。”可这里又要子贡终身这样做。这一方面说明“己所不欲，勿施于人”很重要，另一方面又说明它的确很难做到，就连您的高足之一子贡也是如此。

【人生解读】 对任何事情都要客观地看待

孔子有关“己所不欲，勿施于人”的思想，蕴涵着十分丰富的内容。对于为政者，孔子反对“居上不宽”，要求对下级“赦小过”。上级要依据制度规定的职责范围要求下属，不可逾越，为政者使用民力时，应像祭祀天地祖宗一样慎重、虔诚，不可以轻率妄为，这些都是对于为政者行恕道的基本要求。对一般人而言，要求“躬身自厚而薄责于人”，即多自我批评，少批评别人，以及贵人而贱己，先人而后己等，都是“恕”的体现。

恕道就是推己及人，替自己想，也替人家想，对任何事情都要客观地看待，想到我所要的，也是人家想要的。

孔子温良恭俭让，谦虚大度，何所不容？从一些小事也能略见一斑。子路少年曾欺凌孔子，孔子并不以忤己为意，可以说折服子路的正是这样一种忠恕的精神。孔子对弟子的态度最能显示其恕意，他来者不拒，往者不追，不专制，不呆板，不是正襟危坐，不苟言笑，而是虚怀若谷，谈笑风生。对其他人孔子也是如此，甚至常透出一种自嘲的幽默，这种幽默也是从恕道中来。达巷党人讥讽孔子博学而无所成名，孔子说：“那么专执哪一项呢？是专执御呢还是专执射呢？我想还是专执御吧！”太宰也批评孔子说：“夫子是圣者吗？怎么这么多才能呢？”孔子听到了说：“太宰知道我吗？我年轻时贫贱，故多能鄙事，君子要多能的吗？不多的呀！”孔子之行忠恕已进入一个至高的境界，已经达到了自然而然、无须着力的地步。

“饮食男女，人之大欲有焉”，“食色，性也”，这可以说是人最基本的欲，即生存和延续的欲望，那么，人最不欲的首先就是被剥夺或被破坏这些生存和延续的大欲了，例如被夺走食物、被阉割、被幽闭乃至被杀害等。但是，哪怕只是人的生存和延续后代的这种权利，也不仅仅是以自己的身体为限，人会发现，若仅仅以自己的身体为限，他的身体也将很快不保，他的生存还必须有一些更大的屏障和更广的空间，因此，即使这一最基本的生存权利，也要有一个自然延伸范围，比方说他还要有能工作以谋生的权利，还要有拥有自己合法财产的权利，这样，任意剥夺人的财产、抢劫和偷盗，也就严重地损害到这些权利了，这些损害也是一个人的基本的“不欲”。何况，人之为人还是高于食色的，“人是高于温饱的”，人不同于禽兽，人还有另外的精神追求和欲望，人是一个理性的存在，越是复杂的活动越能给人以满足，所以，那些贬低人、污辱人、削弱人的尊严的行为肯定也是人的“不欲”。这些行为，从施予者个人的角度来说，就包括欺骗、凌辱、诽谤、专横、压制等等。

“不欲”主要应当是指不义行为，“不欲”广义说来是指人一切不愿要的东西，这些不愿要的东西可以统称为“苦”或“痛苦”，但有些其他的痛苦如遭地震、遇车祸，并不是我的行为所能影响的，所以与后面我的“勿施”无关，而我所能做的只是不要以自己的不义行为去造成他人的痛苦，不要使自己成为他人痛苦的原因。所以严格地说，“己所不欲，勿施于人”中的“不欲”只是一部分“不欲”，即“不欲”人为造成的痛苦，而这正是人能做的。

清朝康熙年间，官至文华殿大学士兼礼部尚书的张英，一日接到母亲自安徽桐城老家寄来的一封信，信中诉说家里正准备扩建院宅，却因为地皮问题而与毗邻而居的叶家产生了矛盾。因为叶家也准备建房造屋，所以两家相持不下，水火不相容，信中隐约体现要求张英用名位官威来压制叶家的意思。

张英看完信后，思量再三，写就了一首诗来劝他母亲。诗是这样写的：千里家书只为墙，让他三尺又何妨。万里长城今犹在，不见当年秦始皇。

张英的母亲和家人见信后，感悟，马上主动地把将要砌建的院墙退后三尺。叶家的人知道情况后，十分愧疚，也立即把正想修建的院墙退后三尺。因而，张叶两家的院墙之间，就形成了一条六尺宽的街巷。此事一时之间传为佳话，至今仍在桐城有被人所津津乐道的“六尺巷。”

“己所不欲，勿施于人”这样的思想，其实是很多人可以做到的，而且一切人一生都用得着的，上至帝王，下至黎民百姓，都可以也应该以“恕”字规范自己，要求自己。相信这样一来，不但能与人为善，并且人也会与“我”为善。

强恕而行，推己及人

三国时，吕布当初同刘备很要好，后来发生了矛盾，吕布就让名士袁涣写信去骂刘备，袁涣不屑于干这种差事。吕布几次要求他都没有用，便用刀架在袁涣的脖子上说，再不写杀了他。袁涣坦然而笑道：“我只听说以德羞人的，没有听说以辱骂折磨人的。如果说刘备是君子，就不会由于将军的辱骂而感到羞耻；如果他是小人，就一定会用同样的办法来回报你，辱骂就会落到你头上。而且，我说不准哪一天也会为刘备效力，也会像今天给将军效力一样。假若我一离开将军，就来辱骂你，行不行呢？”吕布听了这一通话后，想想就算了。

“己所不欲，勿施于人”，以仁恕之道推及他人，与人方便，自己方便，可以使人拥有宽广的胸怀，容忍别人的过失，同时，也可以不因别人合理的指责自己而迁怒别人，达到人际关系的和谐。坚持“己所不欲，勿施于人”，才能与人和睦相处，才不致在不对的时间、不对的场合，表错情、会错意，用心对待每个人，用心了解每位朋友的想法和喜好，才能避免犯错，赢得真诚友谊。

后世提到孔子教学的精神，每每说及儒家忠恕之道。后人研究它所包括的内容，恕道就是推己及人，替自己想，也替别人想。拿现在的话来说，就是对任何事情都要客观地看待，想到我所要的，也是人家想要的。这八个字的修养，要做到很难很难，“己所不欲，勿施于人”，同时也就是“己所欲，施于人”。“忠恕之道”可以说是孔子的发明，这个发明对后人影响很大。孔子把“忠恕之道”看成是处理人际关系的一条准则，这也是儒家伦理的一个特色。这样，可以消除别人对自己的怨恨，缓和人际关系，安定当时的社会秩序。

在贞观四年，唐太宗李世民有一次与大臣魏征讨论皇帝的行事原则问题。李世民说：“扩建修饰宫殿楼宇，游玩观赏池台，这是皇帝所想要的，但不为百姓所希望。帝王所希望的是骄奢淫逸，百姓所不希望的是劳苦技身。其实，劳累疲惫恐怕是每个人都不愿意的事，孔子曾经说过，‘己所不欲，勿施于人’，看来劳累疲惫的事，还真不可以施加给百姓。我处于帝王的尊位，富有天下，处理事情只有能够设身处地，才真正可以节制自己的欲望。如果百姓不希望那样做而硬要做下去，一定不可以顺应民情。”

魏征说：“陛下向来体恤百姓，常常节制自己去顺应民情，臣听说：‘拿自己的欲望去顺应民情的就会富强，劳累百姓来娱乐自己的就会灭亡。’隋炀帝贪心无厌，专门喜好奢侈，每每有关官署供奉营造稍不合意，就用严厉的刑罚处罚。上面喜好做什么，下面必定做得更厉害。上下争相奢侈无度，最终导致灭亡。这不仅是史籍有着记载，也是陛下亲眼看见的。陛下如果觉得欲望满足了，那么现在不但是满足了，而是应该节制欲望了。如果觉得欲望还不能满足，那么再胜过这样万倍也不会满足。”

太宗说：“你讲得非常好！不是你，我岂能听到这些话？”

有一年，公卿大臣上奏说：“按照《礼记》，夏季最末一个月，可以住在高台上建造的楼阁。现在夏热未退，秋季的连绵阴雨初始，皇宫里低矮潮湿，请陛下建筑一座楼阁来居住。”

下属们巴结皇上，不能说不用心良苦，要为李世民建造一座避暑的行宫，还引经据典，搬出《礼记》来，李世民见到奏章后说：“我患有气喘病，哪里适合住低下潮湿的地方？修一座行宫避暑，按理说也不过分，但是假如同意了你们的请求，浪费着实太多。从前汉文帝准备建筑露台，因为爱惜相当于十户人家财产的费用，就不再兴建。我德行修养赶不上汉文帝，而耗费的财物却胜过他，难道说得上是作为百姓父母的国君的德行吗？”尽管公卿一再坚决奏请，李世民始终没有答应。

李世民是通过节制自己的物欲来表现“己所不欲，勿施于人”的恕道的。现实中遵循恕道并不仅是这一项，能够设身处地为别人着想，对别人合理的欲念加以理解，对别人的过失施以宽容等都是“恕”，或者说都是“己所不欲，勿施于人”这种美德的扩展和延伸。

简单地说，忠恕之道也就是眼里有他人，心里也要为别人着想。这世界并不是我一个人生活在其中，这世界还有许许多多其他的人，他们和我一样，我生活，也要让别人生活。如果超越自我而取一种普遍的观点，就会看到每个人都有自己生存和发展的权利，由此就可努力创造出一种制良的恕道来。

“己所不欲，勿施于人”是一个命令，而且是以一个禁令的形式表述的。这一命令可以看作是由外向我提出的，然而却要求我取一种自我的观点。它所涉及的是一种人、我关系，在此，“己”、“人”与“勿施”的意思都是很明确的，关键是“不欲”，而禁令就将由这一“不欲”做出，“勿施”的内容就是“不欲”的内容。这样做潜在地设定了一个前提：就是我所不欲的也是他人所不欲的，所根据的是一种我与他人的共同性，一种人类的共同性。

当然，孔子之行忠恕已进入一个至高的境界，已经达到了自然而然、无须着力的地步，而我们则不妨从基本的做起，把它看成一个命令，一种义务，强恕而行，推己及人。

人生智慧

◇恕道就是推己及人，替自己想，也替人家想，对任何事情都要客观地看待，想到我所要的，也是人家想要的。

◇上至帝王，下至黎民百姓，都可以也应该以“恕”字规范自己，要求自己。

◇忠恕之道也就是眼里有他人，心里也要为别人着想。

君子成人之美，不成人之恶

【聊天实录】

我：君子和小人有什么区别呢？

孔子：君子成人之美，不成人之恶，小人反是。

我：君子成全别人的好事，不促成别人的坏事，小人则与此相反。

孔子：成人之美的确是一种高尚的品德，它需要有宽广的心胸，助人为乐的精神。对于患得患失、一切都要算计自己能得到多少好处的人来说，是很难做到成人之美的。

我：能详细地说一说吗？

孔子：成人之美一般有两种不同的情况：一种情况是，自己好也成全别人好，自己富也成全别人富，自己能做什么也成全别人能做什么，有钱大家赚，有快乐大家分享。这种成人之美也就是我所说的“己欲立而立人，己欲达而达人”。一般人要做到虽然也不容易，但还不算太难，只要心胸宽广一点的人就能做到。这种“成人之美”的事，在今天的社会到处都有，如主动替同事值班，使其安心地去会女友；尽力帮助同学复习功课，掌握知识，使其早日榜上有名；主动帮助一时经济拮据的朋友，使其免除后顾之忧，等等。总之，大凡是好事情、好愿望，你伸出热情的手，予以大力帮助，使之功成事就，都可以说是“成人之美”的君子行为，都是得人心、受欢迎的。另一种情况是，自己活得并不好，自己一贫如洗，两袖清风，还能够成全别人好，成全别人发财，就像有一首歌中所唱的那样：“只要你过得比我好。”这就太不容易了，不是一般人所能做得到的。

我：《西厢记》里的红娘，同情和促进张生与莺莺的爱恋，事发遭责难，仍仗义执言，促成有情人终成眷属；《水浒传》里的武松，不平于蒋门神霸占施恩的快活林酒店，行侠仗义，挺身而出，“醉打蒋门神”，夺回快活林。在电影《张铁匠的罗曼史》中，有这样一组镜头：张铁匠的妻子腊月在濒临饿死的绝境中，被贫穷善良的农民刘忍搭救。在以后的日子里，腊月母子与刘忍相依为命，组成了一个“新家”。后来，传说早已死去的张铁匠找上门来了，正当铁匠夫妻忧心忡忡、左右为难之时，刘忍得知来人正是腊月的丈夫，便主动带上铁匠的儿子来认亲爹，让他们全家团聚，而自己则悄悄离开北山……这些脍炙人口的故事，都可算得上是成人之美的壮举。

【人生解读】

成人之美真君子

宋太祖

宋太祖赵匡胤以盖世英才夺取了天下，当他的部下石守信等人将黄袍穿在他身上时，他既感到了做皇帝的喜悦，同时又从自己登上帝位的事件中感到了某种危机。他深知，唐朝之所以会灭亡，皆因拥兵自重的藩镇势力太强，以至架空了皇帝。于是，他谋算着如何收回他手下各路大将的兵权。

有一次，他单独找赵普谈话，问他说："依你看来，自唐末以来，几十年征战不息，皇帝朝现暮隐，如走马灯一般，这到底是什么原因？"

赵普想了想道："依臣看来，这皆因藩镇势力太强大，如果把兵权集中到朝廷，天下自然太平无事了。"

宋太祖连连点头，赞赏赵普说得好。

后来，赵普又对宋太祖说："禁军大将石守信、王审琦两人，兵权太大，还是把他们调离禁军的好。虽然他们没有统帅的才能，也管不住下面的将士。但是有朝一日，下面的人闹起来，他们也身不由己啊！"宋太祖敲敲额角说："亏得你提醒。"

过了一阵，赵匡胤备酒宴，相邀跟他几十年征战、战功赫赫并拥有相当权势的石守信等人赴宴，酒酣耳热之际，赵匡胤突然显得心事重重、忧戚无比地道："要是没有你们的力量和辅佐，就没有我黄袍加身的今天，我对此厚谊将永生铭记，但也因此而使我寝食难安。早知做皇帝的艰难，还不如像你们一样当节度使愉快啊！"

石守信等人听了十分惊奇，连忙道："陛下如何这样说？"

赵匡胤道："这道理不难明白，皇帝这个位置，谁不眼红啊！"

石守信等人听言惊恐不已，慌忙跪地叩头道："陛下为何说出这样的话来？现在天下已经安定了，谁还敢对陛下三心二意？"

赵匡胤道："道理原本如此啊！你们想想看，即使你们没有野心，不想当皇帝，但一旦有一天你们手下的人中有人贪图富贵，也像你们拥戴我一样，将黄袍穿在你们身上，即使你们想不干，能行吗？"

赵匡胤又说道："人生何其短暂，莫不为荣华富贵而奔忙，与其如此，还不如到地方上去做个闲官，买点田产房屋，给子孙留点家业，快快乐乐地享受晚年。你们如能如此做，我们君臣间也少了许多猜疑，你们以为如何？"

第二天一上朝，石守信等人就都递上一份奏章，说自己年老多病，请求还乡。宋太祖马上恩准，收回他们的兵权，赏给他们一大笔财物，打发他们去各地做禁军职务，这就是历史上有名的"杯酒释兵权"的故事。石守信等人虽说是不得已放弃了军权，但总算成就了赵匡胤之美，从此以后，君臣和谐相处，宋朝也成为中国历史上少见兵戈的时代。

成人之美真君子，成人之美是孔子所提倡的一条重要的为人原则。成人之美是一种气度，一种胸怀，一种君子风范，这种风范不是别人强加于人的，只有舍弃自私之心，把成人之美当作每个人自觉的追求时，这个天下才会安定，这个社会才会和睦。孔子正是用这种乐道好施、与人为善的亲和力，去感召笼络一切人，去组合建立他所追求的人与人之间的理想关系。人与人之间的和睦共处，是每个时代都致力追求的。

我们这个社会处于空前的竞争中，有的人为了方方面面的竞争而心力交瘁，甚至产生各种不健康的心理。我们不能为了竞争而竞争，有些竞争是必需的，有些竞争是可以放弃的，该放手的时候就放手。今天我们成他人之美，明天他人就会成我之美。世界是一个和谐的世界，成人之美应该成为这个世界的最和谐之音。

人生智慧

◇世界是一个和谐的世界，成人之美应该成为这个世界的最和谐之音。

多批评自己，少责怪别人

【聊天实录】

我：宋人李邦献说过："轻财足以聚人，律己足以服人，量宽足以得人，身先足以率人。"意思是说．仗义疏财能够团结人，严于律己能够使人信服，宽以待人能够得到人心，身先士卒能够领导众人。"聚人"、"服人"、"得人"、"率人"，归根到底是得人心，而得人心的前提是"其身正"。身为领导干部，只有不偏爱钱财，清廉自律，才能一身正气。宽以待人，以身作则，才能赢得人心，而得人心者，便可成就大事。领导只有首先搞好自身的道德修养和道德教化，才能达到"以德服人"的效果，这方面您应该也有提及吧。

孔子：躬自厚而薄责于人，则远怨矣。

我：您的意思是：多批评自己，少责怪他人，这样就不会招人怨恨了。凡事多作自我批评，这既是儒者的反躬自省，也是今天我们仍然倡导的修养方法。

孔子：当然，要做到这些是非常之难的，这正如我在《论语·公冶长》篇里所感慨的那样："已乎矣，吾未见能见其过而内自讼者也！"能够"躬自厚"的人是很少的，往往倒是"厚"责于人的多。把一切功劳归于自己，一切错误推给别人，这又怎么能和别人交往呢?

我：正是针对这种情况，您才语重心长地教诲我们，要多批评自己，少责怪别人，这样才能让别人喜欢，才能很好地和别人交往，才能让人信服。

孔子：为了鼓励别人的热情、赢得人们的忠诚，就应该和人们共享荣耀：他们胜利时，奖勉有加；出现过失时，替他们承担责任，先批评自己。

【人生解读】 真正的大人物眼光长远

威尔逊被选为新泽西州州长时，在“纽约南社”举行的一次午宴上，主人把他介绍成是“未来的美国大总统”，这自然是对威尔逊的一种恭维。威尔逊讲了几句开场白后，针对这个抬举开起了玩笑：“我感觉自己在某一方面——我希望只是在这方面，类似于别人给我讲的一个故事里的人物。”接着他讲了一件趣事：一次，也是几个朋友在一块聚会。当时有个朋友想挑战一下一种有名的威士忌——“松鼠”酒，之所以取名“松鼠”，是因为据说凡是喝了这种酒的人都会爬树。结果，有位先生喝得太多了。当大家一起去搭火车返回时，他竟把方向给弄反了——本来他应该往北去，他却坐上了往南的火车。他的伙伴们想把他弄回去，就打电报给列车管理员说：“请把那个叫约翰逊的小子送到往北的火车上来，他喝醉酒了。”没想到立刻就有了回电：“请说得详细点，这车子里有13个这样的人——他们既不知道自己的姓名，也不知道目的地在哪儿。”

说完这个故事后，威尔逊幽默地说：“我现在倒确实是知道自己的名字，可是我却不能——像那些先生一样，确定我的目的地在哪儿。”听众们哄堂大笑。紧接着，威尔逊又讲了另外一个令人捧腹的滑稽故事，听众们被他彻底征服，从而调动起了大家欢快的情绪。

威尔逊的讲话之所以获得了很好的效果，是因为他抓住了大家的心理：当说笑话的人拿自己打趣时，他往往能引起人们的大笑特笑，听众认为这种笑话是值得一笑的。然而，威尔逊的目的并不仅仅满足于博人一笑，实际上，他是用了一个最有力量的方法一——以牺牲“自我”为代价，把别人的“自我”提高起来——来消除一些固有的嫌隙，获取人们对他的支持和帮助。当时，在听了故事而发笑的人中间，恐怕很少有人注意到自身所产生的变化吧。但事实就是，他们立刻对威尔逊产生了好感。

那些久负盛名的成功人士也常常会这样做，对于手下的聪明能干，尤其是某些方面强于自己的人才，他们就用这个办法去拉拢和操纵。至于那些庸人

们，他们根本就不会懂得这一道理，他们一定要把自己看得非同小可，希望从头到尾自己就是全部工作的主体，还动不动就对能干的下属心怀嫉妒——实际上也是因为他们自己不被人看重所致。可是，真正的大人物眼光长远，满足一己的虚荣对他们来说远不如结果重要。

责人先责己

乔治·罗纳在维也纳当了多年的律师，但在第二次世界大战期间，他逃到瑞典，一文不名，很需要找份工作。因为他能说并能写好几国文字，所以希望能够在一家进出口公司找到一份秘书工作。绝大多数公司都回信告诉他，因为正在打仗，他们不需要这一类的人。

不过有一个人在给乔治·罗纳的回信上说："你对我生意的了解完全错误，你既蠢又笨，我根本不需要任何替我写信的秘书。即使我需要，也不会请你，因为你甚至连瑞典文也写不好，信里全是错字。"

乔治·罗纳看到这封信的时候很是生气，于是乔治·罗纳决定写一封信，想进行反驳，责骂这个人的无知与无理，目的是想使那个人大发脾气。但接着他就停下来对自己说："等一等，我怎么知道这个人说的是不是对的？我学过瑞典文，可是并不是我的母语，也许我确实犯了很多我并不知道的错误。如果是这样的话，那么我想要得到一份工作，就必须再努力学习。这个人可能帮了我一个大忙，虽然他本意并非如此。他用这种难听的话来表达他的意见，并不表示我就不亏欠他，所以应该写封信给他，在信上感谢他一番。"

于是乔治·罗纳撕掉了他刚刚写好的那封骂人的信，另外写了一封信说："你这样不嫌麻烦地写信给我实在是太好了，尤其是你并不需要一个替你写信的秘书。对于我把贵公司的业务弄错的事我觉得非常抱歉，我之所以写信给你，是因为我向别人打听，而别人介绍说你是这一行的领导人物。我并不知道我的信上有很多文法上的错误，我觉得很惭愧，也很难过。我现在打算更努力地去学习瑞典文，以改正我的错误，谢谢你帮助我走上改进之路。”

没几天，乔治·罗纳就收到那个人的回信，请罗纳去见他。

罗纳去了，而且得到了一份工作。

其实，“躬自厚而薄责于人”，从主观方面来说反映了一个人的思想修养，从客观来说也是一个正确处理人际关系的问题，因此，很值得我们高度重视并落实到具体的人际交往中。

在人性中，有本能地排斥批评的心理，即使是最明智的、最明达的人物，也不能避免。因此，当你想要批评某个同事、朋友或家人时，不妨先问问自己，自己够资格批评他们吗？自己是否批评了一件自己有时也会做错的事呢？他们没有按照自己的方式去做，就代表他们错了吗？或许你会发现，当你认真考虑别人的行事方法时，你也会学到许多处理事情更好的方法。

人生智慧

◇轻财足以聚人，律己足以服人，量宽足以得人，身先足以率人。

◇真正的大人物眼光长远，满足一己的虚荣对他们来说远不如结果重要。

◇躬自厚而薄责于人。

你的宽恕，会改变他的一生

【聊天实录】

我：宽容是一种良好的品德，它是情感的润滑剂，您对宽容怎么看呢？

孔子：言忠信，行笃敬，虽蛮貊之邦，行矣。

我：这是什么意思呢？

孔子：子张问怎样才能使自己通达。我说：说话忠诚守信，行为笃实严谨，即使到了偏远落后的地区，也能够通畅。

我：原来是这样，那么通俗点怎么讲呢？

孔子：当一个小孩学习走路的时候，他总会不断地摔跤，而做父母的总是会鼓励他再来一次，事实上，他自己也会很勇敢地爬起来继续学走路，哪怕紧接着又是一次摔跤。可是当孩子成长为大人，开始步入社会之后，身边的人就会变得严苛起来，往往不会给他再来一次的机会，他自己也会失去重新再来的勇气，结果是错过一次就永远无法翻身。

我：这样的例子我觉得很容易理解，很多时候人们会因为别人的某一次过错，而断送他的一生。

孔子：有时的宽恕即是一种信任，当一个人犯了错误，却是可以原谅的，那么不妨再给他一次机会。或许你的宽恕，将会改变他的一生，也将为你的人生添一道彩虹。如果我们能宽容一点，给他再来一次的机会，鼓励他，而不是打击他，那么也许你真的可以看到奇迹。

【人生解读】 宽恕别人就是再给别人一次机会

在美国南北战争期间，有一个名叫罗斯韦尔·麦金太尔的年轻人被征入骑兵营。由于战争进展不顺，兵源奇缺，在几乎没有接受任何训练的情况下，他就被匆忙地派往战场。在战斗中，年轻的麦金太尔被残酷的战争场面吓坏了，那些血肉横飞的场景使他整天都担惊受怕，他终于开小差逃跑了，但很快他就被抓了回来，军事法庭以临阵脱逃的罪名判他死刑。

当麦金太尔的母亲得知这个消息后，她向当时的总统林肯发出请求。她认为，自己的儿子年纪轻轻，少不更事，他需要第二次机会来证明自己。然而部

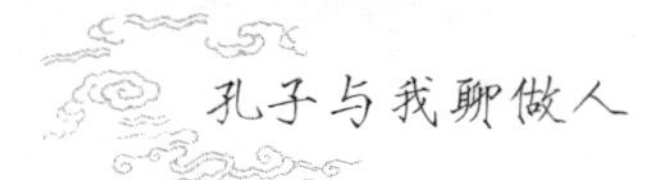

队的将军们力劝林肯严肃军纪，声称如果开了这个先例，必将削弱整个部队的战斗力。

在此情况下，林肯陷入两难境地，经过一番深思熟虑后，他最终决定宽恕这名年轻人，并说了一句著名的话："我认为把一个年轻人枪毙对他本人绝对没有好处。"为此他亲自写了一封信，要求将军们放麦金太尔一马："本信将确保罗斯韦尔·麦金太尔重返兵营，在服役完规定年限后，他将不受临阵脱逃的指控。"

如今，这封褪了色的林肯亲笔签名信，被一家著名的图书馆收藏展览。这封信的旁边还附带了一张纸条，上面写着："罗斯韦尔·麦金太尔牺牲于弗吉尼亚的一次激战中，此信是在他贴身口袋里发现的。"

一旦被给予第二次机会，麦金太尔就由怯懦的逃兵变成了无畏的勇士，并且战斗到自己生命的最后一刻，由此可见，宽恕的力量是何等巨大。由于种种原因，人不可能不犯过失，但只有宽恕才能给人第二次机会，只有第二次机会才有可能弥补先前犯下的过失。

包布·胡佛是一位著名的试飞员，并且常常在航空展览中表演飞行。一天，他在圣地亚哥航空展览中表演完毕后飞回洛杉矶，在空中300米的高度，两只引擎突然熄火。包布·胡佛基于熟练的技术和丰富的经验，使得飞机安全着陆，虽然飞机严重损坏，但幸运的是没有人受伤。

在迫降之后，胡佛的第一个行动是检查飞机的燃料。正如他所预料的，他所驾驶的这架第二次世界大战时的螺旋桨飞机，居然装的是喷气机燃料而不是汽油。

回到机场以后，他要求见见为他保养飞机的机械师，那位年轻的机械师为所犯的错误而极为难过和惶恐。当胡佛走向他的时候，他正泪流满面，他造成了一架非常昂贵的飞机的损失，而且差一点还使得三个人失去生命。

大家都认为胡佛必然大为震怒，并且预料这位极有荣誉心、事事要求精确的飞行员必然会痛责机械师的疏忽。但是，出乎大家意料的是胡佛并没有责骂那位机械师，甚至于没有批评他，相反的，他用手臂抱住那个机械师的肩膀，

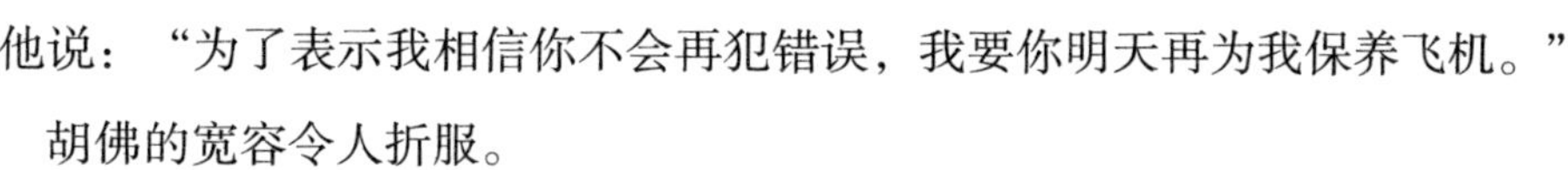

对他说：“为了表示我相信你不会再犯错误，我要你明天再为我保养飞机。”

胡佛的宽容令人折服。

宽恕别人就是再给别人一次机会，有时也是给自己一个机会。《菜根谭》里说：“路径窄处留一步，与人行；滋味浓时减三分，让人嗜，此是涉世一极乐法。”这句话的意思是说，在狭窄的小路上行走时要留出让合作者能通过的空隙，不可把整条路都占尽了，得到利益时不妨让三分与合作者共享，不可一个人独享好处。

拂去仇恨，拥有阳光

有一天，海格力斯因为追击敌人而走到了一条崎岖、狭窄的山道上，在他就要追到对手的时候，那个狡猾而阴险的对手忽然丢下一个袋子挡在海格力斯前进的路上。海格力斯十分恼怒，他不屑地喊：“连山我也能一脚踢翻，何况你这个破袋子，收起你的伎俩吧！”海格力斯边喊，边飞起一脚狠狠踢在那个袋子上，但令海格力斯吃惊的是，自己狠狠的一脚不仅未把那个袋子踢飞，反而变得比刚才更大了。

恼怒万分的海格力斯又狠狠飞起一脚踢在袋子上，那袋子不仅纹丝不动，而且又大了不少，甚至把海格力斯的道路一下子堵死了。海格力斯怒火万丈，他弯腰拔下身边的一棵大树，举起大树狠狠地砸向那可恶的袋子，但无论他多么用力，那袋子却始终完好无损，只是随着海格力斯一次又一次雨点般的狠砸，那个袋子变得越来越大，刚才还是一个微不足道的袋子，眨眼间却变得比山还大，甚至连大地和天空也要盛不下它了。而且，海格力斯砸一次，袋子里总有个人洋洋得意地讥笑海格力斯说：“你这个笨蛋，你砸呀，你砸呀，再过一会儿，我不费吹灰之力就足可压死你！”

海格力斯已经累得精疲力竭了，但那越来越大的袋子却依旧完好无损，而且变得越来越硬、越来越坚固。正在海格力斯束手无策的时候，从树林里跑出了一个白发苍苍的圣人，圣人喊："英雄，请千万别踢、别砸这个袋子了，要不，它一定会将天胀塌的，请马上住手！"

海格力斯大吃一惊，他不知道这么一个破袋子为什么竟有如此巨大的魔力。圣人告诉海格力斯说："这个袋子叫仇恨袋，魔力无穷。如果你犯它，心里老记着它，它就会越来越膨胀，甚至可能将世界毁灭；如果你不理睬它，对它熟视无睹，那么它就会小如当初，连一点点的魔力也没有。"

生活本不平静，有失意的雨、沮丧的云、忧伤的霞、恼人的风！我们无法改变这个世界和周围的环境，也无法改变这些难免的遗憾。"人生多憾事，十事九难全。"唯一可以改变的是我们这颗多变的心。一个宽广心灵的人拥有的是满足和改变欲望的胸怀。与其把满足欲望当作快乐，不如净化心灵让自己坦然面对一切。一个能读懂他人心的人足够让自己快乐无比，愁也一生，乐也一生。快乐生活，快乐人生，真正的快乐天堂，就在我们的心中。

人我两忘，恩怨皆空

在三国时期，有个以"和"胜"杀"的故事。马超归顺刘备后，就被任命为平西将军，还封都亭侯。马超见刘备待他宽厚，就大大咧咧地不注意君臣礼节了，他经常和刘备说话时直呼刘备的名字。关羽对此很生气，请求杀了马超，刘备不同意，当然杀马超是不对的，但任其这样放肆下去，也是不行的。于是张飞想出了一个计谋，他说："我们给他做出礼节的示范。"一天，刘备召集全体将领，关羽、张飞一同带着刀恭恭敬敬地站在刘备身旁。马超进帐后，看座席上没有关羽和张飞，抬头一看，见他俩站在那儿侍候，很受震动。论关张二人的地位及与刘备的亲密关系都绝非马超可比，他们尚且如此执君臣之礼，怎能不令马超意识到自己的疏忽之处呢？此后马超再也没有越礼的举动，对刘备也非常尊敬。

张飞不用一句话，也不伤一点和气，就教马超心服口服，知错改过。这种方法

既符合“和气”原则，又平和地解决了问题，看似简单，确实是最有效的方法。

俗话说：“清官难断家务事。”对一些棘手的家庭问题，不论是自家的还是别人的，都应该本着“和为贵”的原则，这样才能照顾到方方面面，大事化小，小事化了。

宋英宗刚即位时，一天慈寿太后差人送给韩琦一封密札，密札中说皇上和高皇后不侍奉她，要韩琦“为孀妇做主”，并敕命太监等着韩琦回报。韩琦只说：“领旨。”将太后派来的太监打发走了。

一天韩琦上了封札子，说有重要事请示，需要单独见皇帝，于是英宗单独召见了他。见面后，韩琦对英宗说：“您不要吃惊，有一封信必须给您看，把事情说明白，只是不能泄露……皇上能有今天，全靠慈寿太后的力量，此恩不可忘记。然而既不是亲生母子，只要多加奉承，便可以相安无事了。”英宗说：“一定接受先生的教益。”韩琦又说：“太后的这封信，臣不敢留。希望能在宫中秘密烧掉，如果泄露出去，谗言将会趁机兴起。”英宗连声赞同。这以后，太后与皇帝、皇后的关系很融洽，别人根本看不出曾发生过矛盾。

韩琦把皇帝家的家务纠纷解决得如此漂亮，不愧为一代名臣。他的计谋出发点是以大局为重，不激化矛盾，采取了暗中调停的办法。我们今日如遇到此类问题，不妨也向韩琦学一学。

明白这些道理就先要修心，人的道德修养主要表现在待人上，是恩怨于心，还是“人我两忘，恩怨皆空”，决定于人的修养。古代士人讲究宽以待人，强调“恕”、“忍”，就是要求待人时“以德报德，以恩报怨”，使人际和谐，而自我怡然。

做人当然不可无原则，提高自身修养的本也是为了以自身之德感化彼人之怨，如此就不会计较于个人的恩怨，不会陷溺于人际苦恼。

人生苦乐并非主观的而是客观的，所以并不在于气候的冷暖和世态的炎凉，而完全存乎自己内心一念之间的感受。假如你能本着“人我两忘，恩怨皆空”的态度，那人间冷暖和世态炎凉就都不足一论。

人生智慧

◇有时的宽恕即是一种信任，当一个人犯了错误，却是可以原谅的，那么不妨再给他一次机会。

◇人生多憾事，十事九难全。

◇唯一可以改变的是我们这颗多变的心，一个宽广心灵的人拥有的是满足和改变欲望的胸怀。

能容人者人亦容之

【聊天实录】

我：用恩德来报答怨恨怎么样？

孔子说：我说过：何以报德？以直报怨，以德报德。通俗一点讲，就是：用什么来报答恩德呢？应该是用正直来报答怨恨，用恩德来报答恩德。

我：为什么呢？

孔子：有的人很奇怪这样一种现象，某位严厉的领导对一般人很苛刻，听不得丝毫不中听的话，可对某一个人却网开一面，即使他顶撞自己也不以为意。其实也没有什么好奇怪的，这位敢于顶撞领导而又不被责怪的人，大半是个无私、正直的人，而他的无私与正直很多时候恰恰体现在对其他人，包括对批评、诋毁自己的人的宽容上。

【人生解读】 宽容是一种美德

古人云：冤冤相报何时了，得饶人处且饶人。这是一种宽容，一种博大的胸怀，一种不拘小节的潇洒，一种伟大的仁慈。自古至今，宽容被圣贤乃至平民百姓尊奉为做人的准则和信念，已成为中华民族传统美德的一部分，并且被视为育人律己的一条光辉准则。

在日常生活中，难免会发生这样的事：亲密无间的朋友，无意或有意做了伤害你的事。你是宽容他，还是从此分手，或待机报复？有句话叫以牙还牙，分手或报复似乎更符合人的本能心理。但这样做了，怨会越结越深，仇会越积越多，真是冤冤相报何时了。如果你在切肤之痛后，采取别人难以想象的态度，宽容对方，表现出别人难以达到的襟怀，你的形象瞬时就会高大起来，你的宽宏大量、光明磊落就会使你的精神达到一个新的境界，你的人格将会折射出高尚的光彩。宽容，作为一种美德受到了人们的推崇，作为一种人际交往的心理因素，也越来越受到人们的重视和青睐。

20世纪50年代，台湾的许多商人知道于右任是著名的书法家，纷纷在自己的公司、店铺、饭店门口挂起了署名于右任题写的招牌，以示招徕顾客。其中赝品居多，真正是于右任所题的却极少。

一天，一学生匆匆地来见于右任，说："老师，我今天中午去一家平时常去的小饭馆吃饭，想不到他们居然也挂起了以您的名义题写的招牌，明目张胆地欺世盗名，您老说可气不可气！"正在练习书法的于右任哦了一声，放下毛笔，然后缓缓地问："他们这块招牌上的字写得好不好？好我也就不说了。"学生叫苦道："也不知他们在哪儿找了个新手写的，字写得歪歪斜斜，难看死了，下面还签上老师您的大名，连我看着都觉得害臊！"

这可不行！于右任沉思道："你说你平时经常去那家馆子吃饭，他们卖的东西有啥特点，铺子叫个啥名？"

"这是家面食馆，店面虽小，饭菜都还做得干净，尤其是羊肉泡馍做得特地道，铺名就叫'羊肉泡馍馆'。"

“呃……”于右任沉默不语。

“我去把它摘下来！”学生说完，转身要走，却被于右任喊住了。

“慢着，你等等……”

于右任顺手从书案旁拿过一张宣纸，拎起毛笔，刷刷在纸上写下了些什么，然后交给恭候在一旁的学生，说：“你去把这个东西交给店老板。”

学生接过宣纸一看，不由得呆住，只见纸上写着笔墨酣畅、龙飞凤舞的几个大字：羊肉泡馍馆，落款处则是“于右任题”几个小字，并盖了一方私章。整个书法，可称漂亮之至。

“老师，您这……”此学生大惑不解。

“哈哈。”于右任抚着长髯笑道，“你刚才不是说，那块假招牌的字实在是惨不忍睹吗？这冒名顶替固然可恨，但毕竟说明他还是瞧得上我于某人的字，只是不知真假的人看见那假招牌，还以为我于大胡子写的字真的那样差，那我不是就亏了吗？我不能砸了自己的招牌，坏了自己的名！所以，帮忙帮到底，还是麻烦你跑一趟，把那块假的给换下来，如何？”

“啊，我明白了，学生遵命。”转怒为喜的学生拿着于右任的题字匆匆去了，就这样，这家羊肉泡馍馆的店主竟以一块假招牌换来了当代大书法家于右任的墨宝，喜出望外之余，未免有惭愧之意。

人生就是一出戏，不同的人有被设定的不同角色，人们都在戏里不知疲倦地扮演着属于自己的那个角色。快乐的是戏，悲伤的也是戏，在人漫长的一生中，我们所看到的、所经历的不可能全是快乐的、合理的戏。古人常说“世间不如意事，十常八九”，如意的自然只有那“一二”分。在生活中，我们虽然会遇到各种各样的烦心事，但假如我们能够放松心情，常想“一二”，时常把遇到的人和事往乐观的方面想，我们就会一直生活在快乐之中，因为只有宽容才是快乐之本、幸福之源。

生活中，宽容是一种良好的处世智慧，只有那些善于运用宽容来处理人际、修炼自己的人们才是真正的智者。有些人在生活中总是处处受到欢迎，那是因为他们通情达理、懂得宽容别人，建立一个属于自己的良好人际关系圈。

这样的人一旦有了一点困难，就一定会出现“一方有难八方支援”的景象，我们无法想象有哪一个睚眦必报、心胸狭窄的人会受到人们的欢迎。懂得宽容，就掌握了建立良好人际关系的法宝。一个人，只要拥有了豁达、宽容的心境，就一定能同那些在习惯、信仰和意见中有不同之处的人打交道，并能很好地相处，获得各种机遇，这不仅会对我们的个人生活有很大的价值，能够让我们整天在轻松、愉悦的环境中生活，而且能让我们的事业风生水起。学会了宽容，就能提高自己的修养；学会了宽容，就打开了成功的大门；学会了宽容，就更容易实现自己的梦想。

宽容是解除疙瘩的最佳良药

宽容并不仅仅是我们所想的只是原谅那么简单，它更是一种力量和智慧的体现。劳伦斯·斯特恩曾经说过：“只有勇敢者才懂得怎样宽容……懦夫是绝不会宽容的，这不是他的性格。”

美国第三任总统杰斐逊与第二任总统亚当斯从交恶到宽恕就是一个生动的例子。

杰斐逊在就任前夕，到白宫去想告诉亚当斯说他希望针锋相对的竞选活动并没有破坏他们之间的友谊，但杰斐逊还来不及开口，亚当斯便咆哮起来：“是你把我赶走的！是你把我赶走的！”

从此两人没有交谈达数年之久，直到后来杰斐逊的几个邻居去探访亚当斯，这个坚强的老人仍在诉说那件难堪的事，但接着冲口说出：“我一直都喜欢杰斐逊，现在仍然喜欢他。”

邻居把这话传给了杰斐逊，杰斐逊便请了一个彼此皆熟悉的朋友传话，让亚当斯也知道他的深重友情。后来，亚当斯回了一封信给他，两人从此开始了美国历史上最伟大的书信往来。

宽容意味着理解和通融，是融合人际关系的催化剂，是友谊之桥的紧固剂，宽容还能将敌意化解为友谊。

戴尔·卡耐基在电台上介绍《小妇人》的作者时心不在焉地说错了地理位置，其中一位听众就恨恨地写信来骂他，把他骂得体无完肤。他当时真想回信告诉她：我把区域位置说错了，但从来没有见过像你这么粗鲁无礼的女人。但他控制了自己，没有向她回击，他鼓励自己将敌意化解为友谊。他自问：如果我是她的话，是否也能像她一样愤怒呢？他尽量站在她的立场上来思索这件事情。他打了个电话给她，再三向她承认错误并表示道歉。这位太太终于表示了对他的敬佩，希望能与他进一步深交。

宽容朋友间无意造成的误会，就能使友谊的生命力延长；宽容别人在背后的无理中伤，能使人们友好的相处；宽容他人的暂时失控，就能使自己与他人协调一致；宽容他人无心的冒犯，就能促使他们在以后的生活中自觉规范自己的行为；宽容别人的一时过失，就能使幸福生活长久持续。如果我们不能理解宽容的含义和价值，总是心胸狭窄，睚眦必报，对别人言语刻薄，甚至得理不饶人，就会处处碰壁、处处摔跤，时不时地陷入烦恼之中，无穷无尽。

一个不懂宽容的人，一定视野狭窄，总是以自我为中心，没有知心的朋友，而心胸豁达宽容的人，就会时常把爱放在首位，他们待人随和，遇事冷静，总是尽心尽力地帮助别人，不但能够谅解曾经伤害过他们的人，还会在他们有困难的时候慷慨帮助，最终彼此之间成为值得信赖的朋友。正所谓退一步海阔天空，忍一时风平浪静。如果别人犯了错，那么必要的指责是无可厚非的，但假如我们能以博大的胸怀去宽容别人，就一定能让我们的生活更加精彩和谐。

当你以宽容的心胸去原谅他人的过失的时候，收获的不仅仅是所谓的尊严，更重要的还会得到他人的尊重。对他人再宽容一点，心胸再开阔一点，我们的生命就会增加更多的空间。而这样的空间是宽松的，充满了信任与理解的，在这样的空间里，根本不会有所谓的纷争，人们的心灵也不会受到伤害。

释迦牟尼说：“以恨对恨，恨永远存在；以爱对恨，恨自然消失。”宽容是解除疙瘩的最佳良药，宽广胸襟是交友的基础，宽容能使你赢得友谊。忍一

时风平浪静，退一步海阔天空。对于别人的过失，必要的指责无可厚非，但能以博大的胸怀去宽容别人，就会让世界变得更精彩。

人生智慧

◇宽容是一种良好的处世智慧，只有那些善于运用宽容来处理人际、修炼自己的人们才是真正的智者。

◇以恨对恨，恨永远存在；以爱对恨，恨自然消失。

◇如果别人犯了错，那么必要的指责是无可厚非的，但假如我们能以博大的胸怀去宽容别人，就一定能让我们的生活更加精彩和谐。

孔子与我聊和睦家庭之道

家庭是社会的一个缩影，只有勤俭治家，形成良好的家风，才能把家治理好，继而参与国事，最终兼济天下。家治好了，国家自然安定，天下也就太平了。家和万事兴，“家和”是你获得财富和幸福的基础，是社会稳定的基石，是人生旅途中温馨的驿站。

邻居好，赛金宝

【聊天实录】

我：荀子说："品质高尚的人居住一定要选择地方，交游一定要选择朋友，这是为了远离歪风邪气而接近仁义道德。"这里说的"里仁为美"该怎么理解呢？

孔子：里仁为美，择不处仁，焉得知？

我：这话怎么解释嗯？

孔子：居住在有仁厚风气的地方才好，只选择住处而不选在有仁厚风气的地方，怎能算明智呢？

我：我想起了一个例子，《南史·吕僧珍传》里有一个"百万买宅，千万买邻"的故事：宋季雅任上卸职回到京城，在辅国将军吕僧珍家旁边买了一所住宅。吕僧珍问他买房子花了多少钱，宋季雅说花了1100万两银子。吕僧珍认为太贵了，宋季雅却说不贵，这是用100万买房子，用1000万买到了你这个好邻居。

孔子：这用你们现代教育学的观点来看，"里仁为美"就是强调环境对人的重要影响。春秋战国之际的思想家墨子见染丝者而叹日："染于苍则苍，染于黄则黄。五人为五色，不可不慎也。非独染丝，治国亦然。"说的也是环境影响人。孔子的"里仁为美"强调环境对人的重要影响，具体说就是搞好邻居关系。任何一个家庭都不是孤零零存在的，总有左邻右舍。邻里相处，建立在共同住地的基础上，在日常生活领域发生多方面的互助关系，邻里交往是很密切的。每个家庭都愿意搞好邻里关系，于人家方便，对自己也有利。

我：哦，原来是这样，现实中总有一种人，只关心自家的事，对邻居的情况不闻不问，或自以为清高，或标榜不多管闲事。一旦自家有事情，便后悔不已。有位大妈边跑边喊："捉住前面的小偷。"邻居小两

口迎面过来，却侧身让小偷跑了过去。大妈上气不接下气告诉他们："偷的就是你们家的东西。"待这两位明白过来再去追赶时，小偷早已不见踪影了。"只扫自家门前雪，不管他人瓦上霜"的结果，只能是自家门前雪成堆、自家瓦上霜也重。

【人生解读】 百万买宅，千万买邻

俗话说"远亲不如近邻"，这句话是说与邻居的亲切胜过远亲。选择一个相处得来的邻居，是在许多人的能力之内的事，只是，这种选择往往是双向的。在日常生活中，需要邻居间互相帮助的事情很多，比如有的邻居工作和学习很忙，时间比较紧，或家中人手少，有孩子拖累，你要是上街买菜，不妨主动问一下邻居需要买什么菜，方便的话就顺便帮邻居买回来。有的邻居有客人来访，而碰巧家中无人，在弄清对方身份的前提下，或请客人留张纸条，或将客人让到自己家中稍候。如果客人给邻居带有礼品，可代为收下，等到邻居回来时，再将纸条和礼品一并交给邻居。这样，当你遇到困难时，大家一定会帮助你，邻里间的关系就会变得更亲密了。

邻居住在一起，难免闹些矛盾误会，一旦发生矛盾，邻居间应互相谦让，及时处理，使矛盾不致扩大。

俗话说，让人一步自己宽。如果两家孩子发生争执，首先要批评自己的孩子："你比小东大，怎么不让着点？快向小东说对不起！"即使自己的孩子吃了亏，被对方打了，他又占理，也不要对打人的孩子吼叫，这样显得大人太没有涵养了。你可以找到打人孩子的父母说明情况，因为他们不知道孩子打人的事，对孩子管教也是不利的。

实际上，邻里间往往因为一些鸡毛蒜皮的小事而闹得不可开交。双方遇事毫不相让，针尖对麦芒，以眼还眼，以牙还牙，结果小事闹大，矛盾加深，结成疙瘩，久久不能解决。在邻里相处中，应该严于律己、宽以待人。若每个家庭都能经常注意自己的涵养，邻里间的矛盾就会减少。

邻里相处，不能只图自家方便，只想自己占便宜。日常生活中，要多加注意，比如家庭聚会，不要高声喧哗，举办家庭舞会也要尽量避免影响邻居。听广播、看电视应把音量尽可能放小，尤其在午间或夜里的休息时间更应注意。有的邻居上夜班，白天要睡觉，所以白天也不宜音量过大。现在的居民住房隔音很差，你尽情歌唱，别人受得了吗？一些楼房质量很差，地板渗水，拖地时不要淋水，也不要在地上洒水，以防渗到楼下的天花板上。住在楼上，不要随意往楼下扔果皮之类的脏物，不要往窗外吐痰，更不要往下泼脏水。在阳台放置东西一定要牢固，以防掉下去砸坏楼下的人或物。占用公共面积要与邻居协商好再使用，临时停放自行车或其他物品于公共地方，不要妨碍别人行走。公共卫生要共同保持，不可只是顾自己方便乱扔乱倒垃圾。要经常主动清扫楼道楼梯，不能只依赖别人去做卫生。城市居民不能养家禽家畜，以免影响邻居卫生。

邻里之间成天低头不见抬头见，谁家的喜怒哀乐、送往迎来、吃喝穿戴，邻居都能看得见，听得到。有些人就爱捕风捉影，添油加醋地议论张家长李家短，今天把孙家的矛盾告诉王家，明天又把赵家的家丑告诉李家，后天再把江家的新鲜事告诉何家，甚至制造流言蜚语，弄得平地起风浪，四邻不安，可见，拨弄是非是搞好邻里关系的大敌。大文豪乔史说过：“拨弄是非的舌头是魔鬼，所以上帝要用嘴唇和牙齿两道栅栏把它关在里面。”要防止“魔鬼”出来兴风作浪，大家应自觉抵制，而不是津津乐道、推波助澜，不给拨弄是非者以市场。说闲话、嚼舌头，不管是有意还是无心，其结果都是不好的。邻居们在一起聊天的时候，不要说伤和气的话，不做损害人的事儿，不去打听邻居的私事，也不偏听偏信。听到对自己的是非之言，要冷静分析，不去过多计较，如有人恶意中伤，毁人名誉，应严肃纠正，必要时还可诉诸法律。

常和品行高尚的人在一起，就像沐浴在种植芝兰散满香气的屋子里一样，时间长了便闻不到香味，但本身已经充满香气了；和品行低劣的人在一起，就像到了卖鲍鱼的地方，时间长了也闻不到臭了，也是融入环境里了；藏丹的方

时间长了会变红，藏漆的地方时间长了会变黑，也是环境影响使然！所以真正的君子必须谨慎地选择自己处身的环境。

人生智慧

◇邻居住在一起，难免闹些矛盾误会，一旦发生矛盾，邻居间应互相谦让，及时处理，使矛盾不致扩大。

◇常和品行高尚的人在一起，就像沐浴在种植芝兰散满香气的屋子里一样，时间长了便闻不到香味，但本身已经充满香气了。

◇拨弄是非是搞好邻里关系的大敌。

忍让包容，融洽相处

【聊天实录】

我：您觉得家庭和睦的关键是什么？

孔子：小不忍则乱大谋。

我：这怎么讲？

孔子：小事情上不能忍耐，就会打乱大的计谋。

我：家庭生活还需要忍让吗？

孔子：这里的忍，是指要包容，每个家庭都要有所信奉的为人处世标准，在日常生活中都要遵循正确的原则。这样家庭成员才能和颜悦色以诚相待，父母兄弟之间才能相互理解，融洽相处，这样所得到的益处要胜过静坐省察自己身心千万倍。

我：就像《菜根谭》里说的：家庭有个真佛，日用有种真道，人能诚心和气，愉色婉言，使父母兄弟间形骸两释，意气交流，胜于调息观心万倍矣。

【人生解读】

家和万事兴

曹氏父子三人是三国时期的著名文学家，合称三曹，为中国文学史留下了许多不朽篇章。曹植的“七步诗”更是为世人皆知，其意义已不再是此诗本身的价值，它包含了深邃的政治内涵，成了久远的历史长河中为了争夺地位、权力、财产，兄弟反目、手足相残的一种写照。“煮豆燃豆萁，豆在釜中泣。本是同根生，相煎何太急。”毋庸说，这是曹植对其兄曹丕的控诉书。

封建时代这种兄弟之间为争权夺利不择手段、自相残杀现象是当时权力即一切的社会制度的必然结果，现在已经不是封建时代，人们应该兄敦弟睦，珍惜血缘亲情了。

家和万事兴，家庭和睦是社会和谐的基石。一个家庭想要“家和万事兴”，则家庭里的成员必须能相互体谅忍让、相互理解包容。忍让包容，能让家庭和睦，使全家相安无事。

忍和容是有能力、有雅量、有修养的表现，它是积极的、主动的、高姿态的，人人都懂得这个道理的话，那么家庭就会和谐幸福。

家是人生的安乐窝，是人生的避风港。一个家庭想要“家和万事兴”，家庭和睦从某种程度上说具有决定性。只有家庭和睦，才能克服困难，越过一道道难关，才能真正地成为温馨的家庭。

有一老翁，有子媳各三，一家相处融洽，终年不见争吵。一日闲聊时，老翁谈起与媳妇的相处之道，他举例说：一次大媳妇煮点心，先盛一碗给他，并半征询半内疚道：“刚才我好像放多了盐，不知您会不会觉得咸了点？”阿翁吃了一口，即答：“不会！不会！恰到好处呢！”此后的一次，三媳妇煮点心时也给他送去一碗，说：“我一向吃得较为清淡，不知您口感如何？”阿翁喝

了一口汤，忙答："很好很好，正合我的口味。"结果自然是皆大欢喜。

忍让是通向幸福的光明大道。家庭中的矛盾、分歧很少是原则性的问题。这时能以"忍""容"字为先，不予计较，相互谦让，矛盾也就烟消云散了，不然的话，难免你一言我一语激化了矛盾。其实，是咸是淡，好吃难吃，都不重要，重要的是一家人相处时那种和乐的气氛。

学会忍让包容，就懂得了如何抓住幸福。忍让包容，是家庭和谐幸福必不可少的条件。多站在别人的角度想问题，比如，在家里谁说了几句不中听的话，你不妨想，他可能为别的事心里不痛快，或许他对什么事误会了，或许他天生的直筒子脾气，沾火就爆，过后他会想到自己的不对，或许是因为他年纪小、想事情不周全，等等。这样就理解了、宽恕了、容忍了，也就不会往心里去，自己的心里也是坦然的、广阔的、清爽的、平静的。

试想，如果家庭成员之间不知忍让克制，常因大大小小的家庭琐事发脾气、闹矛盾，这个家庭就不会有什么和睦融洽可言。学会理解和忍让，让我们在和谐的家庭环境中幸福地生活。

一个女孩，她的父母三天两头地吵架，女孩害怕看到爸爸妈妈吵架，她喜欢爸爸妈妈不吵架的日子。有一天，女孩生病了，她躺在床上，爸爸妈妈坐在她的床边，就连放一个杯子都轻轻地放，害怕吵醒她。这时，她心中无比的高兴，甚至希望自己永远都能这样生病，那爸爸妈妈就再也不会吵架了。

从上面的故事可以看出家庭和睦是多么重要，只有家庭成员和睦相处，一个家庭才能获得真正的温馨。

人生智慧

◇忍和容是有能力、有雅量、有修养的表现，它是积极的、主动的、高姿态的。

◇只有家庭成员和睦相处，一个家庭才能有真正的温馨。

◇家是人生的安乐窝，是人生的避风港。

培养孩子得让他吃点苦头

【聊天实录】

我：教育孩子时，您觉得应该持什么样的态度呢？

孔子：爱之，能勿劳乎？忠焉，能勿悔乎？

我：这句话的意思应该是：爱他能不为他操劳吗？忠于他能不对他劝告吗？

孔子：是的，“爱之，能勿劳乎？忠焉，能勿诲乎？”是有关于教育，也有关于个人修养的。以自己的孩子为例，要爱护，却不能溺爱，太宠爱就会害了他，要使他知道人生的艰难困苦。

我：溺爱是中国人传统的育子方法，因为溺爱培养下的孩子缺少独立性格，符合中国人的思维方式，看来这样的教育方式有很大的弊端。

【人生解读】

真正的爱是放手

赵太后刚执政，秦国便要进攻赵国，此时群臣建议求救于齐国，齐君应允，但需要赵太后的小儿子长安君做人质，而赵太后非常溺爱长安君，所以她非常气愤，说谁再提这事便要杀谁。后来左师触龙来见赵太后，说自己怎样对待最爱的儿子，并说：“父母之爱子，则为之计深远。”意思是说，做父母的真正能爱孩子的话，就应该为他们的将来做打算，而不应该过于溺爱，以致将来无法立足。后赵太后听其建议，赵国解围。父母爱儿女乃人之常情，但怎样的爱才是真正的爱呢？

舐犊情深是为人父母的本性，怎么才能给孩子真正的爱呢？这个看似简单的问题，却有许多家长看不透、看不穿，反而陷入“溺爱”的深渊而不能自拔，只是“当局者迷，旁观者清”吗？看看孔子说的话，就晓得正确答案了。

培养孩子得让他吃点苦头。一分一厘，当思来之不易；只有懂得做人做事的艰辛，才会认真对待自己的人生。

一个人小时候依赖父母，但早晚要去独立生活。如果没有一定的技能，就难以迈开自立的第一步。美国许多大富豪也是鼓励自己的孩子要自立，而不是依靠遗产生活。美国有一个深入人心的广告：父母举着装有铁锤、锯子、螺丝刀的工具箱说："给孩子工具箱，而不是百万遗产。"日本的小学生入学的第一课，就是要学会怎么样使用榔头，并且有很多劳动。

有一部电影叫作《狐狸的故事》，当那些小狐狸还在老狐狸身边撒娇的时候，那些身为父母的老狐狸却无情地把它们从家中赶走。据说它们的这种习性，叫作"清窝"。那些老狐狸咬伤并被赶走的小狐狸眼中充满着忧伤和委屈，而老狐狸则是义无反顾般的坚决和果断。

后来，我才慢慢懂得：这就是自然界的生存法则。作为一只小狐狸，如果你在幼年跨向成年的转折关头没被清过窝，也就没经历过被驱逐出家的痛苦，也就没有浪迹天涯的冒险，也就不会有用生命做抵押的开拓，也就不具备独立生活的生存能力。没被清过窝的狐狸，就像没淬过火的刀、没开过口的剑，永远也长不大，永远是个废物。

据说小鹰们长到一定程度以后，父母会选择一天让那些小鹰们在悬崖峭壁上一字排开，然后一个个地推下去。会飞的适者生存，不会飞的物竞天择，纵然摔向谷底粉身碎骨，威严的老鹰父母也不会有一丝一毫的动摇，这就是自然界的生存法则。

狐狸和鹰的教子方式，是靠本能中的天性来实现它对下一代的爱的。尽管有些残酷，但这就是动物为了族类持续生存的天然法则。就像达尔文所说的那样：物竞天择，适者生存。

"溺爱"和"爱"虽然只是一字之差，但"失之毫厘，差之千里"。真正的爱，是磨炼，是放手，是给予孩子更多的空间。如果孩子不知道如何去生存，就将被社会无情地淘汰。如果孩子在父母身边永远有所依靠，有朝一日独立去面对这个世界的时候，就将无所适从。教育孩子应该注重培养他们

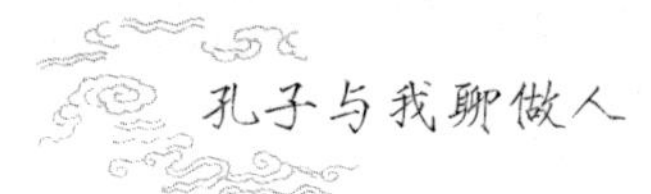

独立的意志品格，不能娇生惯养，因为溺爱会生害。孩子只有依靠自己的努力掌握今后立足于社会的本领，才能在离开父母的庇护后成为独立的个体，展翅高飞。

溺爱对孩子的成长极为不利，会造成孩子孤傲而脆弱的不良性格，造成贪图物质追求的不满足感，造成对人缺乏爱心、唯独只有自己的自私冷漠心理，造成对事情缺乏是非观念、单凭个人好恶行事的处世原则，造成对生活缺乏自强、自立、自信的思想意识。

李嘉诚在他的两个儿子李泽钜和李泽楷只有八九岁时，就让他们参加董事会，让孩子们列席旁听，就某些问题发表自己的见解。两人耳濡目染，慢慢领会了父亲以诚信取胜的生意经，分析解决问题的能力也得到提高，为他们此后在事业上的成功奠定了坚实的基础。当两人都以优异的成绩从美国斯坦福大学毕业后，他们向父亲表示想要在他的公司里任职，干一番事业。

不料，李嘉诚断然拒绝了他们的请求，他对兄弟俩说："我的公司不需要你们！江山要靠自己打拼得来，要以实践证明你们是否适合到我公司来任职。"于是，兄弟俩去了加拿大，一个搞房地产开发，一个搞投资银行。他们凭着从小养成的坚忍不拔的毅力，克服了难以想象的困难，把公司和银行办得有声有色，成为加拿大商界出类拔萃的人物。

自古以来就有"慈母败子"的说法。所谓"慈母"指的是一种过分的母爱，也就是溺爱。从字面上看，溺爱的"溺"字兼有过分和淹没的意思，过分地疼爱孩子等于淹没他们。古人云："虽曰爱之，其实害之；虽曰爱之，其实仇之。"这是对"溺爱"一词最好的注解。韩非子有句话：人之情性莫爱于父母，皆见爱而未必治也。这是说人与人之间的感情没有比得上父母爱子女之情的，但是只有爱，不见得就能教育出好孩子来。爱他，要让他懂得生活的辛劳，已经能够忠诚对事，也需要对其进行教诲。忧劳举国，逸豫亡身。根基不稳的植物在外界的压力下不易存活，而夹缝中的小树却能傲立风霜而不倒。

人生智慧

◇培养孩子得让他吃点苦头。一分一厘，当思来之不易；只有懂得做人做事削艰辛，才会认真对待自己的人生。

◇真正的爱，是磨炼，是放手，是给予孩子更多的空间。

爱是无尽的忍耐

【聊天实录】

我：家庭和睦的关键是什么呢？

孔子：礼之用，和为贵。先王之道，斯为美，小大由之。有所不行，知和而和，不以礼节之，亦不可不行也。

我：这句话怎么解释呢？

孔子说：礼的施行，以和谐为贵。以前圣王的治理之道，好就好在这里，不管小事大事都遵循这一原则。尚有行不通的地方，只知一味地为求和谐而求和谐，不用礼仪来加以节制，那也是不行的。

我：哦！那么具体点怎么讲呢？

孔子：礼本来指的是区别尊卑贵贱的等级制度及与之相应的礼节仪式，但礼的根本目的又在于起中和作用，也就是要达到和谐的境界，这样就造成了礼与和之间既相矛盾又相统一的关系。按照儒家的礼治观点，就是要人们在遵守礼法的前提下和睦相处。所以，一方面是“礼之用，和为贵”，“和”是目的；另一方面，一味地为和而和，不以礼来进行约束，不讲原则，也是不行的。

我：将这个道理用于家庭关系的处理中，就是既要讲团结、讲和睦，才能实现家和万事兴的目标，但又不能无视家庭矛盾的存在，一味地为和谐而和谐，要敢于正视家庭问题的存在，并妥善地将其处理，只有这样才能真正建立一个温馨和谐的家庭。

孔子："和"是调节家庭的一种再好不过的催化剂，从古到今，多少家庭的破裂都是因为不和而引起的，很多单亲家庭的孩子便是家庭不和的牺牲品，他们失去父爱或母爱，长期生活在缺少亲情的家庭中得不到亲情的滋润，这对于一个健康孩子的性格的培养无疑是一种很强的削弱。让每一个家庭都多一点爱，和睦相处，家和万事兴吧！

【人生解读】 和气消冰，化解矛盾

人都是好面子的，没有人希望别人对自己大呼大叫，即使错在自己，也总希望别人能温柔规劝，给自己台阶下。但很多人在与外人相处时会留意到自己的态度，回到家里面对最亲近的家人时，却反而失去了爱心和耐心，毫无保留地抒发自己的负面情绪。或许有人会说，家人与外人最大的不同就是，对家人不必掩饰自己的喜怒，但如果对家人反而没有爱心和耐心，那么家人岂不是连外人还不如了吗？

颜之推原籍琅琊临沂，北齐文学家，世居建康，生于士族官僚家庭，传世著作有《颜氏家训》和《还冤志》等。

《颜氏家训》共二十篇，是颜之推为了用儒家思想教训子孙，以保持自己家庭的传统与地位，而写出的一部系统完整的家庭教育教科书。这是他一生关于士大夫立身、治家、处事、为学的经验总结，在封建家庭教育发展史上有重要的影响，后世称此书为"家教规范"。

在现代社会中，家庭中教育子女问题很多，简单来说可分为两大类，一是家长对于女子的管教特别严格，每当子女犯了过错，就立刻暴跳如雷非打即骂，这可称之为暴君型的家长。另一类是家长对子女的学业和事业漠不关心，自己整天只吃喝玩乐，这可称之为不明事理型的父母。据教育专家们的分析，

这两种类型的家长，都会对子女的人格发展产生不良影响。暴君型的家长，容易把女子管得更坏，例如除了反抗和撒谎等毛病之外，最严重的是跟同学发生冲突，以便发泄由父母所造成的满腔激愤，所以最好还是采取借他事隐讽的劝导办法，如此才能收到“春风解冻，和气消冰”的实效。家庭存在矛盾，各人常有过错，只要相互不轻言放弃，冷静对待处理，循序诱导、春风解冻、和气消冰，才能化解矛盾，更过改错，保持家庭的持久和谐。其实这种“春风解冻、和气消冰”的处理矛盾、问题方式，又何尝不是解决社会上人与人之间矛盾问题的正确方法呢。

古人说“齐家治国平天下”，一个人的事业再有成就，对外的人际关系再好，倘若家庭气氛不和睦，同样谈不上圆满成功。

家里有人犯了过错，不能随便大发脾气，也不应该轻易地放弃不管。如果这件事不好直接说明其错误，可以借其他的事来提醒暗示，使他知错改正；今天不能使他醒悟，可以过一些时候再耐心劝告。就像温暖的春风化解大地的冻土，暖和的气候使冰融一样，这样才是处理家庭琐事的典范。

大富之家，以和为贵

《圣经》里说“爱是无尽的忍耐”，实际上，就是教导我们万事以和为贵，以和去爱别人，去忍受。而我始终以为，“和”是一种风采，“和”是一种美丽，人与人之间的“和”是一种美。卡夫卡说：“每个人所拥有的，不是一具躯壳，而是一串成长的过程。”生命不仅是一声旅程，更是一首赞歌，需要以“和”去谱写，需要我们以“和”去传唱。心灵与心灵之间的友爱是一种美丽，可以折射出人性的光辉，这样一种美丽，就是“持旁人，同时自己也获得重心和支点”。

有人将家庭比作避风的港湾，有人将家庭比作温暖的火炉，也有人将家庭比作温馨的摇篮，这些都说明了一个道理：人人都关注家庭，人人都渴望拥有一个和谐幸福的家庭。

古也罢，今也罢，大凡一个人生活的乐苦，心情的好坏，乃至事业的成败，都与家庭是否和谐紧密相关。幸福的家庭，对于每个人来说，都是得之不易的。

假如你忙于工作，无暇顾己，每次总是妻子娇嗔地拿着洗净熨平的衣服催你脱旧换新；假如你在外面受了闲言中伤，回家后，丈夫倾心地劝慰你“别理它”；假如你去学校参加家长会，一进校门就看见光荣榜上你的孩子名列前茅……这时候你就会充分享受到幸福家庭的快乐，并感受到成功人生的快乐。

同的冰雪融入相同的河流，是为和，不同的河流注入相同的海洋是为和，不同的海洋面朝同一片天空，是为和。和，是乍暖三春里的一声问候，亲切悦人；和，是严寒腊八的一个炭火，温暖感人；和，是包纳百川的大海的宽容；和，是壁立千仞的高山的伟岸。以和为贵，因和而爱，由和而合，和是兴家之本，是旺国之基。因为历史的和鸣，才有今日的美好。

佛教导我们：“诸法无我，一切众生都是随缘而起的幻象。”这也是在教我们不要过分看重自我，要与他人和平相处。因为“和”是一种美丽，一种不同于寻常的美丽。创建一个幸福的家庭，你就创造了自己的成功人生。把握住“和”，把握美丽。

人生智慧

◇一个人的事业再有成就，对外的人际关系再好，倘若家庭气氛不和睦，同样谈不上圆满成功。

◇家里有人犯了过错，不能随便大发脾气，也不应该轻易地放弃不管。

◇幸福家庭皆相仿，不幸家庭各不同。

由俭入奢易，由奢入俭难

【聊天实录】

我：持家有道，这个道应该是什么样的道呢？

孔子：大哉问！礼，与其奢也，宁俭；丧，与其易也，宁戚。

我：这句话怎么解释呢？

孔子：林放问什么是礼的根本。我说：这个问题意义重大！就一般礼仪而言，与其铺张排场，不如俭朴；就丧礼而言，与其形式上治办周备，不如内心真正哀伤。

我：我曾看到读过您的“奢则不孙，俭则固，与其不孙也，宁固”。您虽然十分重视礼仪，但却反对形式主义的排场，而强调内心和感情上符合礼仪要求。反对形式主义的排场，不能只停留在表面形式上，更重要的是要从内心和感情上体悟礼的根本，符合礼的要求。

孔子：我提倡的礼仪，是发自内心肺腑的懂礼讲礼，要发扬的是勤俭节约的精神，反对的是铺张浪费的陋习。

【人生解读】 成由勤俭败由奢

在中国，素有“俭以养德”的古训和传统，所以在中国历史上，关于俭朴的实例就很多，汉初的汉文帝就非常俭朴和节省，在中国古代所有皇帝中都是很有名的。他在位23年，宫室、园林、狗马、服饰、车驾等等，什么都没有增加。但凡有对百姓不便的事情，就予以废止，以便利民众。文帝曾打算建造一座高台，召来工匠算，造价要值上百斤黄金，于是文帝便放弃了。文帝平时穿的是质地粗厚的丝织衣服，一件袍子穿了一二十年还补起来穿。对所宠爱的慎夫人，也不准她穿长得拖地的衣服，所用的帏帐不准绣彩色花纹，以此来表示俭朴，为天下人做出榜样。文帝规定，建造他的陵墓霸陵，一律用瓦器，不准用金银铜锡等金属做装饰，不修高大的坟；要节省，不要烦扰百姓。文帝还下令撤销卫将军统辖的保卫自己的军队，现有马匹，只留下日常所需要的，其余的都交给驿站使用。

北宋高官及杰出的史学家司马光，一生著述颇丰，其名著《资治通鉴》是我国一部很有价值的历史著作。他的生活十分俭朴，工作作风稳重踏实，更把俭朴作为教子成才的主要内容。

据有关史料记载，司马光在工作和生活中都十分注意教育孩子力戒奢侈，谨身节用，他在《答刘蒙书》中说自己“视地而后敢行，顿足而后敢立”。为了完成《资治通鉴》这部历史巨著，他不但找来范祖禹、刘恕、刘攽当助手，还要自己的儿子司马康参加这项工作。当他看到儿子读书用指甲抓书页时，非常生气，认真地传授了他爱护书籍的经验与方法：读书前，先要把书桌擦干净，垫上桌布；读书时，要坐得端端正正；翻书页时，要先用右手拇指的侧面把书页的边缘托起，再用食指轻轻盖住以揭开一页。他教诫儿子说：做生意的人要多积蓄一些本钱，读书人就应该好好爱护书籍。为了实现著书立说治国鉴戒的理想，他15年始终不懈，经常抱病工作。他的亲朋好友劝他“宜少节烦劳”，他回答说：“先王日，死生命也。”这种置生死于不顾的工作、生活作风，使儿子和同僚们深受启迪。

在生活方面，司马光节俭纯朴，“平生衣取蔽寒，食取充腹”，但却“不敢服垢弊以矫俗于名”。他常常教育儿子说，食丰而生奢，阔盛而生侈。为了使儿子认识崇尚俭朴的重要，他以家书的体裁写了一篇论俭约的文章，在文章中他强烈反对生活奢靡，极力提倡节俭朴实。

在文中他明确指出：其一，不满于奢靡陋习。他说，古人以俭约为美德，今人以俭约而遭讥笑，实在是要不得的。他又说，近几年来，讲排场，摆阔气，当差的走卒穿的衣服和士人差不多，下地的农夫也脚上穿着丝鞋。为了酬宾会友“常数月营聚”，大操大办。他非常痛恶这种糜烂陋习，为此，他慨叹道：“居位者虽不能禁，忍助之乎！”其二，提倡节俭美德。司马光赞扬了

宋真宗、仁宗时李亢、鲁宗道和张文节等官员的俭约作风，并为儿子援引张文节的话说："由俭入奢易，由奢入俭难。"他告诫儿子这句至理名言是"大贤之深谋远虑，岂庸人所及哉"。接着，又援引春秋时鲁国大夫御孙说的话："俭，德之共也；侈，恶之大也。"他还对道德和俭约的关系做了辩证而详尽的解释，他说："言有德者皆由俭来也。夫俭则寡欲。君子寡欲则不役于物，可以直道而行；小人寡欲则能谨身节用，远罪丰家。"反之，"侈则多欲。君子多欲则贪慕富贵，枉道速祸；小人多欲则多求妄用，败家丧身。"其三，教子力戒奢侈以齐家。司马光为了教育儿子警惕奢侈的祸害，常常详细列举史事以为鉴戒，他曾对儿子说过：西晋时何曾"日食万钱，至孙以骄溢倾家"，石崇"以奢靡夸人，卒以此死东市"。近世寇准生活豪侈冠于一时，"子孙习其家风，今多穷困"。

司马光还不断告诫孩子说：读书要认真，工作要踏实，生活要俭朴，表面上看来皆不是经国大事，然而，实质上是兴家繁国之基业。正是这些道德品质，才能修身、齐家，乃至治国、平天下。司马光关于"由俭入奢易，由奢入俭难"的警句，已成为世人传诵的名言。在他的教育下，儿子司马康从小就懂得俭朴的重要性，并以俭朴自律。他历任校书郎、著作郎兼任侍讲，也以博古通今、为人廉洁和生活俭朴而称誉于后世。

俭是一种人生观念，它涉及人的幸福观和苦乐观。俭的本身需要约束，需要克制，所以，俭的过程可能是有痛苦的。但是，有了约束，有了克制，人就降低了奢望，抑制了贪欲，减少了烦恼，因而俭的结果往往又是幸福的、快乐的。

俭是一种行为规范，它是对浮华浪费行为的一种有效而有益的约束。李商隐在《咏史》一诗中说出了勤俭的好处和奢侈的恶果："历览前贤国与家，成由勤俭败由奢。"由此可见，提倡勤俭对于家庭幸福和国家安宁关系重大，因为家庭和国家都需要德的维系，而在各种道德修养中，俭是一种很重要的方法。节俭是一门艺术，它能使人最大限度地享用生活，节俭是一切

美德的根本。

即使再有钱，也不能挥霍无度。瑞士是世界首富之国，但瑞士人的节俭却是出了名的，有时显得近乎“抠门”。欧洲有一句谚语，大意是说瑞士人有两个钱袋，装钱少的钱袋是准备请客的。即使是为自己购物，他们那种认真、耐心、掏钱时的谨慎，也使人叹为观止。比如，选购一张价格低廉的普通中国画，常常是戴上眼镜看，又摘了眼镜看，放远了看，又拿近了看，仔细端详，反复比较，就是这样的工夫花过，有时也还是终于搁下不买了，这似乎也为瑞士民族平和、娴雅的气度做了一个注释。

近些年来，随着经济的发展，人民生活水平提高了。相比以前只能满足“温饱”的生活，可以说是“旧貌换新颜”了。但日子仅仅是好过了几年，许多人就把当年的苦日子忘了，把中国悠久的传统美德——勤俭忘了，奢侈浪费、攀比斗富的情况比比皆是。这样做，完全违背了孔子所提倡的“礼，与其奢也，宁俭；丧，与其易也，宁戚”的思想。

真正靠劳动致富的人是很少挥金如土、奢侈淫逸的。李嘉诚曾是世人皆知的华人首富，而他至今仍住在30年前的老房子里；他虽然担任公司总裁，但对自己年薪的发放却有严格的限制。我国台湾塑胶大王王永庆，不仅自己克勤克俭，而且严格限制子女的零花钱，每项花费都要有详细的记录，花一块钱也得有所交代。因为他们“一粥一饭，常思来之不易；半丝半缕，恒念创业维艰”。1994年7月，亚历山大·卢卡申科出任自白俄罗斯首届总统，直到就职前一天，他还住在农村，他的夫人和小儿子至今还生活在那个偏远的村子里，他们的家是一座极普通的两层砖楼，还是集体农庄分给的。勤劳的总统夫人说：“我从不追求什么荣华富贵和显赫地位。”

“奢则不孙”，一旦陷入奢侈糜烂的泥坑，就会互相攀比，就像穿上有魔力的红舞鞋，身不由己，欲罢不能。

艰苦朴素，勤俭节约的核心是俭，“俭则寡欲，可以不役于物，直道而行，谨身节用，远罪丰家。”古今中外立大业、成伟名者，大多都是节俭朴素之人。诸葛亮隐于山中，居茅庐，穿布衣，淡饭粗茶，苦读勤思，养成高尚品德，造就雄才大略。他的名言“静以养身，俭以养德，非淡泊无以明志，非宁静无以至远”，不但是他本人的座右铭，还鼓励人们修身养性，完善人格。

“俭以养德”这条古训，是现代社会应该提倡的一种人生观念、一种生活态度、一种行为规范节俭的结果，往往又是幸福的、快乐的。古人论节俭告诉我们一个道理：节俭是大德而并非小节。节俭作为一种精神力量，本来如同大象。若是把它视作蚂蚁，显然是低估和小看了它的作用和能量。小到一个人、一个家庭，大到一个国家、一个民族，都离不开节俭，除非你不要生存、不想发展。因为自然界提供给人类的资源是有限的，不节俭就意味着人类提前结束自己的生命；发展是建立在拥有足够的能源基础之上的，资源枯竭便意味着停滞不前。

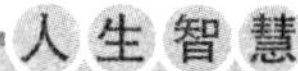

◇静以养身，俭以养德，非淡泊无以明志，非宁静无以至远。

◇真正靠劳动致富的人是很少挥金如土、奢侈淫逸的。

◇不节俭就意味着人类提前结束自己的生命。

好家风世代受益

【聊天实录】

我：过去很多人家的厅堂里都挂着“诗礼传家”的匾额，这应该来源于您对自己孩子的教育。

孔子：我与我的儿子有一段对话，是这样的：陈亢问于伯鱼曰：子亦有异闻乎？对曰：未也。尝独立，鲤趋而过庭。曰：学《诗》乎？对曰：未也。不学《诗》，无以言。鲤退而学《诗》。他日又独立，鲤趋而过庭。曰：学礼乎？对曰：未也。不学礼，无以立。鲤退而学礼。闻斯二者，陈亢退而喜曰：问一得三，闻《诗》，闻礼，又闻君子之远其子也。

我：这段话是什么意思呢？

孔子：陈亢问孔鲤说："您从老师那里受到过什么与众不同的教育吗？"孔鲤回答："没有。只是有一次他一个人站在庭院中，我恭敬地走过。他问我：'学《诗》了吗？'我说：'没有。'他便说：'不学《诗》，就不会说话。'于是我就退回去学《诗》。又有一天，他还是一个人站在庭院中，我恭敬地走过。他又叫住我问：'学礼了吗？'我说：'没有'。他便说：'不学礼，就无法立身。'我又退回去学起礼来。要说有什么特别的教育，就这两次吧。"

陈亢听后很高兴地说："我问一件事得知了三件：得知《诗》，得知礼，还得知君子不偏爱自己的儿子。"

我：您的话真的令人深省。

孔子：一个良好的家风需要几代人的努力，一旦形成，就会创造幸福家庭，世代受益不尽。古今中外立大业、成伟名者，大多都是节俭朴素之人。

【人生解读】 家风好则家道正

宋代范仲淹著的《岳阳楼记》人们都很熟悉，其中"先天下之忧而忧，后天下之乐而乐"的名句更是家喻户晓，可人们不一定知道，他还是一位非常俭朴的人。

范仲淹小时候家里贫穷，十几岁才上学读书。为了读书，他过着十分艰苦的生活，每天熬一锅粥，冷了凝成粥冻后，用刀切成四块，早晚各吃两块，每餐就用几条咸菜下粥，终经刻苦学习成为很有学问的人。做官以后，他牢记穷

苦百姓，以“先忧天下”为座右铭。他对两个儿子更是严格要求，常将自己艰苦求学的故事讲给他们听，要他们保持勤俭家风。在他的教导下，两个孩子都很懂事孝顺，也都学有所成。

二儿子范纯仁结婚前，提出把婚事办得排场一些，认为这是一生的大事，破费也是应该的，就想购置一些上等的物品，但他深知父亲的脾气，便列出一张清单征求父亲的意见。范仲淹看后皱起了眉头，然后摇摇头说：“这太过分了，哪能这么铺张！”说完见儿子低头不语，不像平时那样乐意地听取自己的意见，便又亲切地说：“孩子，我不是舍不得花钱，我也知道是亲家那边想风光一下，但我们在任何时候都不能丢掉范家的家风，不能忘记先忧天下的信条啊！”一席话说得深明事理的儿子点头称是，忙把清单改了又改，最后只办了一个简朴大方的婚礼，受到人们的称赞。

范仲淹年老以后，儿子想给他造间大宅养老，他坚决不同意。他认为自己现在的房子虽然比不上他的同僚们，但已经比大多数人的居住条件好得多了。儿子们也赞成他的意见，就将父亲积攒的俸禄拿来周济贫困亲友、部下和老百姓，对此，范仲淹欣慰地笑了。

现代社会，我们当然不能要求每一个家庭都像古代人那样以诗礼传家，但是孔子的教导我们也不能等闲视之，一个家庭如果没有了礼，用现在的话来说就是如果没有了良好的家风，那么家庭是很难保持和谐的。

毛岸青贵为开国领袖之子，数十年来却默默无闻，过着平民般的生活。开国之初，在中宣部当翻译，他像一般干部那样认真工作，没有丝毫架子，赢得了同事们的尊敬；在婚姻问题上，他不要领导出面，也不要父亲的特殊关照，而是以平等的身份与女友即后来的邵华谈心沟通，赢得了女友的爱慕；在晚年，他以坚强的毅力与家人一起重走长征路，又以多种形式帮助失学儿童，赢得了人们的敬意。一个出身不平凡家庭的人，却走出一条平凡之路，身后赢得了不平凡的尊敬，个中原因令人深思。

平凡的人生之路，为何会赢得不平凡的尊敬？人们在翻阅毛岸英、毛岸青成长历程中不难发现，是毛泽东的家风使他们变得崇高。

毛泽东的家风，是毛泽东教育家人严于律己、勇于奉献、乐于助人、不搞特殊化、艰苦朴素、谦虚谨慎的良好作风，也是民众所称道的平民作风。在这样的严父教育下，毛岸英、毛岸青走上了平凡人之路。

可以说，毛岸英和毛岸青并没有从父亲身上“借到多少光”。在1942年2月，毛岸英从莫斯科大学毕业回到延安时，毛泽东郑重而严肃地对他说，你在苏联大学毕业了，你学的只是书本知识，只是知识的一半，这是不完全的，你还需要另一所大学，这个大学，过去中国没有，外国也没有，这就是“劳动大学”。后来，毛岸英尊父嘱，背着被子到吴家枣园上“劳动大学”，拜农民为师了。在抗美援朝中，毛岸英不幸牺牲后，毛泽东发自内心地说，谁叫他是毛泽东的儿子呢？革命战争，总是要付出代价的。一个普通战士，不要因为是我的儿子，就当成大事。

家庭不讲礼仪，没有规矩，孩子就像野马一样，横冲直撞。现在有些学生，在日常生活中，见到长辈不知道打招呼，不懂得规矩，甚至还给老师、同学起绰号、骂人、打人等等，这都与家风不正有很大的关系。

家风是一个家庭长期培育和形成的一种文化和道德氛围，有强大的感染力量，是家庭伦理和家庭美德的集中体现。“家风”一经形成，就能不断地继承发展并有着日积月累、潜移默化、前后继承、陶冶家庭成员性情的作用。正如社会风气是社会道德水平的一个重要体现一样，家风是一个家庭成员的道德水平的体现。家风作为一种精神力量，它既能在思想道德上约束其成员，又能促使家庭成员在一种文明、和谐、健康、向上的氛围中不断发展。

家风好则家道正。家风同社会风气有着相互渗透、相互制约的关系，家风一方面要受社会风气的影响，反过来又对社会风气的形成、变化，发挥强有力的作用。良好的社会风气有助于良好家风的形成，良好的家风也能够对净化社会上的污浊空气起到很好的作用，有利于整个社会风气的改善。

人生智慧

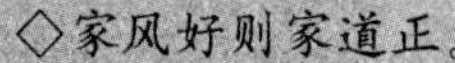

◇家风好则家道正。

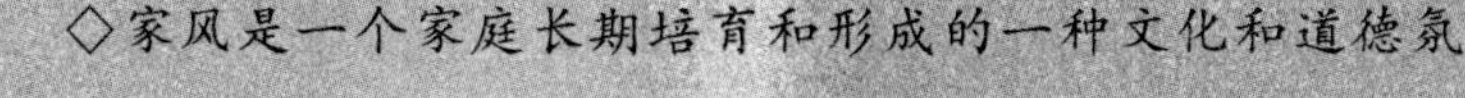

◇家风是一个家庭长期培育和形成的一种文化和道德氛围，有强大的感染力量，是家庭伦理和家庭美德的集中体现。

◇家庭不讲礼仪，没有规矩，孩子就像野马一样，横冲直撞。

后 记

“国学今用”系列丛书是我们组织十多位国学知识功底深厚、文学造诣极深且对社会学、心理学等学科综合研究方面有较高水平的专家、学者，经过近两年通宵达旦的辛苦创作、数易其稿而苦心经营出来的历史传记作品，本套图书共十本，每本十五万字，语言通俗流畅，内容精彩有趣，知识性和可读性极强，在此，我们对在本书创作中付出辛勤劳动的作者们表示衷心的感谢！

在本书创作过程中，我们除了采用古代圣贤和近代之前国学名家的大量典籍资料以外，还参考了现当代相关的大量资料，有些作者我们已经进行了联系和沟通，但由于出版时间所限，以及有些作者的信息资料不太详细，截至出版之日，我们仍未能联系上这些作者，还请这些作者多多海涵，并在见到本书后及时与我们联系。

联系方式：457735190@qq.com

本书编委会